AF557557

Gerald Grosz

Zeit für Sauberkeit

Für meine Großmutter,
die mir lebenslang Vorbild bleibt.

Gerald Grosz

Zeit für Sauberkeit

Ein Plädoyer gegen Korruption, für Moral und Anstand

ARES VERLAG

Umschlaggestaltung: DSR Werbeagentur Rypka GmbH, 8143 Dobl/Graz, www.rypka.at
Umschlagabb. Vorderseite: Lex Karelly Photography, Schmiedgasse 21, 8010 Graz

Bibliografische Information der Deutschen Nationalbibliothek
Die Deutsche Nationalbibliothek verzeichnet diese Publikation in der Deutschen Nationalbibliografie; detaillierte bibliografische Daten sind im Internet unter https://www.dnb.de abrufbar.

Erklärung des Verlages
Gerald Grosz publiziert in Zeitungen und Zeitschriften wie „Österreich" und „Deutschland Kurier" und tritt regelmäßig in der Sendung „Fellner LIVE!" auf OE24.tv auf. Teile einiger im vorliegenden Buch abgedruckter Texte sind zuvor bereits in Kolumnen und Gastkommentaren veröffentlicht worden.

Hinweis: Dieses Buch wurde auf chlorfrei gebleichtem Papier gedruckt. Die zum Schutz vor Verschmutzung verwendete Einschweißfolie ist aus Polyethylen chlor- und schwefelfrei hergestellt. Diese umweltfreundliche Folie verhält sich grundwasserneutral, ist voll recyclingfähig und verbrennt in Müllverbrennungsanlagen völlig ungiftig.

Auf Wunsch senden wir Ihnen gerne kostenlos unser Verlagsverzeichnis zu:

Ares Verlag GmbH
Hofgasse 5 / Postfach 438
A-8011 Graz
Tel.: +43 (0)316/82 16 36
Fax: +43 (0)316/83 56 12
E-Mail: ares-verlag@ares-verlag.com
www.ares-verlag.com

ISBN 978-3-99081-098-9

Layout: Ecotext-Verlag Mag. G. Schneeweiß-Arnoldstein

Inhalt

Vorwort

„Du kannst auch manchmal zu spät kommen, wenn es am Vorabend zu lang wurde. Ich bitte dich nur um eines: Greif niemals zu!“, so die eindringlichen, sehr emotional vorgetragenen und mahnenden Worte meines ehemaligen Chefs und väterlichen Freundes Herbert Haupt, als ich im Jahr 2000 sein Pressesprecher im Sozialministerium wurde. 23 Jahre war ich alt, der Jüngste und wahrscheinlich auch Unerfahrenste in der Riege der erlauchten Ministersekretäre der Regierung. Und obwohl dieser einem absoluten Befehl gleichkommende Appell, quasi nicht bestechlich und korrupt zu werden, aus dem Wendejahr 2000 dann doch schon mehr als zwei Jahrzehnte zurückliegt, sind mir diese Worte über all die Zeit immer gegenwärtig, ja wie ein mir aufgetragenes elftes Gebot aktuell geblieben.

Ein berufspolitisches Leben in der ökonomischen Abhängigkeit einer hauptamtlichen Funktion, eines Amtes oder eines Mandates bedingt, dass man aus den in Legislaturperioden gedachten Existenzängsten regelrecht zum Zugreifen verleitet wird, man die gesamte Zeit über der ständigen Versuchung ausgesetzt ist oder vielmehr wird. Dass man sein Amt missbraucht, sein Ideal und das Volk und damit das in einen gesetzte Vertrauen verrät, um sich die eigene Existenz und die Taschen für eine magere Zukunft zu füllen. Dass man um des eigenen oder des Vorteils der eigenen Partei willen schlicht käuflich, korrupt und damit kriminell wird. Und ich habe in diesen Jahren zwischen dem Beginn meines politischen Engagements im März 1993 und dem Ende meiner berufspolitischen Karriere im März 2015 viele sogenannte Verantwortungsträger kommen und gehen gesehen, die dann ihren Platz auf der Abgeordneten- oder Regierungsbank mit der harten Anklagebank tauschen mussten und zu Recht wegen Betruges, Untreue, Amtsmissbrauch, Bestechung und Bestechlichkeit verurteilt wurden, also den bekannten Klassikern des Strafrechtes für die gefallenen Engel der Politik. Die Superstars der politischen Arena, die ihren vor sich hergetragenen Idealismus und die darauf aufbauende Berufung eines Volksvertreters gegen ein paar Silberlinge großzügiger Unternehmen für die Sicherheit ihres großspurigen Lebens nach dem Amt getauscht haben. Die überheblich oder schlichtweg dumm genug waren, um zu glauben, dass man sie nicht ertappen werde.

Die Korruption ist der Mühlstein unserer Zeit, sie ist der ständige Begleiter des politischen und wirtschaftlichen Geschehens der Gegenwart, und ein Blick in die Vergangenheit der politischen Nachkriegssysteme Europas zeigt eindrücklich, dass sie immer da war. Die Korruption ist einer der großen Feinde der Demokratie, der Gerechtigkeit und damit der Freiheit. Von Zeit zu Zeit werden wir von dem Ergebnis dieses pervertierten Moralverständnisses scheinheiliger Opportunisten erschüttert, und das Krebsgeschwür der Korruption befällt den Staatskörper eines Landes. Und mit jedem dieser Skandale sinkt die Grenze des Anstandes, wird das einst Verpönte und Gemiedene salonfähig, werden die Kriminellen nicht lebenslang geächtet, sondern manchmal sogar bewundert, ihre Taten als Kavaliersdelikte abgetan. „Es sind ja eh alle gleich", quittiert die Bevölkerung achselzuckend den Verfall von Moral und politischem Anstand. Die Korruption, die Verhaberung, die Freunderlwirtschaft, die gegenseitigen Abhängigkeiten haben die tragenden Säulen unserer politischen Systeme längst erfasst, sie geradezu inhaliert, sich an ihre Stelle gesetzt.

Dieses Buch ist ein Plädoyer für Sauberkeit in Politik, Wirtschaft und Gesellschaft. Nicht die lässlichen Sünden unseres Alltages stehen am Pranger eines eifernden, puritanischen Verständnisses, sondern jene Korruption, die das Vertrauen der Menschen in die politischen Anführer tötet und somit ein besonders bedrohliches Gift für unser friedliches Zusammenleben und unsere Gesellschaft darstellt. Es ist nach all den uns ständig belästigenden Skandalen, den Verirrungen und Verwirrungen endlich Zeit für Sauberkeit – für eine neue Ära des Anstandes!

Mai 2022

Zeit für Sauberkeit

Und führe dich nicht in Versuchung

Es war einer dieser normalen Tage im Sozialministerium im Jahr 2001, an dessen Ende man angesichts des gebotenen Arbeitsaufwandes im Hamsterrad der Politik zwischen BSE, Maul- und Klauenseuche, Abfertigung Neu und Hauptverbandsreform nicht mehr wusste, ob man – volkstümlich gesagt – „Manderl oder Weiberl" ist. Der Arbeitstag zog sich locker über 15 bis 16 Stunden hin, die Arbeitswoche füllte alle sieben Tage. Zudem lagen lange Monate der Verhandlungen um das Kinderbetreuungsgeld hinter uns. Der im Nationalratswahlkampf 1999 von Jörg Haider in Österreich beworbene Kinderscheck wurde als gesetzliche Anspruchsleistung für Familien mit Kindern nach zähen Verhandlungen beider Regierungsparteien ÖVP und FPÖ formell als Kinderbetreuungsgeld beschlossen. Heftig wurde diese Sozialleistung kritisiert, eine sozialdemokratische Frauenvertreterin verstieg sich in ihrer Wortwahl und bezeichnete dieses dann schlussendlich finalisierte Kindergeld als „Wurfprämie". Man kann sich also vorstellen, wie die gesamte politische Debatte über Monate hinweg geführt worden ist.

Im Rahmen dieses Beschlusses forderte der Nationalrat das für diese familienpolitische Leistung zuständige Sozialministerium auf, eine landesweite Informationskampagne über die Möglichkeiten der Inanspruchnahme dieses neuen Kinderbetreuungsgeldes durchzuführen. Als Pressesprecher und damit Hauptverantwortlicher für die Öffentlichkeitsarbeit des mit der Durchführung beauftragten Regierungsmitgliedes, Sozial- und Familienminister Herbert Haupt, fiel mir die für mich neue Aufgabe zu, eine ordnungsgemäße Ausschreibung über diesen damals 20 Millionen Schilling schweren Werbeetat sicherzustellen. Wissend, dass dieser prall gefüllte Budgettopf auch einige charakterliche Schmeißfliegen der Werbeszene anziehen würde, gab mir Herbert Haupt den Ratschlag mit auf die Reise, vorsorglich gleich von Beginn des Ausschreibungsprozesses an die interne Revision des Ministeriums als eine Art „Kettenhund“ und Selbstschutz für mich einzubinden. „Du hast mit diesen Werbeanbietern kaum Erfahrung, und glaube mir, man wird versuchen, dich unter Druck zu setzen. Die interne Revision schaut darauf, dass du immer auf der sicheren Seite bist“, so Haupt. Und es war ein weiser Rat, wie sich später herausstellte.

Der erste Anruf nach europaweiter Anbotsveröffentlichung kam, wie nicht anders zu erwarten, von einem langjährigen Werber aus dem Umfeld der Partei, der wie selbstverständlich erwartete, den Auftrag zugesprochen zu bekommen. Und diese Zusage wollte er umgehend von mir, denn er habe so viel in seinem Leben geleistet und „höchste Entbehrungen erlitten“ dafür, dass wir nun dank ihm und wegen seines erfolgreichen Wirkens in der Regierung sitzen dürften. Daher erwarte er sich endlich Dankbarkeit und eine angemessene Gegenleistung, denn die Partei und ihre Minister seien ihm das schlichtweg schuldig. Meine Antwort, dass er sich mit seiner Agentur gern – wie jedes andere Unternehmen – an der offiziellen Ausschreibung beteiligen könne und, wenn er der Bestbieter sei, auch den Auftrag bekommen würde, stellte ihn nur wenig zufrieden, und er beendete das Telefonat mit dem Absingen hässlichster Schimpfwörter, die einer Art von Erpressung nicht unähnlich waren. Als damals doch noch sehr jungem, in die Abläufe eines Ministeriums, wie gesagt, noch nicht vollends eingeweihtem Menschen machten mir dieses Gespräch und die damit verbundenen Drohungen Angst, und ich informierte umgehend sowohl meinen Dienstgeber als auch die Mitglieder der eigens für diesen Kampagnenauftrag eingerichteten Vergabekommission. Mir zur Seite stand in diesem Gremium die Leiterin der ressortinternen Vergabeabteilung, eine langjährige, im Haus wegen ihrer Korrektheit regelrecht gefürchtete und unbestechliche Beamtin. Sofort kamen wir überein, diese Werbeagentur aus dem Vergabeverfahren auszuschließen. Denn dieser – wenngleich auch banale – Versuch, eine öffentliche Ausschreibung zu beeinflussen, war und ist ungesetzlich. Freunde machte ich mir mit dem Ausschluss des Werbeunternehmers zwar keine, aber wenigstens mein Gewissen war beruhigt. Die Sache war für mich nicht nur erledigt, sondern ich war auch etwas stolz darauf, dass ich diesem illegalen Versuch – natürlich mit Rückhalt meines Chefs – tapfer standgehalten hatte.

Wenige Tage darauf informierte mich das Terminsekretariat des Ministerbüros, dass ein gewisser Herr H. vor den Türen des Ministeriums stehe und um einen sofortigen Gesprächstermin mit mir bitte. Es sei dringlich und ein Aufschub nicht möglich. Selbstverständlich wurde er vorgelassen, handelte es sich bei diesem Herrn H. doch um einen sehr einflussreichen und äußerst bekannten Werbemanager aus der Wiener Szene. Wie das Licht die Motten zog ich in diesen Tagen und Wochen die Werbemanager des Landes an. Das Gespräch eröffnete er mit: „Ich habe mich im Rahmen des Vergabeverfahrens beworben, ich gehe davon aus, dass ich den Zuschlag erhalte. Es ist alles mit der Vizekanzlerin und dem Finanzminister ausverhandelt und vereinbart. Und für Sie, Herr Grosz, wird es sicher kein Nachteil sein." So machte mir dieser Herr, wenig verklausuliert, in Wahrheit direkt das unmoralische Angebot, mir für einen gesetzeswidrigen Zuschlag an den Vergaberichtlinien vorbei auch einen finanziellen oder beruflichen Vorteil erhoffen zu können. Regelrecht perplex über diese Szenerie erhob ich mich umgehend von meinem Sessel, beendete das Gespräch und ersuchte genannten Herrn, sofort mein Büro zu verlassen. Wiederum unter Absingen hässlichster Schimpfwörter und garniert mit der Drohung, dass dies für mich als „kleinen Sekretär" Konsequenzen haben werde, ich meinen Job verlieren und er schon dafür sorgen werde, verließ der mittlerweile rechtskräftig verurteilte Cheflobbyist im Umfeld von Telekommunikationsunternehmen und Finanzministerium das Feld. Blass im Gesicht und zitternd ging ich umgehend an meinen Schreibtisch zurück, verfasste am Computer einen Aktenvermerk über das gerade Besprochene und informierte wiederum meinen Chef und die Mitglieder der Vergabekommission – mit von Sorgen beschwertem Gemüt, hatte mir doch Herr H. zu verstehen gegeben, dass er dieses schmutzige Arrangement sowohl mit der damaligen amtierenden Parteichefin und Vizekanzlerin als auch mit dem hinsichtlich seines Machteinflusses der Erstgenannten in nichts nachstehenden Finanzminister über den Kopf des Sozialministers und dessen Beamten hinweg vereinbart hätte. Und nachdem ich als 23-jähriger kleiner Ministersekretär nicht einfach die Vizekanzlerin und den Finanzminister am Handy mit diesem Umstand konfrontieren konnte, blieb mir nichts anderes übrig, als das Drohszenario des Werbers ernst zu nehmen. Man darf nicht vergessen: Ich war sehr jung, hatte durch die Bestellung zum Pressesprecher eines Bundesministeriums eine für mein Alter sehr verantwortungsvolle Aufgabe und wollte diese auch nicht verlieren. Ich war zwar bereits abhängig von meiner beruflichen Tätigkeit, aber zum Glück direkt von einem Menschen, nämlich meinem Chef, der als absolut integer, ehrlich und unbestechlich galt und gilt.

H.s Unternehmen wurde folgerichtig ausgeschieden, und er selbst bekam noch am selben Tag eine Mitteilung aus unserem Haus, dass wir diese Vorkommnisse bei weiteren Versuchen einer Intervention durch ihn auch der Justiz melden würden. Später am Abend desselben Tages bekam ich dann einen Anruf aus dem Vizekanzleramt, der dem Versuch einer regelrechten Nötigung glich. Die dortige Pressesprecherin ersuchte mich im vorgeblichen Auftrag ihrer Chefin, den zuvor genannten Unternehmer mit dem Werbeauftrag zu bedienen, ansonsten würde mir ihre Chefin „den Kopf abbeißen". Kurz darauf folgte der wütende Protest aus dem Büro des Finanzministers mit einer für mich ähnlich bedrohlichen Botschaft. Beide versuchten unter Androhung des Jobverlustes, mich zu klar Ungesetzlichem zu drängen. Ich habe diese Gespräche als Nötigungen empfunden und informierte umgehend meinen Dienstherrn. Gottlob war Herbert Haupt für „Interventionen" solcher Art nicht zugänglich und gab den beiden Regierungskollegen unmittelbar zu verstehen, dass man diesen „Streit" zwischen den Ressorts auch gern am nächsten Tag vor dem Staatsanwalt austragen könne.

Der erstgenannte Werber ist später wegen Korruption in anderer Sache rechtskräftig zu einer mehrjährigen Haftstrafe verurteilt worden. Der zweitgenannte Werber und Lobbyist gehört auch zu den Stammgästen heimischer Strafvollzugsanstalten. Der laut Eigendefinition „zu schöne und zu reiche" Finanzminister beschäftigt seit bald zwei Jahrzehnten die Justiz, ähnlich erfolgreich wie die beiden ersten. Die restlichen Involvierten der Geschichte waren offenbar geschickter oder ihre Handlungen rechtlich nicht relevant. An ihrer charakterlichen Eignung, ein Amt in dieser Republik ehrenhaft, unbestechlich und unabhängig auszuüben, darf aber leidenschaftlich gezweifelt werden. Dass sie nicht zu den Unberührbaren gezählt werden, liegt offenbar daran, dass sie sich mit dem System, das über gesellschaftlichen wie finanziellen Erfolg oder Misserfolg, also über Leben und Tod entscheidet, arrangiert haben. Für alle Genannten gilt natürlich in der jungfräulichen Republik der systematisierten Unschuld die Unschuldsvermutung, sie sind selbstverständlich hochanständig.

Der zweite Kontakt mit der landläufig bekannten Korruption fand nur zwei Jahre später statt. Im Frühjahr 2003 wurde Herbert Haupt, mittlerweile Parteichef, als Nachfolger von Susanne Riess-Passer selbst Vizekanzler und damit oberster Regierungskoordinator neben dem Bundeskanzler. Ich war nach wie vor sein Pressesprecher und persönlicher Sekretär, eine Art Mädchen für alles. Eines schönen Tages meldete sich am Amtssitz des Vizekanzlers im mondänen Wiener Palais Dietrichstein ein alter Bekannter. Kurt L., langjähriger Mitarbeiter in der Presseabteilung der Partei, mittlerweile im Sportmanagement tätig, ersuchte im Auftrag von Vertretern des Bieterkonsortiums für die skandalumwitterte Abfangjägerbeschaffung um einen Termin beim Vizekanzler. Es sollte für den Eurofighter von EADS interveniert werden. Auch mögliche Gegengeschäfte zugunsten der Republik würden Gegenstand des erwünschten Gespräches sein. Und wiederum fiel seitens Kurt L.s mir gegenüber der in diesem Zusammenhang immer wiederkehrende Zaubersatz: „Es soll nicht zu deinem Nachteil sein", wenn ich diesen Termin ermöglichen würde. Dem Terminwunsch wurde natürlich nicht entsprochen, Herbert Haupt, ein grundanständiger und ehrlicher Mensch, hütete sich wie der Teufel vor dem Weihwasser davor, mit Vertretern des milliardenschweren internationalen Waffengeschäftes zusammenzutreffen. „Denn wer sich mit Hunden ins Bett legt, wacht mit Flöhen wieder auf", lautet das in dieser Angelegenheit zutreffende Zitat.

Die Eurofighter-Beschaffung erschütterte die Republik später in den Grundfesten, sie ist bis heute nicht restlos geklärt, und die wahren Schuldigen wurden noch immer nicht ihrem gerechten Urteil zugeführt. War doch jedem Blinden im Lande klar, dass jene, die schlussendlich auf politische Weisung des Kanzlers und seiner damals noch amtierenden Vizekanzlerin den Zuschlag bekamen, nicht die Bestbieter waren. Innerhalb des Verteidigungsministeriums wurde durch die Beamten ein anderer Bestbieter erarbeitet und für den Beschluss durch den Ministerrat vorbereitet. Aber in Regierungskreisen geisterte die Legende, dass mit dem Eurofighter eben ÖVP und FPÖ „bedient" würden und im Falle einer Saab-Gripen-Anschaffung die SPÖ das Rennen um die Provisionsmillionen mache. Denn der Saab Gripen gelte als Nachfolgegeschäft der Saab-Draken-Beschaffung, jener des Vorgängerflugzeuges des Eurofighters beim Bundesheer, und damit erhielten die in der grauen Vorzeit der 1980er-Jahre für die Regierung hauptverantwortlichen Sozialdemokraten möglicherweise eine illegale Vergünstigung. So hielt man die parteipolitisch Ehrgeizigen wie Skrupellosen bei der Stange, die natürlich glaubten, diesen Deal im Interesse des höheren Wohles ihrer jeweiligen Partei zu unterstützen. Der Eurofighter-Skandal füllt zig Bücher und wahrscheinlich Tonnen an Aktenmaterial bei der heimischen Justiz. Zumindest alle, die im Zuge dieser Bestellung als Intervenienten auffällig wurden, sind nach Beendigung ihrer aktiven politischen Zeit zivilberuflich wie von Zauberhand auf die Butterseite gefallen, in ein gut gefülltes Versorgungsnetz innerhalb jener Bereiche der Privatwirtschaft, die vom Eurofighter-Kauf profitiert haben.

Ich glaubte nie an Zufälle. Es liegt der Verdacht nahe, dass Schmiergelder größtenteils eben nicht sofort geflossen sind, sondern Bypasslösungen mit entsprechenden Versorgungsjobs für die Zeit nach der aktiven politischen Zeit gefunden wurden. Bemerkenswert ist aber, dass der gesamte politische Zirkus in der Bundeshauptstadt um die wechselseitigen Abhängigkeiten der Verantwortungsträger gegenüber vom Eurofighter-Deal profitierenden Unternehmern wusste, aber die Justiz über all die Jahre hinweg nicht willens oder in der Lage war, Kickback-Zahlungen in Form von postpolitischen Anstellungen, ausgestattet mit satten Managergehältern und überzahlten Boni, in Betracht zu ziehen. „Derschlogt's des", war dann nach sehr langen Jahren die entsprechende Weisung eines Justizbeamten, die zugleich lähmenden wie von wenig Erfolg gekrönten Ermittlungen einzustellen. Einige richten es sich halt geschickter, die Ehrlichen sind zwar ökonomisch die Dummen geblieben, können aber wenigstens heute noch in den Spiegel schauen. Jörg Haider hatte übrigens in den Jahren 2000 bis 2002 die damalige Regierungsspitze immer in Verdacht, ihre ursprüngliche unbestechliche Überzeugung, ihre dargestellte Unbestechlichkeit, die Arbeitshalle des kleinen Hacklers gegen die prall gefüllten Schüsseln an den Tischen der Reichen und Schönen und das VIP-Zelt eingetauscht zu haben. Und so sah auch tatsächlich deren Politik aus. Man sah die Führungsmannschaft der Partei des kleinen Mannes eher auf den unzähligen Seitenblicke-Events zwischen Kitzbühel, dem Wörthersee und Wien als im Gespräch mit dem einfachen Volk. Sie ließen sich eben von den Statussymbolen der Macht blenden und von jenen, die einem das ewige Leben ohne Existenzängste versprachen, schlichtweg verführen. Weil sie keine charakterliche Erdung hatten, weil sie zu rasch und ohne nennenswerten Widerstand aufgestiegen und damit abgehoben sind. Ein Treppenwitz der Geschichte, dass ausgerechnet die Vizekanzlerin und der Finanzminister später bei der ÖVP andockten, jener Partei, die der Kurz-Intimus Thomas Schmid in einem der Skandalchats selbst als „Hure der Reichen" beschrieb. So schließt sich der Kreis.

Ich erinnere mich sehr gut an ein Gespräch, das ich im Frühjahr 2002, wenige Monate vor dem durch das Delegiertentreffen von Knittelfeld erzwungenen Ende der Regierungszusammenarbeit, im Büro des Landeshauptmannes von Kärnten in Klagenfurt mit Jörg Haider hatte. „Man kann der Vizekanzlerin und dem Finanzminister nicht vertrauen. Sie verkaufen die Seele der Partei für ihre Geschäfte", waren die noch weniger klagbaren Vorwürfe, die der Übervater der FPÖ mir gegenüber an seine Nachfolger formulierte. „Eine abgehobene Bagage, die sich von Schüssel einkochen hat lassen", ärgerte sich Jörg Haider über einstige Mitstreiter, die das Geld der Bürger lieber in der Abfangjägerbeschaffung als in einer Steuerreform sahen. Es kam, wie es kommen musste: zum Bruch und zum berühmten „Knittelfeld". Die Basis rebellierte, verstand es nicht, dass die eigene Parteispitze all ihre Grundsätze mit dem Jahrhunderthochwasser in Österreich 2002 die Donau hinunterspülte. Verabschiedet in die wohldotierte Privatwirtschaft hat sich die Vizekanzlerin, die ins Versicherungsgeschäft eines SP-nahen Konzernes – und angesichts ihres Werdeganges überraschend gleich an der Spitze – einstieg. Den Finanzminister verschlug es in windige Investmentgeschäfte. Seiner ist die Justiz, wenngleich auch nicht rechtskräftig, schließlich habhaft geworden. Am Ende erweist sich, dass Jörg Haider mit seinen Thesen recht behalten hat und das als zerstörerisch gebrandmarkte Delegiertentreffen von Knittelfeld seine moralische Berechtigung hatte. Denn es ging um nicht weniger als darum, die sich im Glanz ihrer Ämter verselbstständigende Partei- und Regierungsspitze auf die eigentliche Sinnstiftung einer ehrlichen Volksvertretung zurückzuzwingen. Haider wurde in den Medien, deren inseratenspendable Stars die Illoyalen waren, als Spalter, als verrückter Egomane dargestellt, dessen Charakter es nicht zulasse, dass Mitstreiter wichtiger würden als er. So wurde eine Legende gezimmert, in der die in Wahrheit Gefallenen zu Helden mutierten und der eigentliche Aufdecker zum egoistischen Verrückten abgestempelt wurde.

Ich war übrigens nicht in Knittelfeld, sondern saß in meinem Büro in Wien und beobachtete das muntere Treiben der reinigenden Selbstzerstörung aus sicherer Distanz. Aber immer mehr reifte in mir mit dem Wissen um die handelnden Personen die Überzeugung, dass zumindest ein Großteil der Delegierten, die gegen die damalige Regierungs- und Parteiführung agitierten, aus einem hehren Motiv heraus handelten. Man kann Jörg Haider viel vorwerfen. Man kann ihm schlechte Menschenkenntnis attestieren. Man kann ihn dafür kritisieren, dass er seiner Umgebung zu viel Freiraum gab und das Risiko groß war, dass sich so junge und doch unterschiedliche Charaktere in eine grundfalsche Richtung entwickelten, da er als Autoritätsperson sein Umfeld nicht lenkte und erzog, wie es beispielsweise ein Herbert Haupt als moralische Instanz mit mir tat. Man kann aber Jörg Haider tatsächlich nicht vorwerfen, sich jemals persönlich an seiner politischen Tätigkeit bereichert zu haben. Er war Zeit seines Lebens sehr bescheiden, und die wenigen Luxusgegenstände seines Lebens finanzierte er sich selbst und nicht über die Politik. Jörg Haider und seine Ehefrau waren Besitzer des millionenschweren Bärentals in Kärnten, seine wenigen Luxusgegenstände ließen sich aus der Portokasse eines solchen großen Forstbetriebes zahlen. Die große Gefahr, die für das etablierte, in sich korrumpierte System von Jörg Haider ausging, war eben seine Unabhängigkeit und persönliche Unbestechlichkeit. War er es doch, der mich 1993 begeistert hatte, weil er der unbestechliche Hecht im Teich der korrupten Karpfen von SPÖ und ÖVP war.

Im Jahr 1993 war ich 15 Jahre alt und wurde recht rasch Jugendfunktionär des Ringes Freiheitlicher Jugend, der Vorfeldorganisation von Haiders FPÖ. Ansässig im weststeirischen Deutschlandsberg, wurde ich auch dort Zeuge ungestrafter und ungesühnter politischer Korruption. Wir kennen doch alle die Legenden von Kommunalpolitikern und ihren Mitarbeitern, die billige Grundstücke über Strohmänner einkaufen lassen, um sie dann selbst in teure Grundstücke umzuwidmen. Das sind keine Legenden; die sogenannten Fachmarktzentren an den Einfahrtstraßen mittelgroßer Städte, gebaut auf landwirtschaftlichen Gründen, die über Nacht zu Gewerbegebiet umgewidmet wurden, sind im gesamten Land sichtbar. Der Bürgermeister durfte das rote Band zur Eröffnung durchschneiden, sich über die Gewerbeansiedelung freuen, der Grundstücksbesitzer wurde über Nacht reich und jene Beamten und Kommunalpolitiker, die dies gewährleisteten, ebenso. Die Zentren der jeweiligen Innenstädte sterben naturgemäß aus und müssen mit bezahlten Förderungen des Steuerzahlers erhalten werden. Es ist diese gelebte und nachhaltig zerstörerische Korruption, die sich bis heute von der kleinsten Zelle des politischen Systems, der Gemeinde, über die Länder bis hinauf in die Bundesregierung und die Europäische Union nachverfolgen lässt. Die

Art und Weise der Untat ändert sich nicht, nur der Preis wird eben höher. Sind es auf Gemeindeebene einige wenige Tausend Euro, die schon den Schlüssel zum Erfolg ausmachen, sind es auf Bundesebene oder in Brüssel eben Millionen, die bei so manchem Geschäft getauscht werden.

Die dritte Begegnung mit der Korruption hätte mich selbst, unwissend, fast den Kopf gekostet. 2005 war ich bereits Landesparteiobmann von Jörg Haiders zweiter Partei, dem BZÖ, und stand in meinem Heimatbundesland bei den Regionalwahlen als Spitzenkandidat in Hauptverantwortung. Die Kassen waren leer, wie in Parteien eben üblich, und der Wahlkampf mangels finanzieller Wettbewerbsfähigkeit kaum zu bestreiten. Eines Tages bekam ich einen Anruf eines Wiener Glücksspielunternehmers. Er bewundere mich, finde meine politische Arbeit großartig. Er würde mich gern unterstützen und biete mir an, in einer parteieigenen Publikation, welche an alle Haushalte des Bundeslandes ging, ein Inserat zu schalten. Und zwar im Wert von 60.000 Euro. Volkstümlich würde man dies als warmen Regen an finanziell kalten Tagen bezeichnen. Ich freute mich über das Angebot, dachte mir auch nichts Besonderes dabei, war angesichts dieser meiner Person entgegengebrachten Wertschätzung fast ein wenig stolz und meinem Naturell entsprechend auch nicht sonderlich misstrauisch. Als ich den Glückspielunternehmer zwei Wochen später telefonisch darum bat, mir das Sujet für das in Aussicht gestellte Inserat zu übermitteln, wurde mir beschieden, dass er anonym bleiben wolle und mir daher keine Inseratenvorlage übermitteln könne. Er wolle selbstverständlich zahlen, erwarte aber keine Gegenleistung dafür. Nun wurde ich tatsächlich misstrauisch, war aber ratlos und involvierte meine langjährige Anwältin in diese Sachlage und die Frage, was diesbezüglich zu tun sei. Sie meinte, der Unternehmer könne auch einen Druckkostenbeitrag leisten, wenn er schon so ein glühender Anhänger sei. Dieser müsse werthaltig sein, damit es einerseits kein steuerliches Problem gebe und man mir andererseits keine Beitragstat an einer möglichen Untreue dieses Mannes an seinem eigenen Unternehmen unterstellen könne. Mit dem Druckkostenbeitrag agierten wir rechtlich einwandfrei, die Steuern würden ordnungsgemäß abgeführt, der Betrag offiziell in der Buchhaltung vermerkt. So wurde es dann auch gemacht. Die Zeitung konnte herausgebracht werden, der Druckkostenbeitrag war angesichts der horrenden Kosten der Publikation angemessen, und alle waren glücklich.

Es vergingen die Jahre, bis ich 2016 aus heiterem Himmel einen Anruf eines Wiener Investigativjournalisten bekam, der mich um eine Stellungnahme zu der mir unbekannten Tatsache bat, dass offenbar ein internationaler Glücksspielkonzern hinter diesem Druckkostenbeitrag gestanden habe, der Wiener Glücksspielunternehmer nur ein Strohmann gewesen sei. Nun fiel ich aus allen Wolken. Der internationale Glücksspielmonopolist habe meinen Wahlkampf finanziert, in der Hoffnung, ich könnte ihm zukünftig behilflich sein. Dieser Konzern hat sich übrigens nie bei mir gemeldet; ich hätte mich natürlich schon allein aus Höflichkeitsgründen überschwänglich bedankt. Das Problem war auch nicht, dass dieses Unternehmen für diesen Druckkostenbeitrag stand, sondern dass eine Verschleierungskonstruktion hinter meinem Rücken gewählt wurde. Gottlob habe ich für dieses Unternehmen weder direkt noch indirekt geworben, mich aus dieser Glücksspielgesetzgebung immer peinlichst herausgehalten. Ganz im Gegenteil: In meiner Funktion als Gemeinderat von Graz habe ich noch gegen die Interessen solcher Konzerne gestimmt, gemeinsam mit der KPÖ. Ein Vorwurf der Käuflichkeit ginge somit ins Leere.

Die Wahrheit ist: Der Konzern unterstützte mich offenbar verdeckt, um mich im Falle eines Falles kompromittieren, wenigstens zu einer Gegenleistung zwingen zu können. Ein perfides Spiel, in dem mutmaßlich versucht wurde, mich käuflich erscheinen zu lassen. Ich habe ehrenamtliche Funktionen auf Gemeinde- und Bezirksebene ausgeübt, war fast 15 Jahre Berufspolitiker, entweder als hauptamtlicher Politmitarbeiter oder als Mandatar. Heute blicke ich auf eine lange und spannende Zeit zurück und möchte weder die Höhen noch die Tiefen missen, weder die Wahlerfolge noch die Niederlagen. Es waren lehrreiche Jahre, die daraus gewonnene Erfahrung ist unbezahlbar. Dass ich in diesen langen Jahren niemals vor Gericht stand, mit ruhigem Gewissen schlafe und mir täglich im

Spiegel ins Gesicht schauen kann, liegt daran, dass ich stets die eingangs erwähnte Verpflichtung meines Chefs Herbert Haupt beherzige: „Greif niemals zu", oder, anders ausgedrückt: „Und führe dich nicht in Versuchung!"

Am Anfang war die Gefälligkeit

Korruption führt in die absolute Abhängigkeit, wie manche Drogen eben ins endgültige Verderben. Es beginnt mit der kleinen Gefälligkeit, am Anfang ohne Forderung nach einer Gegenleistung, aus der ein grenzüberschreitendes, geradewegs intimes Verhältnis entsteht. Aus diesem Verhältnis wird rasch Verhaberung und ein noch vertrauensvollerer Raum, in dem man bereit ist, einen Schritt weiter zu gehen. Dieser weitere Schritt ist das Angebot oder die unverblümte Aufforderung, für eine berufliche, finanzielle oder gesellschaftliche Gegenleistung Illegales zu tun. Aus diesem Umstand entsteht weitere Abhängigkeit, und am Ende dieser tödlichen Abwärtsspirale unterscheidet man sich nicht mehr vom Heroinabhängigen, der seine tägliche Dosis zum Überleben braucht und dafür zu allem und jedem bereit ist.

Um ein solches Leben zu führen, muss man entweder sehr dumm, sehr undiszipliniert, sehr kriminell oder sehr überheblich sein. Meistens treffen alle vier Eigenschaften in einer Person zusammen, der Korrupte ist geboren. Dumm, sich auf einen solchen Pakt mit dem Teufel einzulassen, ohne zu merken, dass man nur mehr eine willfährige Marionette der Zahler ist. Kriminell, von solchen Methoden nicht angeekelt zu sein. Undiszipliniert, eben nicht zu widerstehen und Nein zu sagen. Überheblich, nicht daran zu glauben, jemals überführt zu werden. Tatsächlich, viele werden nicht überführt, die Strafe der Gerechtigkeit, auf die die Allgemeinheit hofft, trifft die wenigsten. Gottes Mühlen mahlen langsam, die der Gerichte noch langsamer. Denn diese verschwörerischen Absprachen und die darauf aufbauenden Geschäfte finden im diskreten Dunkel, unter vier Augen und mit viel Vorsicht statt. Am Anfang war die nett gemeinte, unschuldig vorgebrachte, möglicherweise auch von gewissen Kreisen eingeforderte Gefälligkeit, ausgesprochen von vermeintlich erfolgreichen und gesellschaftlich höherstehenden Persönlichkeiten, für die man zuvor noch unsichtbar war. Es ist die Eitelkeit, die hier angesprochen, bedient, ja befriedigt wird. Der politische Mandatar oder höhere Beamte aus einfachen Verhältnissen, der erstmals in seinem Leben von den Großen und Großspurigen der Gesellschaft wahrgenommen, dann umschmeichelt und am Ende eingekauft wird. Das „Ja-Wort" zu dieser unheiligen Allianz ist schnell gesprochen, strebt doch jeder Mensch nach Höherem, nach dem Unerreichbaren, will dabei sein, einfach eine Rolle spielen. Letzteres ist weder ungewöhnlich noch ungesetzlich. Und man darf nicht vergessen, dass ein Großteil des politischen Personals über alle Parteigrenzen hinweg aus Personen besteht, die erstmals in ihrem Leben dank ihres Mandates oder ihrer Funktion ein Gehalt verdienen, von dem sie zuvor nur träumen konnten. Dazu kommt noch eine Teilfinanzierung des Lebensunterhaltes durch üppige Spesenregelungen.

Man passt sich ja schnell an und gleicht seine Lebensumstände recht rasch an die neue Einnahmequelle an. Was vor Jahren noch gut genug war, ist nun nicht mehr angemessen, entspricht nicht den neuen, erreichten und immer ersehnten Standards. Man wird eben dazu verleitet, über seine Verhältnisse zu leben. Und es ist doch angenehm, am VIP-Tisch mit jenen zu sitzen, die man zuvor nur vom Hörensagen oder von den Titelblättern kannte, Selfies zu schießen, sich anzufreunden, Netzwerke und hilfreiche Seilschaften zu bilden. Man wird verblendet und merkt nicht, dass einen diese Seilschaft eben nicht auf den Gipfel, sondern direkt in die Unterwelt der Eitelkeit führt. Und wer kennt sie nicht, die Parvenus, die plötzlich zu Ruhm und Ehre aufstiegen und deren Weg Stück für Stück mit den Steinen ihres eigenen moralischen Verfalls gepflastert war. Der Sohn des einfachen, aber dafür rechtschaffenen Autohändlers, der plötzlich zu Mandat, Ruhm und Ehre gelangt und bei den Schönen und Reichen sein Ende findet, anstatt dort ehrlich geblieben zu sein, wo die Welt zu Beginn der Karriere noch anständig und in Ordnung war. Der nun vor den Trümmern seiner Existenz steht, weil er den Hals nicht vollbekommen konnte. Oder der Maturant, der – geblendet durch eine im Vergleich zu seinem jungen Alter und der mangelnden Lebenserfahrung viel zu hohe Funktion – die Bodenhaftung binnen kürzester Zeit gänzlich verlor, innerlich selbstherrlich und nach außen gespielt demütig die Welt seines kleinen Landes erobern wollte, die Nation führte. Mit unlauteren Mitteln, die für ihn dank seiner mächtigen Freunde ein Stück neue Normalität wurden. Oder der Bauernbub aus einem Bundesland, der aus einer parteipolitischen Verlegenheit heraus Innenminister wurde, seinen Lebensstil in Sekundenschnelle den neuen, niemals zuvor genossenen Einnahmequellen anpasste und sich dann nach seinem Ausstieg aus der Bundespolitik als einfacher und geringer bezahlter EU-Mandatar am Basar der Brüsseler Korruption an den Bestbieter feilbot, nur um seine ökonomisch viel zu hoch geschraubten Begehrlichkeiten zu befriedigen. Oder der deutsche Minister aus altem, aber weniger gewichtigen Hause, schulisch unbegabt, der für seine Karriere seinen Lebenslauf frisierte, um an Macht zu gelangen, und seine gesamte Karriere auf den Sand einer gefälschten Dissertation baute. Es ist immer der gleiche Mechanismus! Aus dem unstillbaren Drang, besser zu sein, als man ist, höher zu fliegen, als man kann, oder machtvoller zu erscheinen, aus der Sucht, die eigene Eitelkeit ständig zu bedienen, biegt man in seinem Leben gänzlich falsch ab, baut statt auf Sein nur auf Schein und Lüge und scheitert fulminant. Weil man von der eigenen Vergangenheit eben irgendwann eingeholt wird, weil sich die Lüge nicht auf Dauer verdrängen lässt und wie der Unrat früher oder später aus dem Kanaldeckel an das Licht der Öffentlichkeit quillt. Und oft offenbart sich die wahre Bestimmung eines Politikers und der von ihm betriebenen Politik erst nach seinem Abgang vom glatten Parkett. Die Regierungschefs, die ihren postpolitischen Unterschlupf bestbezahlt bei den Atomlobbyisten oder im Dienste von Diktatoren finden. Zeige mir deinen neuen Job und ich sage dir, in welchen Diensten du zuvor gestanden hast. Man gewinnt den Eindruck, Politiker hätten keinerlei Berufsethos, besäßen keinerlei Anstand und Ehre. Am Anfang steht die Gefälligkeit, am Ende ein Skandal, der Rücktritt, ein sich in die Länge ziehendes Strafverfahren, die zerstörte Existenz und in manchen Fällen eine Haftstrafe. Schuld sind dann Journalisten, Richter, Staatsanwälte. Nur man selbst erkennt nicht seine großen Fehler, die in viel zu wenigen Fällen zum Karriereende und zum politischen Desaster führen.

Er ist mittlerweile politische Geschichte, hat den Rücktritt hinter sich, das Desaster der Aufarbeitung seiner Tätigkeit vor sich, aber beherrschte fast zehn Jahre lang die Schlagzeilen der kleinen Alpenrepublik Österreich. Sebastian Kurz, der Komet, der – wie es der Natur dieses Himmelskörpers entspricht – ebenso schnell verglühte, wie er vorbeigezogen war. Am Beginn der Geschichte und der damit einhergehenden großen Karriere stand eine kleine Runde eingeschworener Freunde, bestehend aus Sebastian Kurz selbst, seinen Weggefährten, dem ehemaligen Finanzminister Gernot Blümel und der Frau im Bunde, Elisabeth Köstinger. Dazu gesellten sich noch einige gleichaltrige Berater und Werbemanager sowie ein gewisser Thomas Schmid, später der wahre und wahrscheinlich einzige Grund für die Explosion des türkisen Projektes „Ballhausplatz" und dafür, warum der seine Kanzlerschaft auf Ewigkeit anlegende Kurz nun doch kleinere Brötchen in der Privatwirtschaft backen muss.

Alle agierten mehr oder weniger im Untergrund des Umfeldes des ehemaligen ÖVP-Parteichefs und Vizekanzlers Michael Spindelegger und bereiteten sich in dessen mentorhaftem Schatten darauf vor, ihre Partei und damit die absolute Macht im Staate zu übernehmen. Bereits im politischen Kindergarten, sprich: der Jungen Volkspartei als Jugendvorfeldorganisation, wurden die ersten Ideen gesponnen, wie man die Republik zum Eigennutz umbauen könnte. Bis ins letzte Detail wurde über längere Zeit an jener Inszenierung gezimmert, die dazu führen sollte, dass Sebastian Kurz der junge, unbestechliche, unverbrauchte, dynamische Heilsbringer der Nation wurde. Verehrt von den ausgedörrten Krampfaderregimentern, geliebt von der wenig erfolgsverwöhnten Parteibasis, herbeigesehnt vom Volk als herzerfrischende Alternative zum vorherrschenden Politapparat des großkoalitionären Stillstandes.

Und auch hier, in der Vorbereitung und Umsetzung des Masterplanes zur Installierung des Studienabbrechers als Parteiobmann der Österreichischen Volkspartei und als Kanzler der Republik, stand am Beginn die grenzüberschreitende Gefälligkeit innerhalb eines verschworenen Freundeskreises, die sich allzu rasch in ein hochtoxisches und kriminelles Substrat verwandelte. Aus freundschaftlichen Netzwerken gleichgesinnter Ehrgeizlinge wurde die „Familie“, also der innerste Kreis einer Gruppe, die Sebastian Kurz für die höchsten Weihen des Landes vorsah. Die allmächtige Niederösterreichische Volkspartei sah im Jungspund den formbaren Roboter, den politischen Wurlitzer, in den man oben ein wenig investiert und der dann unten für alle reichlich Macht und Geld ausschüttet. Und der junge Sebastian war verkaufbar, er war der äußerliche Antipode zum bisher auf den Sesseln der Macht festklebenden Establishment. Immerhin noch nicht einmal 30 Lebensjahre alt, sportlich und direkt in der Sprache und daher prädestiniert, ihn in die Kreise spendenfreudiger Lobbyisten einzuführen. Denn ohne Geld keine Musi, ohne Finanzierung kein Wahlkampf und ohne Wahlkampf keine Macht. Daher wurde er eingeführt in die Welt der Immobilientycoons, Industriellen und halbseidenen Geschäftemacher, und als Superstar der jungen konservativen Szene Mitteleuropas präsentiert, der nicht nur mit dem alten rot-schwarzen System in Österreich aufräumen werde, sondern auch ein hervorragender Gegenentwurf zu den faden Gestalten in den europäischen Staatskanzleien sei. Opinion-Leader-Gespräche mit wichtigen Persönlichkeiten des Staates wurden veranstaltet, wie beim Habsburgischen Hofball wurde er der besseren Gesellschaft vorgestellt, und die durfte am Neuen schnuppern und auch austesten, wie weit der künftige Chef des Landes zu gehen bereit war. Die Zeit war für ihn jedenfalls reif.

2015 erschütterte Angela Merkel mit ihren Schalmeientönen „Wir schaffen das“ den Kontinent, denn darauf folgte eine der größten und zugleich unkontrolliertesten Flüchtlingswellen der jüngeren Geschichte Europas. Die einsame Technokratin im Kanzleramt zu Berlin schnippte mit den Fingern, gab sich das Antlitz der Humanen, und der Rest der Welt am alten Kontinent badete den zur Schau gestellten Humanismus der deutschen Kanzlerin aus. Gerade gegen Merkel wurde also Kurz in Stellung gebracht: Während sie die Grenzen öffnen wollte, sprach der Novize der österreichischen Regierung davon, die Balkanroute schließen zu lassen. Und Österreichs Regierungsspitze, damals aus den beiden aufeinanderfolgenden SPÖ-Kanzlern Werner Faymann und Christian Kern und dem ÖVP-Vizekanzler Reinhold Mitterlehner bestehend, vollzog die nachhaltig desaströse Agenda aus Berlin und war dadurch rasch das logische Angriffsziel von Sebastian Kurz und seinem Umfeld. Er verstand es, auf die richtigen Themen zur richtigen Zeit zu setzen, die Gefühle der Bevölkerung zu reflektieren und die daraus folgenden logischen Antworten zu formulieren. Es liegt nahe, dass er sich dem Themenkomplex Asyl und Zuwanderung nicht aus eigener Überzeugung oder thematischem Sendungsbewusstsein zugewandt hat, sondern schlichtweg aus strategischem Kalkül, eben die eigene Parteispitze unter Druck zu bringen und in weiterer Folge Wahlen zu gewinnen. Die mittlerweile in regelmäßigen Abständen veröffentlichten Chats aus dem Kreis der Strategen rund um den türkisen Shootingstar legen dies eindeutig nahe.

Es herrschte in diesen Tagen Opportunismus als Triebmittel zur Machterlangung, weniger die fundierte Überzeugung, die Lebensumstände der verängstigten Bevölkerung zu verbessern. Und nachdem mittlerweile klar ist, dass in dieser Gruppe moralische Grundstandards nicht zu ernst genommen wurden, dürfte auch die politische Positionierung von Sebastian Kurz als Jörg Haider 2.0 nur aus reinem Opportunismus heraus erfolgt sein. Selbst die beiden türkisen Wahlkämpfe des Sebastian Kurz wurden Jörg Haiders Kampagnen aus den 1990er-Jahren entlehnt. Zuerst wurde also mit gezielt gefälschten Umfragen der eigene ÖVP-Amtsvorgänger weichgeklopft und madiggemacht, obwohl man sich wahrscheinlich angesichts der Performance der Vorgänger von Sebastian Kurz gar nicht die Mühe hätte machen müssen, diese im schlechten Licht erscheinen zu lassen. Denn darin standen sie bereits mit beiden Beinen, fest im Sumpf des politischen Unterganges. Dann wurde konzertiert die eigene Regierungsarbeit torpediert, um den ohnedies bereits allgemein vorherrschenden Eindruck, wonach die Große Koalition für Österreich nur Streit und Stillstand bringe und ein Schaden sei, noch zu verfestigen. Nicht einmal vor der Sabotage der Finanzierung der Kinderbetreuung schreckte man zurück, um die eigene Regierung, die eigene Partei im schlechten Licht erscheinen zu lassen. All diese Winkelzüge sind im politischen Alltag mehr oder weniger nichts Neues und auch nicht illegal, abgesehen von der Dimension der moralischen Verwerflichkeit. Denn Politik besteht aus Lügen und Intrigen, und der Weg nach oben, an die Spitze der Macht, ist häufig mit Leichen gepflastert. Und die Bürgerinnen und Bürger sind ohnedies der Meinung, dass Politik ein schmutziges Geschäft sei und Werte wie Ehre und Anstand, Loyalität und Kameradschaft im politischen Betrieb reine Fremdwörter seien.

Aber nun passierte der Sündenfall, der sich in den großen Überbegriff Korruption auch strafrechtlich bestens einreiht. Um die Machtverhältnisse rascher zu ändern, den eigenen Parteichef schneller kaltzustellen, zu killen, eine Entscheidung zu eigenen Gunsten umgehend herbeizuführen, wurden Umfragen bei einer bestens vernetzten Parteigängerin in Auftrag gegeben. Die Ergebnisse dieser Umfragen sind geschönt, vorsätzlich gefälscht. Auch dies ist noch nicht strafbar, und wer kennt nicht den Spruch: „Veröffentliche nur Umfragen, die du selbst gefälscht hast"? Strafrechtlich relevant wird es, wenn man parteiische Umfragen mittels frisierter Rechnungen über ein Ministerium, über die Republik, über uns Steuerzahler finanzieren und abrechnen lässt. Aber mit dieser vor Monaten ruchbar gewordenen Tatsache wären wir bereits am Ende der Geschichte und beim endgültigen Fall des türkisen Messias. Der Weg dorthin zeigt, wie schnell man eigene Grundsätze, moralische Standards, die eigene Urteilsfähigkeit bezüglich Gut und Böse über Bord wirft, wenn sich die Chance bietet, den eigenen Narzissmus zu befriedigen. Kurz' Kalkül ging auf, sein Vorgänger Mittlerlehner warf das Handtuch, Basti Fantasti wurde Parteichef der ÖVP. Er ging bekanntlich über politische Leichen, tauschte die Regierungsmannschaft und die Parteispitze nach eigenem Gutdünken aus, besetzte wichtige Schaltstellen mit von ihm Abhängigen, ließ sich statutarisch eine Generalvollmacht einräumen, machte nun selbst all das, was er mit seinem „neuen Weg" bei Politikern angeprangert und sich zuvor als ehrlicher Staatsmann einer neuen Generation verkauft hatte.

Wissend, dass das Momentum für ihn sprach, sprengte er die Regierung, desavouierte den Koalitionspartner, stellte persönliche Interessen über die des Landes und wurde, weil er ein perfekter Kommunikator, Blender und Täuscher ist, Kanzler der Republik. Ein weiterer Rosstäuscher im Kanzleramt am Wiener Ballhausplatz, könnte man meinen. Nun wollten die Freunde, Finanziers und Helfer von einst eine Gegenleistung. Die Gefälligkeit mutierte zum Geschäft, und die Unterstützer von damals wollten bedient werden, verlangten ihren gerechten Anteil an der Beute. Da werden dann schon mal bei öffentlichen Aufträgen ganz gezielt Wegbereiter und Wegbegleiter von einst bevorzugt. Da öffnet sich das Füllhorn für die verdeckten wie offiziellen Unterstützer von einst. Der willfährige Knecht bei der Operation „Ballhausplatz" wird trotz mangelnder Qualifikation Chef des milliardenschweren Verstaatlichtenunternehmens, der parteiliche und zu allem fähige, aber im Amt unfähige Minister wird aus Dankbarkeit Nationalratspräsident, die Apostel des Aufstieges, wie Blümel oder Köstinger, werden Minister. Einige Aufsichtsratsposten hier, einige Vorstandsposten da, Richterposten hier, eine ORF-Funktion dort, eine Steuererleichterung hier, eine Gefälligkeit durch die Netzwerke in der Justiz da. Das einst nur aus Gefälligkeit und Freundschaft und vorgeblicher Überzeugung agierende Netzwerk wird – ungeachtet der eigentlichen Qualifikation – durch die Überschreitung roter Linien reichlich belohnt, mit Ämtern, Ehren und Geld überschüttet.

Es sind wahrlich nicht die Anständigsten oder die Fähigsten, die nun ihren Platz an der Sonne des türkisen Messias einnehmen. Thomas Schmid wird, wie ausgeführt, Verstaatlichtenmanager, Elisabeth Köstinger wie auch Gernot Blümel Minister, der alte Herr der Intrige, Wolfgang Sobotka, wird Nationalratspräsident, der ehemalige, aber dienliche Justizminister wird Verfassungsrichter, der vollziehende Generalsekretär auf einmal Innenminister, die Beraterstäbe im Kanzleramt wurden größer als je zuvor. Thinktanks wurden gegründet, weniger als intellektuelle Stützen des Kanzlers, sondern eher als personelle Verschiebebahnhöfe für einstige Unterstützer, die sich nun durch ihre Nähe zum Mächtigen eine goldene Nase verdienten.

Parteinahe Lobbyisten traten in den Medien auf und erweckten ausschließlich aus Eigennutz den Eindruck, dass sie den besten Draht zur Macht hätten und für Geschäfte aller Art buchbar seien. Unter Umgehung aller gesetzlichen Regeln, von jenen des Anstandes ganz zu schweigen. Und jede noch so günstige Situation wurde ausgenutzt, eigene Freunde aus Dankbarkeit zu bedienen. Vom Himmel gefallen kam Corona, bewegt uns seit mehr als zwei Jahren das Virus in all unseren Lebensbereichen. Viele, wenn nicht sogar fast alle, haben verloren, und nur einige wenige haben gewonnen. Die Arbeitslosigkeit stieg, Hunderttausende fristeten ihr Dasein in der sogenannten Kurzarbeit. Klein- und Mittelunternehmer warteten monatelang auf Entschädigungs- und Hilfszahlungen. Anders erging es den dem Kanzler zu Gesicht stehenden Unternehmern, die unter dem Eindruck des Staatsnotstandes auf direktem Wege millionenschwere Aufträge für Masken, Tests, Kampagnen etc. bekommen haben und sich spätestens beim nächsten Wahlkampf wieder der allmächtigen Partei gegenüber gefällig zeigen müssen. Und so wurde aus dem „neuen“ Weg rasch der alte, der längst bekannte, steinalte Weg ins Verderben.

Das Ende ist bekannt, die Gerichte und Untersuchungsausschüsse wird es noch Jahre beschäftigen, und das Vertrauen der Menschen in jene Figuren, die es besser machen wollten, ist nachhaltig erschüttert. Am Ende standen vertrauliche Chats, die der Kreis rund um Sebastian Kurz geschrieben hatte und die dem staunenden Volk einen Einblick in den Maschinenraum dieser politischen Blase gaben. „Du bekommst eh alles was du willst“, schrieb der Kanzler seinem treuen Adlatus in Dankbarkeit für geleistete politische Dienste und stellte unter Umgehung aller Ausschreibekriterien einen hoch dotierten Job in Aussicht. „Ich liebe meinen Kanzler“, quittierte der Beschenkte untertänig die erwiesene Gunst. Das Üble dieser Chats ist nicht die strafrechtliche Relevanz, die klären ohnedies die Gerichte, sondern die zum Vorschein kommende Mentalität, wonach der Staat persönliches Eigentum ist, dessen Diener Kanonenfutter für parteipolitische Winkelzüge werden, jede Funktion aus Eigennutz oder für die Partei schlichtweg missbraucht wird. Und diese Chats zeigen vor allem, dass die darin involvierten Emporkömmlinge keinerlei Empathie oder Redlichkeit, keinerlei charakterliche Eignung für ihre Ämter mitbrachten, eben nur reine Blender sind, die mit guten Sprüchen, an die sie selbst nicht glaubten, das Wählervolk täuschten. Man schreckte nicht einmal davor zurück, Vertreter der Kirchen schlichtweg zu erpressen. „Und bist du nicht mein Freund, bekämpfe ich dich als Feind", dürfte Kurz als Losung an die Seinen ausgegeben haben, die sich wie die Ferkel im Schatten des jungen Kanzlers suhlten.

Die Nachrichten, die sich Kurz, Schmid, Blümel und Co. schrieben, zeigen eine unfassbare Selbstsicherheit und eine schier unerschöpfliche Arroganz, im Glauben, sich eben alles erlauben zu können. Wo diese Damen und Herren das gelernt haben? Bei ihren Vorgängern, bei den älteren Parteikollegen im Bund wie in den Ländern, bei den Generationen von Politikern aller Parteien, die dies nicht anders gehandhabt haben, wenngleich sie damals im Gegensatz zu heute keine Handys hatten. Diese dokumentierten Chats sind der in die Cloud gemeißelte Beweis dafür, dass die Lüge und Intrige den politischen Alltag jener beherrschte, die den machiavellistischen Machtwerkzeugen zuvor öffentlich abgeschworen hatten. Schonungslos wurde das Innenleben dieser Truppe von Kriegsgewinnlern offengelegt, die das Land als Selbstbedienungsladen betrachteten, Postenschacher und Nepotismus wie in alten Zeiten betrieben und das Volk schamlos täuschten. Das Schändliche ist weniger dieser Umstand als die Tatsache, dass es ausgerechnet Sebastian Kurz und die Seinen besser machen wollten als alle zuvor. Am Ende brachte den Heiligen die gelebte Korruption zu Fall, der Wasserprediger wurde des Weinsaufens überführt.

Neigungsgruppe Korruptionisten

Ehrlich, wer hat noch nicht gelogen? Natürlich gehören die kleinen Lügen des Alltags zum Menschen wie die Luft zum Atmen. Heilige gibt es nur sehr wenige, und auch die sind bekanntlich gegen Sünden, zumindest gegen die – theologisch ausgedrückt – Versuchung nicht gefeit. Es entspricht eben unserem Wesen, Konflikten aus dem Weg zu gehen und dafür manchmal, wenngleich auch fälschlicherweise, in Kauf zu nehmen, uns hin und wieder der Unwahrheit zu bedienen. Um aber zur Neigungsgruppe Korruptionisten, also zu den Kriminellen unserer Tage zu gehören, braucht es andere Kaliber.

Es treffen mehrere Charaktereigenschaften in einem Menschen zusammen, der bereitwillig auf mehr oder weniger moralische Unversehrtheit verzichtet und sich in die Abhängigkeit der dauerhaften Lüge seines Lebens und damit in immerwährende Angst begibt. Größtenteils handelt es sich bei den typischen Korruptionisten um Menschen, die sich aus mangelndem Selbstvertrauen, fehlender Empathie, nicht vorhandenem Gerechtigkeitssinn, einem Höchstmaß an Opportunismus, vielleicht auch aufgrund mangelnder Talente und Wissen, aber zumindest aus Habgier und Geltungssucht freiwillig in ein schmutziges Geschäftsverhältnis begeben. Wie diese miesen Charaktereigenschaften entstehen, lässt sich nur mit falscher Sozialisierung und mangelnder Erziehung erklären. Jeder Mensch strebt nach Höherem, aber bei Korruptionisten ist dieser Drang krankhaft ausgeprägt. Wir werden geboren und in ein Korsett des Erfolges gesteckt. Bereits das Bildungssystem sorgt dafür, dass nur der vorgeblich Erfolgreiche mit Ruhm und Ehre gekrönt wird, eine Erziehung anhand moralischer und ethischer Grundsätze findet in diesem Bildungssystem nicht statt. Es wird Erfolg eingetrichtert, nicht Demut und Anständigkeit. Die jungen Menschen erkennen mit Blick auf ihre gehetzten Eltern recht rasch, dass ohne Geld und Anerkennung keine volle gesellschaftliche Teilhabe möglich ist. Zugleich wird durch die in den Medien immer wiederkehrenden Soap-Operas das Gefühl vermittelt, dass nur der Intrigante, der Böse, der Hinterhältige zu materiellem Reichtum aufsteigen könne. Die gesamte Medienwelt vermittelt den Menschen, dass nur Luxus und überbordender Wohlstand die erstrebenswerten Ziele des Daseins seien. Warum die Medien dies tun, ist leicht erklärt. Denn nur durch das Vorgaukeln einer materiellen Welt wird die Sucht der Seher gefördert, und die Befriedigung derselben Sucht sorgt für Wachstum. Nicht jeder Mensch wird Milliardär, nicht jeder Mensch fährt Porsche. Es wird aber das Gefühl vermittelt, jeder könnte es. Und so bemühen sich die Menschen darum, aus ihrer bisherigen gesellschaftlichen Schicht auszubrechen, andere soziale Standards anzustreben. Dass selbst den Fleißigsten und Intelligentesten kein Leben in absolutem Reichtum gelingt, veranlasst dazu, über sogenannte Bypässe, regelrechte Abkürzungen des ehrlichen und redlichen Weges, das Ziel der Glückseligkeit in Dagobert Ducks Geldspeicher zu finden. Ich nehme mich nicht aus, auch ich sehne mich nach Erfolg und ordne manche Dinge im Leben dafür unter. Weil auch ich ökonomische Begehrlichkeiten zu befriedigen habe. Dazu war ich aber nie bereit, den geraden Weg der Anständigkeit und Gesetzmäßigkeit zu verlassen. Denn am Ende müssen wir uns jeden Tag selbst im Spiegel ins Gesicht schauen können.

Viele neigen aber dazu, die Redlichkeit zu verlassen, um schneller ihre Eitelkeit, ihr Machtstreben oder ihren Drang nach Reichtum zu befriedigen. Der Preis, den sie dafür zahlen, ist ein hoher. Denn fast jede Lüge dringt an die Oberfläche, fast jedes schmutzige Geschäft erblickt das Licht der Öffentlichkeit. Aus Gier verlieren sie eben alles. Warum ausgerechnet Politiker bzw. Menschen in politnahen Berufen dafür viel anfälliger als andere sind, lässt sich leicht erklären. Einerseits ist es die Abhängigkeit, in die sich Politiker begeben. Denn sie beenden ihre zivilberufliche Laufbahn und begeben sich in die Fänge von Parteien, zumindest in die Abhängigkeit von Wählern. Die Nachteile einer berufspolitischen Laufbahn habe ich an anderer Stelle bereits erwähnt. Noch gewichtiger ist jedoch die Tatsache, dass nicht alle, aber die meisten Politiker über eine narzisstische Natur verfügen. Denn wer 24 Stunden und sieben Tage tatsächlich freiwillig im Rampenlicht stehen will, muss eben über eine narzisstische Persönlichkeitsstörung verfügen. Der Schweregrad einer solchen ist von Politiker zu Politiker unterschiedlich, die Grundeigenschaft ist aber bei allen die gleiche. Auch bei jenen, die aus hehren Motiven ihren Idealismus in der Politik ausleben wollen. Meistens ist eben der Dank ausschließlich der Applaus der Allgemeinheit. Dieser Narzissmus, also die Variante eines übersteigerten Egoismus, sorgt dafür, dass gerade Politiker nach immer mehr streben. Und im Streben nach höheren Zielen werden allzu rasch alle

Mittel recht. Weil man mitspielen will, weil man dazugehören will, weil man im Mittelpunkt stehen will. Für diese Ziele wird der Restbestand der Anständigkeit über Bord geworden. Und plötzlich ist der Korruptionist geboren. Schauen wir uns doch die medienöffentlich gewordenen Fälle der Korruption an. Die Hauptproponenten, die Männer und Frauen, die sich an Volkseigentum vergriffen haben, die mittels Postenschacher versorgt wurden, die gelogen, betrogen und bestohlen haben, sind alle vom gleichen Schlag. Es sind Karrieristen, denen die Bodenhaftung gefehlt hat und die die Demut nicht gelernt haben. Es geht nicht darum, dass Politiker ein Armutsgelübde abzuleisten hätten bzw. sich in bescheidenen Kutten wie der Heilige Franz von Assisi geben müssten, sondern doch viel eher darum, dass auch ein politischer Weg von einer gewissen Grundehrlichkeit geprägt sein sollte. Ein Großteil jener, die diesen Weg verlassen haben, ist im Fegefeuer der Justiz gelandet.

Korruption, die DNA des politischen Systems

„Es sind doch eh alle gleich", urteilt der Durchschnittsbürger fast resignierend über das politische Personal an der Spitze der Länder. Der Anteil an der alle Säulen des Staates verfilzenden Korruption ist keine Erbpacht einer Partei und keine Erscheinung eines abgrenzbaren Zeitraumes, sondern durchdringt alle Bereiche und alle Zeiten. Korruption begleitet das Land seit Jahrzehnten, und die kriminelle Energie, die zu konkreter Korruption führt, ist bei Proponenten aller Parteien, bei Regierungsmitgliedern, Justizangehörigen und Beamten gleichermaßen zu finden. Kein Mensch ist dagegen gefeit. Nicht, dass alle korrupt wären, nicht, dass alle lügen, stehlen und betrügen würden. Aber jeder Fall ist ein Fall zu viel, erschüttert weiterhin das Vertrauen der Menschen in Politik und Rechtsstaat und birgt eben die Gefahr, dass der einfache Bürger in der politischen Elite „lauter Verbrecher" verortet.

„Wohin soll ich mich wenden, wenn Schmerz und Gram mich drücken", heißt es in der Deutschen Messe von Schubert. Wohin wenden sich die Bürger, wenn sie berechtigte Anliegen, Sorgen und Ängste haben? Exakt, an die Vertreter des höheren

Wesens, des Vaters Staat. An die Bürgermeister, die Landesräte, die Landeshauptleute, die Abgeordneten, die Beamten, die Regierungsmitglieder, die Ombudsstellen. Um ein Problem zu lösen, um eine Begehrlichkeit zu befriedigen oder um Hilfe und Beistand zu erlangen, rufen die Bürger ihre Volksvertreter. Wenn der Volksvertreter, der Beamte, das Regierungsmitglied oder der Justizangehörige nur dann tätig wird, für Recht, Gerechtigkeit und Ordnung sorgt, wenn er eine gewisse Gegenleistung seitens des intervenierenden Bürgers erhält, ist das Gift für die Demokratie, für die Gerechtigkeit und für unsere Freiheit. Bereits in meinem Buch „Freiheit ohne Wenn und Aber“ habe ich Korruption im Kapitel „Die Freiheit der Wirtschaft“ als das beleuchtet, was sie ist. Ein Verbrechen an Gesellschaft und Wirtschaft. Und war es nicht zu allen Zeiten so, dass man manchem Beamten für einen Rechtsakt einen weißen, mit Schwarzgeld gefüllten Umschlag in die Schublade gelegt hat und sich damit erhoffte, günstiger, rascher und besser als all die anderen Bürger behandelt zu werden? Und war es denn nicht so, dass manche Politiker eben erst dann hilfsbereit tätig wurden, wenn man ihnen ihren persönlichen Vorteil durch ihr Tun und Handeln im Vorfeld skizzierte? Im Kleinen wie im Großen, im Trinkgeldbereich wie bei den Millionen – Korruption zerstört unsere Gesellschaft, den Glauben an den Rechtsstaat, und zersetzt damit die Demokratie und ihre Institutionen. Zerstört werden sie von innen heraus, von den sogenannten Verantwortungsträgern, denen sprichwörtlich das eigene Hemd mit den prall gefüllten Taschen wichtiger ist als der Rock des Staates.

Nun kann man, wenngleich auch folgende Beispiele aus Österreich stammen, diese Mentalität nicht nur auf einige wenige Staaten eingrenzen. Erst kürzlich erschütterte der Skandal rund um den EU-Rechnungshofchef das Brüsseler Politviertel. Viel ist in unseren Zeitungen nicht zu lesen. Aber der Inhalt dieser Affäre hat Sprengkraft. Gefälligkeiten, Freunderlwirtschaft, üppige Spesen, ja Betrug sind die Zutaten eines Skandals, in dessen Epizentrum ausgerechnet der oberste Kontrollor der Europäischen Union steht. Oder erinnern wir uns an die Amigo-Affäre in Bayern, als der bayerische Übervater Franz Josef Strauß jener Tatsache überführt wurde, dass er eine allzu große und zerstörerische Nähe zu Unternehmern suchte, für die er politische Entscheidungen traf und im Gegenzug mit Zuwendungen aller Art rechnen konnte. Man könnte einwenden, das sei eine andere Zeit gewesen. Man nahm es damals halt nicht so genau, Hauptsache, ein demokratisches Staatswesen funktionierte nach dem Irrsinn des Zweiten Weltkrieges wieder. Ja, fast als Kavaliersdelikt wurde es gesehen, dass ein Politiker eben bestechlich ist, sich auf großzügige Urlaube einladen lässt und im Gegenzug durch Verwaltungsakte ein günstigeres Umfeld für seine noblen Spender schafft. Erwähnenswert ist sicherlich auch der Spendenskandal des deutschen Altkanzlers Helmut Kohl, der zum Bruch mit seiner Partei CDU führte und in dessen Nachgang der Vater der deutschen Einigung uneinsichtig bis zuletzt über seinen unlauteren Umgang mit Parteispenden eisern schwieg. Strauß und Kohl haben ein wohl einzigartiges politisches Lebenswerk hinterlassen, die Vorwürfe schmälern ihre Verdienste nicht, liegen aber auch wie ein Schatten auf ihrer Geschichte. Fast als kleine, lässliche Sünden, als Kavaliersdelikte werden solche Parteispendenaffären gesehen, und entschuldigend wird ins Treffen geführt, dass die im Mittelpunkt solcher Skandale stehenden Politiker sich ja nie selbst bereichert, sondern nur ihrer Partei einen Vorteil verschafft hätten. Eigentlich seien sie Helden ihrer Gesinnungsgemeinschaft.

Nein! Denn es kommt eben nicht darauf an, wer schlussendlich den Vorteil genießt, sondern ausschließlich auf die Tatsache, dass durch eine geheime, ja illegale und damit kriminelle Zuwendung ein unlauterer Vorteil zulasten der Rechtmäßigkeit politischer Akte verschafft wurde. Korruption ist international, Korruption war immer und ist immer. Wir erinnern uns doch nur zu ungern an den AKH-Skandal, den Bau des Wiener Krankenhauses, das wegen betrügerischer Baukostenüberschreitungen zugunsten einiger Unternehmer im Nahbereich der Sozialdemokratie die größten juristischen und parlamentarischen Nachwehen verursachte und selbst ein Staatsoberhaupt wie Rudolf Kirchschläger als einstigen Bundespräsidenten zu dem Satz „Wir müssen die Sümpfe trockenlegen“ veranlasste. In Absprache mit der regierenden Politik wurden mittels fingierter Rechnungen die Baukosten betrügerisch in Millionenhöhe überschritten, Politiker und Beamte mit Schmiergeld bedient. Der AKH-Skandal ist der bis heute größte und in seiner Dimension nach wie vor unübertroffene Bauskandal in der Geschichte Österreichs.

Die Sümpfe trockenlegen wollte der Bundespräsident. Es ist ihm und vielen anderen nicht gelungen, denn eine Reihe das Land erschütternder Skandale folgte. Ein Treppenwitz der Geschichte, dass Jahrzehnte später der ehemalige grüne Bundessprecher und Bundespräsident Alexander Van der Bellen in ähnlicher Situation den Satz „So sind wir nicht" prägte. Aber gab es Konsequenzen aus all den Affären und Skandalen? Etwa aus dem BAWAG-Skandal der SPÖ, bei dem durch kriminelle Spekulationsgeschäfte SP-naher Vorstände das Vermögen einfacher Sparer in den Rachen von Briefkastenfirmen führenden Kriminellen überführt wurde und der Steuerzahler, also wir alle, am Ende mit Milliarden an Euro für den Schaden aufkommen musste? Die im Eigentum des roten Gewerkschaftsbundes und damit der Sozialdemokratie stehende Bank für Arbeit und Wirtschaft wurde mit gefälligen Vorständen aus dem eigenen politischen Stall beschickt. Diese waren nicht nur gefällig, sondern auch gegenüber ihren Kontrolloren großzügig. Die Kontrollmechanismen versagten folgerichtig, denn die politischen Kontrollore durften sich an den von der Bank eingeräumten Privilegien erfreuen, wurden eingekauft, satt und träge. So residierte der immer auf Bescheidenheit Bedacht nehmende Gewerkschaftspräsident und rote Arbeitnehmervertreter im Parlament in einem millionenteuren Penthouse inmitten des noblen 1. Wiener Gemeindebezirkes, ließ sich als Präsident und als Abgeordneter samt Diäten und Spesen fürstlich entlohnen. Die Vorstände schütteten sich reichlich Boni aus, lebten wie die Maden im Speck. Die rote Hautevolee naschte mit; wenn man sich nicht gerade in einer Loge traf und einander Geschäfte zuschacherte, vergnügte man sich an den Stränden der Schönen und Reichen an der Côte d'Azur, wo man eine Villa sein Eigen nannte. Offenbar haben gerade sozialdemokratische Funktionäre einen exquisiten Geschmack und einen Hang zum Luxus. War es in den 1970er-Jahren der Nadelstreifsozialismus, der den Unterschied zwischen Schein und Sein offenlegte, sind es heute die Rolex-Sozialdemokraten. Offenbar will auch der Vertreter des kleinen Mannes in der Welt der Großen seinen gerechten Anteil haben. Und ewig in der blauen Arbeitermontur die Anliegen des kleinen Mannes zu vertreten, gehört offenbar nicht zur Zukunftsaussicht in der Wolle gefärbter Sozialisten. Abgesehen davon war doch der Sozialismus immer nur eine autokratisch aufgezwungene Lebensform für das gemeine Volk, die Führung hingegen lebte durchaus kapitalistisch in Saus und Braus. Also wurde im BAWAG-Skandal Bankvermögen illegal in Spekulationsgeschäfte verbracht, und am Ende war das gesamte Vermögen weg, bildlich verbuddelt im Sand einer steuerschonenden Oase. Die Bank musste in höchster Not ausgerechnet an Spekulanten verkauft werden, der Steuerzahler haftete. Ein Bauernopfer für dieses katastrophale Beispiel roter Wirtschafts- und Finanzpolitik war schnell gefunden, öffentlich an den Pranger, vor Gericht und in einer Zelle (ruhig-) gestellt. Mittlerweile ist er verstorben. All seine Bemühungen, Licht ins Dunkel der verschwundenen Milliarden zu bringen, wurden geschickt behindert. Die anderen Beteiligten gingen durch ihre wechselseitigen Freundschaften zum System, zur Justiz, zu den Mächtigen und dank ihres gefährlichen Wissens mehr oder weniger straffrei aus und führen weiterhin ein luxuriöses Leben. Sie treffen sich wieder in Lokalen, frönen einem guten Glas Rotwein, werfen sich wieder in den Nadelstreif und geben sich angesichts ihrer mehr als zweifelhaften Vita gänzlich unbekümmert. Anstatt sie zu schmähen, anstatt sie spüren zu lassen, was ein Milliardenbetrug anrichtet, sind sie wieder gern gesehene Gäste der guten Gesellschaft. Ganz nach dem Motto: Morgen rennt die nächste Sau über den Hauptplatz. So sind die alten Geschichten vom Untergang einer Bank, den übrig gebliebenen Sparern, den geschundenen Steuerzahlern längst vergessen.

Einen ungleich größeren Schaden, zumindest einen finanziellen, verursachte der Hypo-Skandal. Die Kärntner Landesbank wurde über Jahre hinweg immer größer, breitete sich Richtung Osten und Balkan aus. Es war das von Jörg Haider formulierte politische Ziel, dass er gegen das rot-schwarze Bankenmonopol in Österreich eine einst kleine Landesbank seines

Einflussbereiches in Stellung bringen wollte. Natürlich auch aus Eigennutz, konnte er doch mit der Hypo wesentliche Infrastrukturprojekte in seinem Bundesland Kärnten auch problemlos finanzieren. Mit der vom Bankenmanagement betriebenen Expansion wurde die Bilanzsumme binnen weniger Jahre vervielfacht. Die Geschäfte in Kroatien, Slowenien und den anderen Ländern des Balkans blühten, wiewohl man wahrscheinlich seiner Aufsichtspflicht nicht nachgekommen ist und sich durch örtliche Vertreter zu sehr auf die dort vorherrschende Schmiergeldmentalität einließ. Übrigens ein Phänomen, mit dem sich alle anderen österreichischen Banken, die sich in ähnlichen Regionen niederließen, konfrontiert sahen. Die Bank wurde immer größer, erfolgreicher, und die finanzpolitische Gans immer fetter. Jörg Haider hat daher bereits 2007, also noch vor der Banken- und Finanzkrise, die die Umtriebe im internationalen Bankenwesen schonungslos offenbarte, „seine" Hypo an die Bayerische Landesbank verkauft. Von einem „großen Geschäft" wurde gesprochen. Und tatsächlich, gerade im Hinblick auf die folgende Finanzkrise war es der richtige Zeitpunkt, sich von einem solchen Institut, das im Rahmen seiner Expansion natürlich auch „faule Kredite" ansammelte wie andere Souvenirs, zu trennen. Mit der Bankenkrise implodierte der gesamte Bankensektor; was jahrzehntelang von allen betrieben wurde, war in der Sekunde verpönt. Auch den neuen bayerischen Eigentümern wurde nur allzu rasch bewusst, dass sie mit der Hypo ein Institut eingekauft hatten, das wie alle anderen im internationalen Bankengeschäft agierte. Und nun passierte der eigentliche Skandal, der Österreichs Steuerzahler zur Kasse bat. Jörg Haider war in der Nacht vom 10. auf den 11. Oktober tödlich verunglückt, seine Nachfolger intellektuell unfähig, die Dimension ihres Handelns zu erkennen. Bayern wollte die Hypo wieder loswerden, mit Österreichs ÖVP-Finanzminister Josef Pröll hatte die bayerische CSU einen Partner gefunden, um die mittlerweile krisengebeutelte Bank wieder nach Österreich rückzuverstaatlichen. Dies nicht zuletzt deswegen, da die Raiffeisenbanken für etwaige Verluste der Hypo in Bayern mithafteten. Also wurde den haftenden Banken die Last abgenommen, Bayern ein Gefallen getan und die mittlerweile ausrangierte

Bank zurückgekauft. Samt den Schulden, samt den „faulen Krediten". Für diesen Deal musste Österreichs Steuerzahler mit bis zu 20 Milliarden Euro haften. Josef Pröll erging es besser, er bekam einen gut dotierten Job im Raiffeisenkonzern, denn er hatte zwar nicht im Interesse des Staates, dafür aber im Interesse der ihm nahestehenden Bank gehandelt. Der Versuch, dieses Debakel Jörg Haider postum in die Schuhe zu schieben, scheiterte letztlich. Der Hypo-Ausschuss im Nationalrat und der in dessen Zuge formulierte Griess-Bericht der vormaligen OGH-Präsidentin Irmgard Griess sowie auch Äußerungen von unverdächtiger Seite, wie des grünen Budgetsprechers Werner Kogler, waren eigentlich eine Entlastung für Jörg Haiders bankenpolitisches Abenteuer.

In der Aufzählung der das Land in den Grundfesten erschütternden Affären darf natürlich der Lucona-Skandal der 1970er- und 1980er-Jahre nicht fehlen. Ein in die besten gesellschaftlichen, wirtschaftlichen und politischen Kreise Wiens eingeführter Parvenu, der in einem seiner Lokale eine Art rote Freimaurerloge, den Club 45, unterhielt, verübte einen Versicherungsbetrug, indem er sein eigenes Schiff, die „Lucona", samt Besatzung durch Sprengung auf offenem Meer versenken ließ. Sechs Menschen kamen dabei ums Leben. Und wie das Amen im Gebet befand sich im Epizentrum des Skandals wieder eine Reihe von Politkern, übrigens abermals aus sozialdemokratischem Milieu, die über Jahre ihre schützende Hand über den Kriminellen hielten, den Skandal vertuschten, dem Freund die dreckige Stange hielten. Für Gefälligkeit, wechselseitige Geschäfte, vielleicht ökonomische Sicherheit nach der politischen Tätigkeit oder nur gesellschaftliche Anerkennung. Der Weg in die Hölle ist mit vielen Todsünden gepflastert. Die politische und justizielle Aufklärung des Lucona-Skandals kostete mehr als 16 Politiker in Österreich das Amt und viele Beamte, wie Justizangehörige, den Job. Einige wurden verurteilt, der Haupttäter verbüßte bis zu seinem Tode eine Gefängnisstrafe und wird nach wie vor in einigen Kreisen als „klasser Bursch" verehrt.

Viel zu oft wird mit Blick auf die aktuellen Geschehnisse vergessen, dass diese Korruption immer ein Bestandteil der

Geschichte unseres Landes war und ist. Oder sagt Ihnen der Noricum-Skandal etwas? Also jenes Waffengeschäft, in dem die Republik Österreich, eigentlich verfassungsrechtlich zu absoluter Neutralität verpflichtet, illegal Waffen in den Nahen Osten an Krieg führende Parteien, nämlich den Irak und den Iran, verkaufte? Natürlich unter Patronanz der verantwortlichen Politiker, die sich ihre Duldung mit Schmiergeld vergelten ließen. Im Übrigen ist der politische Täterkreis beider Skandale, bei sowohl Noricum als auch Lucona, fast ident. Diese Waffengeschäfte wurden ruchbar, ein österreichischer Botschafter meldete mittels vertraulicher Depesche die Erkenntnis über diese Schandgeschäfte internationalen Formates an die zuständigen Ministerien in Wien. Kurze Zeit später starb er unter mysteriösesten Umständen.

Die damals involvierten Politiker liegen heute entweder mit Orden überhäuft in einem Ehrengrab oder werden noch immer in manchen elitären Gesellschaften als „zutiefst anständige Menschen“ oder lebende Legenden verehrt. Eine verkehrte Welt, wo anständige und ehrbare Menschen belächelt und skrupellose Verbrecher erst pardoniert und dann abgefeiert werden. Korruptionisten, Diebe, Betrüger, sogar Mörder prägten mit ihren Skandalen die Geschichte der Zweiten Republik bis in die Gegenwart. Heute wird zwar nicht mehr gemordet, welch Glück, aber dafür weiter gestohlen. Denn was vor Jahrzehnten noch der AKH-Skandal war, ist in der Neuzeit der Skylink-Skandal, wo es zugunsten roter und schwarzer Politiker eines Bundeslandes wiederum zu horrenden Baukostenüberschreitungen gekommen ist, die den Steuerzahler ärmer und korrupte Politiker und parteinahe Manager reicher gemacht haben. Die Sümpfe wechseln, die gelebte Mentalität ist immer die gleiche. Oder der BUWOG-Skandal, wo das Wohnungseigentum der Republik nicht an den Bestbieter verkauft, sondern an den für einen kleinen Kreis von Entscheidungsträgern Großzügigsten versilbert wurde. Die Schlechtesten profitierten, nicht der Staat und seine Steuerzahler waren die Sieger, sondern jene, die über ihre Netzwerke und mit Schmiergeld gefüllten Pipelines das System am besten versorgen.

Es ist immer der gleiche Ablauf. Geheim wird eine Absprache getroffen, werden an den Gesetzen vorbei Geschäfte gemacht – und die Deppen sind wir, die Steuerzahler. Denn wir werden bestohlen. Es ist das Eigentum des Staates, es sind die Regeln des Staates, es ist immer der Staat der Geschädigte und der Staat ist das Volk. Die Parteien, die Politiker oder die Beamten kassieren und gehen in den meisten Fällen straffrei aus. Denn das hier Geschilderte ist nur die Spitze des Eisberges, das Sichtbare. Der größte Teil liegt unter der Wasserlinie, ist für Medien und die Gerechtigkeit verborgen. In meiner aktiven Zeit als Abgeordneter zum Nationalrat durfte ich die Funktion des Rechnungshofsprechers einnehmen und aus dieser Verantwortung heraus meine Fraktion im ständigen Unterausschuss des Rechnungshofausschusses vertreten. Dieser wird als kleiner Untersuchungsausschuss bezeichnet, weil die weniger prestigeträchtigen und kaum aufsehenerregenden Fälle politischen Machtmissbrauches, der Steuergeldverschwendung und Korruption dort beleuchtet werden, die politische Verantwortung verortet werden soll. Nicht zuletzt auch durch die mit der regelrechten Inflation an Skandalen und Affären einhergehende „Sättigung" des Staatsbürgers erblickt eben nicht jede Schweinerei das Licht der Öffentlichkeit in jenem Ausmaß, wie sie es sollte. Einen solchen Fall behandelten wir einst, den sogenannten MAV-Cargo-Skandal der Österreichischen Bundesbahnen. Scheinrechnungen, Briefkastenfirmen, untergetauchte Lobbyisten und Hunderte Millionen Euro Schaden verursachte die Übernahme der ungarischen MAV-Cargo, der Güterverkehrssparte der ungarischen Staatsbahnen, durch die ÖBB. Klar war, dass die millionenschweren Provisionszahlungen, die ÖBB-Lobbyisten ihren Pendants in Ungarn in den Rachen warfen, zu einem Teil über Umwege wieder bei österreichischen Parteien landeten, die dank solcher verdeckten Zuwendungen ihren Apparat und ihre Wahlkämpfe finanzieren konnten. Denn mit dem Satz „Ohne Partei bin ich nichts, die Partei ist alles, und die braucht Geld" lässt sich der Grundsatz der Zweiten Republik treffend zusammenfassen.

Und dieser Geist herrschte auch in einem anderen Fall. Seit mehr als 22 Jahren, mit kurzer Unterbrechung durch einen parteipolitischen Betriebsunfall mit einem freiheitlichen Innenminister, führt die Österreichische Volkspartei das Innenministerium, also das Sicherheitsressort der Republik. Und es hat sich seit dem Jahr 2000 nachweislich eingebürgert, dass führende Positionen in diesem für unseren Heimatschutz wichtigen Ressort von Parteigängern der ÖVP eingenommen werden, weil alle Minister dieser Partei die Haltung vertreten haben, dass dieses Ressort das Eigentum ihrer Partei und gerade das Sicherheitsressort für parteipolitische Abwägungen durch einen sicherheitspolitischen Informationsvorsprung lebensnotwendig sei. Gängige Ausschreibungskriterien zur Postenbesetzung wurden negiert, sämtliche Qualitätskriterien gebrochen, das Ministerium ist heute ein blamabler und mittlerweile auch international beobachteter Spielplatz für treue und durchwegs unqualifizierte Parteigänger geworden. Wiederum dokumentieren Chats führender Ministeriumsmitarbeiter, die dank des investigativen Journalismus das Licht der Öffentlichkeit erblickten, eindeutig, wie auf Kosten der Sicherheit Österreichs brutaler Postenschacher betrieben wurde. Ein führender Kabinettsmitarbeiter fragte einen Landespolizeidirektor in einer Textnachricht regelrecht empört, warum für eine ausgeschriebene Position „nicht ein Eigener [gemeint: ein ÖVP-Funktionär] genommen" wurde. Sämtliche Leitungspositionen wurden im Innenministerium über mehr als 22 Jahre hinweg mit treuen, zwar unqualifizierten, aber dafür abhängigen Lakaien einer Regierungspartei besetzt. An sich ist das nichts Ungewöhnliches, ist doch diese Praxis des Nepotismus und der Freunderlwirtschaft in Österreich systemisiert, also ein Bestandteil der Realverfassung geworden. Mit welcher Brutalität hier jedoch seit mehr als zwei Jahrzehnten ungestraft vorgegangen wird, jede Personalbesetzung durch den Bundespräsidenten als obersten Staatsnotar apportiert wird, ist skandalös. Vor allem dann, wenn durch eine solche Personalpolitik die Sicherheit der Bürgerinnen und Bürger in Österreich in Gefahr gerät, der Sicherheitsapparat zum Sicherheitsrisiko mutiert. Im November 2020 wurde Österreich nach Jahrzehnten wieder durch einen Terroranschlag erschüttert. Die Legende von der „Insel der Seligen" war vorbei, vier unschuldige Menschen mussten ihr Leben lassen. Der Täter, ein islamistischer Attentäter, war amts- und justizbekannt, konnte aber unbehelligt in ein Nachbarland reisen, um Waffen zu kaufen. Obwohl der Geheimdienst des Nachbarlandes die österreichischen Behörden über den versuchten Ankauf von Waffen informierte, über die Gefährlichkeit des künftigen Attentäters berichtete, blieben die Alarmglocken im Wiener Innenministerium stumm. Weil nicht die bestqualifizierten Beamten die für die Sicherheit unseres Landes notwendigen Positionen einnahmen, sondern eben jene, die der herrschenden Politik am besten zu Gesichte stehen und daher ausgerechnet in dieser sensiblen Situation eindrucksvoll versagten. Der Postenschacher und das dadurch mittlerweile in diesem Ministerium gestiftete Chaos sind dafür hauptverantwortlich, dass ein Attentäter inmitten der Bundeshauptstadt vier Menschenleben auslöschen konnte. Ja, auch Postenschacher und Freunderlwirtschaft sind Korruption. Weil qualifizierten Menschen das Recht auf Karriere zugunsten unqualifizierter Parteigänger und zum Leidwesen des Landes genommen wird, ein untauglicher Funktionsträger widerrechtlich ein höheres Gehalt erhält, das ihm schlichtweg nicht zusteht. Und weil in diesem konkreten Fall die jahrzehntelang vertretene These, wonach ein Ministerium ewige Erbpacht einer Partei sei, auch Menschenleben kosten kann. Spätestens dann, wenn das System durch diese Art und Weise der Personalpolitik restlos versagt, der Staat sich durch den von ihm selbst betriebenen Postenschacher langsam aber sicher zu lähmen beginnt.

Ein anderer Fall von zumindest versuchter Korruption, aber dokumentiertem Größenwahn und gelebter Peinlichkeit entlarvte sich im Jahr 2019, als an einem Freitag im Frühjahr die Bombe im Wiener Politzirkus platzte und der sogenannte Ibiza-Skandal über das Land zog. Der damalig amtierende Vizekanzler Heinz-Christian Strache wurde im Jahr 2017, als er noch gefürchteter Oppositionschef war, Opfer eines aus seiner Sicht sicherlich „hinterlistigen“ Lauschangriffes. Weniger die Tatsache, dass man einen amtierenden Parlamentarier und Oppositionschef in eine Falle gelockt hatte, sondern eher der Umstand des stundenlangen Video- und Tonmaterials, welches eine moralisch verwerfliche Grundeinstellung offenbarte, erschütterte die Republik, beendete die Regierungskoalition und führte zu Neuwahlen. Was war passiert? Strache, der Vertreter des kleinen Mannes mit Rolex am Handgelenk und gewandet in sündhaft teure Etro-Anzüge, urlaubte – wie jedes Jahr – begleitet von einer großen Entourage von Parteigängern auf der mondänen Urlaubsinsel Ibiza. Dabei kam es, vorbereitet von halbseidenen Gestalten, zu einem vertraulichen Treffen mit einer vermeintlich milliardenschweren russischen Oligarchennichte. Gelockt durch die Milliarden einer einflussreichen Person östlicher Provenienz oder zumindest der einflussreich geglaubten Verwandten eines Oligarchen ging der damalige FPÖ-Chef mit klarem Kalkül ins Gespräch. Es müsse was rausschauen! Auch hier, wie bei Sebastian Kurz zwei Jahre später, ist nicht das dokumentiert Gesagte das eigentliche Hauptproblem, sondern eher die Tatsache, dass diese ohnedies in der Geschichte der Menschheit immer wiederkehrenden Korruptionsfantasien ausgerechnet aus dem Mund eines selbst ernannten Robin Hood kamen, der Unbestechlichkeit versprach und dem korrupten System in Österreich den Kampf ansagen wollte. Jahrelang inszenierte er sich als blauer Stachel im korrupten rot-schwarzen Fleisch, gerierte sich selbst als Systemfeind Nummer eins und bezeichnete sich in maßloser Selbstüberschätzung auch so. Er geißelte die Politikerprivilegien, die Spesen und Pfründen, die Steuergeldverschwendung, die Habgier und ein System von parteitreuen Günstlingen. Und ausgerechnet der selbst ernannte Alpenrächer der Enterbten ist um keinen Deut besser als die von ihm Kritisierten, lässt sich dabei ertappen, wie er sich – geblendet von den vermeintlichen Milliarden der russischen Unterweltschönheit – bereit erklärt, seine Grundsätze in einer Nacht über Bord zu werfen. Da wurden die Übernahme einer einflussreichen Zeitung geplant, der Umbau von Redaktionen besprochen, der Einstieg russischer Firmen in unveräußerliche österreichische Infrastruktur bis ins Detail skizziert. Und irgendwas würde schon für die Partei und ihn selbst übrig bleiben, dachte sich wohl Strache, als er von Wodka-Red-Bull aufgedunsen den starken Mann spielte, der seine Partei und das Land fest im Griff hat und binnen weniger Stunden in einer spanischen Finca alles klarzumachen scheint. Auch hier offenbarte sich eine Charaktereinstellung, die zu vielem geeignet erscheint, aber doch nicht zur Übernahme verantwortungsvoller Ämter eines Landes, zur Vertretung grundanständiger und rechtschaffener Bürger. Denn der Politiker sollte der aufrechte, integre und ehrliche Vertreter seiner schutzbefohlenen Mitbürger und Steuerzahler sein, nicht das schwarze Schaf, das den Laden zum Nachteil des Volkes ausräumt. Zumindest habe ich bis heute die Politik so verstanden, nicht als Geschäft oder Job, sondern eben als Berufung. Aber zurück zu Strache. Dieser verlor nach seinem Rücktritt alles, seine Ämter, sein Einkommen und seine Karriere. Im Zuge der Aufarbeitung der Ära Strache war es dann eine besondere Chuzpe, dass man ausgerechnet ihm und seiner Frau wegen des fragwürdigen Umganges mit Parteigeldern, Spesen und Diäten auf die Schliche kam, er beschuldigt wurde, zusammen mit seiner in der Partei angestellten Partnerin auf Kosten der FPÖ auf besonders großem Fuß, also wie die von ihm geschätzten Oligarchen, gelebt zu haben. Ein ausschweifendes Leben auf Regimentskosten, sprich: auf Kosten der Parteikreditkarte geführt zu haben.

Einmal mehr zeigte sich die Wandlung des vermeintlichen Paulus zum verwegenen Saulus. War es doch Strache selbst gewesen, der die Handtaschensammlung der ehemaligen Parteichefin Susanne Riess-Passer heftig kritisiert und den Übervater der FPÖ wegen wahlkampfbedingter Hubschrauberflüge zum steuergeldverschwendenden Jetsetpolitiker erklärt hatte. Karma? Mitnichten, sondern eher die Tatsache, dass es Strache wohl offensichtlich nie darum ging, die Lebensumstände seiner Mitmenschen zu verbessern, sondern eher seinen Ehrgeiz und Egoismus zu befriedigen, sich am Gipfel des Erfolges selbst mit den teuren Statussymbolen der Mächtigen zu umgeben. Es ging ihm darum, existenzsichernde Positionen zu erreichen, weniger darum, beseelt von Humanismus die Lebensumstände der Bürger zu verbessern. Sebastian Kurz und Heinz-Christian Strache sind sich in ihrer politischen Karriere und in ihren Zugängen zu politischen Ämtern wahrscheinlich näher, als beiden lieb ist. Der Erstere ging es nur intelligenter an und war vielleicht in seiner Lebensführung bescheidener. Beide kamen aus einfachen Verhältnissen, hatten kaum bis keine Berufserfahrung, Zeit ihres Lebens waren sie abhängige Berufspolitiker, waren geblendet vom politischen Leben und den damit verbundenen Einflussmöglichkeiten und wollten hoch hinaus. Beide erklommen die Karriereleiter sehr rasch, definierten ihr Profil durch den Kampf gegen ihre Vorgänger, ließen sich auf windige und schwindlige Seilschaften ein und mussten am Ende erkennen, dass sie noch schlimmer und dümmer agiert hatten als all jene Vertreter des Systems, die sie vorgeblich kritisierten, von denen sie sich edel und nobel abheben wollten. Und beide hinterließen einen immensen Schaden, der weniger eine finanzielle als eine ideelle Tragweite hatte. Denn wer soll in Zukunft noch einem Politiker glauben, der hoch und heilig verspricht, anders als die anderen zu sein? Beide riefen mit ihren jeweiligen Skandalen eine Baustelle in Erinnerung, die keine Partei in Österreich ernsthaft in Angriff nehmen will. Unser politisches System wird davon getragen, dass der Steuerzahler im Wege der Parteienförderung, Förderung der parlamentarischen Klubs und Subventionen für parteinahe Bildungseinrichtungen das Dasein der politischen Parteien absichert. Im Gegensatz zum amerikanischen System, das keine diesbezüglichen Förderungen kennt, wollte man mit ebenjenem System in Europa erreichen, dass Parteien und Politiker gerade nicht von den Zuwendungen der Wirtschaft abhängig sind, sondern der Staat und damit die Gemeinschaft der Steuerzahler das Weiterbestehen der Demokratie und des Mehrparteiensystems absichert.

Aber was passiert? Die Parteien kassieren einerseits vom Steuerzahler, andererseits finanzieren sie ihre Aufwendungen wie überteuerte Wahlkämpfe und hohe Personalkosten sehr wohl durch Spenden und Zuwendungen finanzkräftiger Unternehmen oder Persönlichkeiten. Die Parteien haben es über die Jahrzehnte hinweg recht gut verstanden, eine gemeinsame stillschweigende Übereinkunft zu formulieren, wonach keine politische Kraft dieses Thema aufs Tapet bringt, geschweige denn reformiert. Sie nutzen beides aus, das Modell der steuergeldfinanzierten Demokratie und das Modell der Spendendemokratie. „Wer zahlt, schafft an“, lautet doch das seit jeher gültige Zitat. Und wer zahlt, will für seine Zahlung auch eine Gegenleistung! Aus diesem Umstand heraus werden Parteien und deren Mandatare die Sklaven der Gönner. Und mit Gönnern sind nicht die Steuerzahler gemeint, sondern die wenigen, die es sich mit ihren Parteispenden richten können, sich über das Gesetz und die gesetzmäßigen Abläufe zu stellen. Sowohl Kurz als auch Strache offenbarten in ihren skandalumwitterten Abgängen ein kreatives Spendensystem, das unsere ohnedies laschen Parteifinanzierungsgesetze umgeht. So leid es mir auch tut, es so drastisch zu formulieren: Die Republik ist verschweint, bis in ihre Grundfesten korrupt, quer durch alle Parteien. Durch abhängige Politiker in Exekutive und Legislative sowie nicht den Hals vollbekommende Beamte zu dem hässlichen Monstrum entstellt, als das es sich heute präsentiert. Und die Korruption macht auch vor der Justiz nicht halt. Es ist doch jedem Menschen in unserem Land klar, dass Parteien die Staatsanwaltschaften besetzen, ihre juristisch begabten Mitläufer im Justizsystem unterzubringen versuchen. Ein besonders unverschämter Fall wurde im Jahr 2000 aktenkundig, wonach der damalige Justizsprecher der SPÖ in einer Sitzung im Jahr 1997 Aufmarschpläne skizzierte und noch dazu in einem Aktenvermerk niederschrieb, wie man SPÖ-nahe Persönlichkeiten auf einflussreichen Justizposten unterbringen, die sich unabhängig schimpfende Justiz rot umfärben könnte. Was ins Reich der Verschwörungsmythen abgetan werden könnte, was von allen Seiten immer heftig bestritten wird, schwemmte es nun schwarz auf weiß an die Oberfläche. Ein minutiöser Regieplan zur Übernahme der Justiz im Auftrag einer damaligen Kanzlerpartei. Aktueller der Fall, wo selbst die Vizepräsidentin eines Höchstgerichtes durch ÖVP-Postenschacher bestellt wurde. Seit mehr als zwei Jahrzehnten kann ich die Mitglieder des Obersten Gerichtshofes, aber auch des Verfassungsgerichtshofes mit verbundenen Augen den politischen Parteien und deren Freundeskreisen zuordnen. „Der ist ein schwarzer Richter, das ist ein roter Staatsanwalt, das ist ein Grüner, und der denkt eher national“, so kann man mit Blick in das Organisationsstatut eines Höchstgerichtes die erfolgte Beschickung durch Parteien nachvollziehen. Wie war das mit der strikten Trennung von Regierung, Parlament und Justiz? Reine Sonntagsreden, an die sich kein Politiker im Land jemals gehalten hat und halten wird.

Die Parteien haben selbst die Justiz in ihr systematisches Gleichgewicht des Schreckens eingebunden. Was bedeutet es, wenn ein verdeckt für die SPÖ agierender Staatsanwalt den Auftrag erhält, den Korruptionsverdacht gegen einen SPÖ-Politiker aufzuklären? Was bedeutet es, wenn der Leiter einer Korruptionsstaatsanwaltschaft, der vielleicht im vorigen Beruf grüner Mandatar war, eine anonyme Anzeige gegen einen grünen Politiker auf den Schreibtisch bekommt? Was bedeutet es, wenn ein der ÖVP allzu eifrig dienender Beamter der Justizverwaltung Wind von einer Hausdurchsuchung bei einem ÖVP-Funktionär erhält? In der Realität bedeutet dies, dass eine Krähe der anderen kein Auge aushackt, dass die Liebe zur eigenen Partei und den Parteifreunden in den meisten Fällen größer als jene zum eigenen Staat ist und die Sache vertuscht, der Verdächtigte vorgewarnt werden könnte. Der einfache Bürger, der sich sein halbes Leben lang abmüht, um zu seinem Recht zu kommen, auf der einen Seite – und die bestens vernetzten Politiker, die es sich richten können und die Gesetze einfach über ihre Freundeskreise biegen lassen, auf der anderen. Oder was bedeutet es, wenn eine Regierungspartei, in diesem Fall die ÖVP, sich einen Sektionschef im Justizministerium hält, der nach eigenem Gutdünken ungemütliche Ermittlungen gegen Parteigänger der Kanzlerpartei einfach „daschlogn" lässt? Es bedeutet, dass der Bürger kein Vertrauen mehr in den Rechtsstaat hat und die noch so dumpf daherkommenden Wirtshausparolen allesamt eine traurige Bestätigung finden, jeder Verschwörungsmythos durch die Realität eingeholt wird. Es bedeutet, dass mit solchen Vorgängen die Demokratie massiv geschwächt wird, dass ihr langsam, aber sicher die nötige Autorität, die sich nur durch persönliche Ehrbarkeit ergibt, fehlt. Die Säulen des Rechtsstaates sind allesamt infiziert von diesem Virus der Geld- und Habgier, des Amtsmissbrauchs, des Postenschachers und damit der Korruption. Denn solange politische Parteien ihre Abgeordnetenränge mit

Personen besetzen, die durch ihre ökonomische Abhängigkeit zu Marionetten wurden, solange politische Parteien Ämter in der Justizverwaltung bis zu den Höchstgerichten hinauf mit steuerbaren Handlangern besetzen, solange Posten an den Reißbrettern der Parteizentralen ausgeschachert werden, wird der Bock zum Gärtner, der Kontrollor zum Mit- oder vielleicht zum Haupttäter gemacht. Und das Volk ist dazu verdammt, tatenlos zuzusehen, sich in regelmäßigen Abständen durch das Graben investigativer Journalisten im Sumpf des Kriminellen erschüttern zu lassen.

Die Republik der Abhängigen

Aus dem Schrecken des Austrofaschismus in der Zwischenkriegszeit und des darauffolgenden Wahnsinns des Zweiten Weltkrieges sowie aus der in eine Katastrophe mündenden Unterschiedlichkeit gegensätzlicher Lager heraus ist die Idee entstanden, dass die politischen Fraktionen des Landes zur Zusammenarbeit gezwungen werden, zur Erhaltung eines politischen wie sozialen und wirtschaftlichen Friedens. In erster Linie waren dies das christlichsoziale Lager, also die heutige Volkspartei, und die Sozialdemokratie. Sie wurden von ihren Nachkriegsikonen regelrecht dazu verdammt, das Land gemeinsam zu führen, um eben eine aus dem politischen Streit resultierende Spaltung, die in Gewalt enden würde, nie mehr aufkeimen zu lassen. Die an sich gute und ehrenwerte Idee wurde nur über die Jahre und Jahrzehnte hinweg pervertiert.

Denn wie sieht die sogenannte Zweite Republik heute aus? Die tragenden Säulen des Staates sind nach wie vor bis ins kleinste Detail parteipolitisch besetzt, die darin agierenden Personen über Generationen hinweg in eine Abhängigkeit geführt worden. Die Medien als selbst ernannte vierte Macht im Staate sind größtenteils parteipolitisch besetzt, der öffentlich-rechtliche Rundfunk ist überhaupt die verlängerte Werkbank der politischen Parteien, die auf Geheiß der jeweiligen Regierung die zu verkündenden Inhalte vorgekaut in den Haushalt jedes Bürger liefert. Da können die Redaktionsvertreter des Öffentlich-Rechtlichen noch so sehr im Brustton der Überzeugung auf ihre Unabhängigkeit pochen – wenn Parteienvertreter die Personalpakete bestimmen, über das Budget und die Infrastruktur abstimmen, wird eben der gesamte Apparat am zerstörerischen Gängelband des politischen Systems geführt. Der ORF war immer bekannt dafür, dass man entweder zu einer der langjährigen Rundfunkfamilien gehören muss, um einen Job zu ergattern, oder aber die richtige Gesinnung, eine Mitgliedschaft in einem – sagen wir mal – Serviceverein oder eben das richtige Parteibuch haben muss. Auf eine schwarze Generaldirektorin folgt ein roter Generaldirektor, darauf wieder ein schwarzer. Ein schwarzer Generaldirektor besetzt die restlichen Vorstände schwarz, ein Roter eben rot. Ein schwarzes Bundesland bekommt einen schwarzen ORF-Landesdirektor, ein rotes Bundesland eben einen roten Landesdirektor. Nur die Dümmsten lassen sich die Mär mit dem Zufall noch einreden. Das Pendel schlägt hin und her, das Gleichgewicht des Schreckens wird gehalten. Genauso sieht auch die Berichterstattung des ORF jeweils aus. Statt zu lehren, wird parteipolitisch je nach aktueller Farbe der Führung eingefärbt belehrt, werden einzelne Redaktionsbeiträge zwischen den zuständigen Redaktionen und den Parteisekretariaten ausverhandelt. Aber das ist jetzt gar nicht prioritär.

Ich war zu lange Abgeordneter und Generalsekretär einer Partei, um nicht zu wissen, welche schmutzigen Deals, die allesamt den moralischen Tatbestand der Korruption erfüllen, zu einer Generaldirektorenwahl führen. Auch die Zeitungen teilen sich fein säuberlich in Gesinnungsgemeinschaften auf. Der „Standard“ und der „Falter“ sind links, die „Presse“ und der „Kurier“ vorgeblich konservativ, und der Rest ist Boulevard. Letzterer ist noch der ehrlichste, weil er größtenteils keine politisch vorgegebene Meinung, sondern jene seiner Abonnenten vertritt. Österreichs Justiz ist parteipolitisch besetzt. Bestellungen von Richtern und Staatsanwälten bis hinauf zu Höchstrichtern werden innerhalb der Regierungskoalition in *Side letters* ausverhandelt, ausgeschachert wie beim Pokern, wie übrigens auch Aufsichtsratsmandate in all jenen Unternehmungen und Institutionen, die in der Abhängigkeit des Staatsapparates stehen. Und dies sind milliardenschwere Unternehmungen, deren Einflussbereich auf unser wirtschaftliches Gefüge man nicht vergessen sollte. Auch die Bankenwelt war über Jahrzehnte hinweg zwischen der SPÖ und der ÖVP aufgeteilt. Die BAWAG war rot, der Raiffeisensektor schwarz, die Bundesländerversicherung, heute die UNIQA, schwarz, die Wiener Städtische oder die Wüstenrot-Versicherung rot. Und nicht zuletzt aufgrund dieser Farbenlehre wuchs man in einem Land auf, in dem jeder Arbeiter und Angestellte die SPÖ und jeder Bauer und Unternehmer die ÖVP wählte – oder wohl eher wählen musste.

Der Nationalrat wird selbstredend durch Parteien im Wege des Listenwahlrechtes beschickt. Der Treueste erhält den Zuschlag auf einen wählbaren Listenplatz, der Kritische und Unabhängige und damit weniger leicht Steuerbare fällt durch. Die Regierung setzt sich aus den Parlamentsmehrheiten zusammen, und wie so oft in unserem Land nehmen die Ministersessel nicht Persönlichkeiten mit Expertise ein, sondern jene, die den internen Machtstrategien am ehesten entsprechen. Die Sozialpartnerschaft ist eine parteipolitische Erfindung, die Wirtschaftskammer der ÖVP zugehörig, die Arbeiterkammer der SPÖ, die Landwirtschaftskammer schwarz, die Gewerkschaften fest in sozialdemokratischer Hand. Das Personal der Ministerien, zumindest in den Spitzen, wird parteipolitisch besetzt. Meist mit ehemaligen Angehörigen politischer Büros. Der Sicherheitsapparat, das Innenministerium und das Landesverteidigungsressort sind durch parteipolitische Einflussnahme auf Jahre, wenn nicht Jahrzehnte gelähmt. In eigenen geheimen und unter Verschluss gehaltenen Nebenvereinbarungen zum jeweiligen Regierungsprogramm wird die Aufteilung des Landes zwischen den Regierungsparteien beschlossen. Es wird gefeilscht wie am Basar von Damaskus. Die einen bekommen den ORF-Direktor, die anderen dafür den Verfassungsgerichtshofpräsidenten. Die einen verzichten auf ein Kernprojekt ihres Wahlprogrammes, dafür bekommen sie in staatsnahen Aufsichtsräten drei hoch bezahlte Mitglieder mehr. Solche Zusatzabmachungen zu Koalitionsprogrammen sind der papierne Beweis für die postenschachernde Realverfassung des Landes. Schulbesetzungen von Lehrern oder Direktoren werden nach parteipolitischen Überlegungen getroffen. Jede Volksschule, jede Neue Mittelschule erhält Lehrpersonal hauptsächlich aus jenem politischen Einflussbereich, der in der Region des Standortes vorherrschend ist. Die Wohnbaugenossenschaften sind unterteilt in SPÖ- und ÖVP-nahe, die Kindervereine, die Sportvereine, die Autofahrerklubs ebenso. Selbst vor der Kultur macht der ewige Gesinnungsterror keinen Halt. Das Klischee des Staatskünstlers ist traurige Realität, denn wessen Brot ich fresse, dessen Lied ich singe. Ja, selbst die Kontrollore, also die Rechnungshöfe des Bundes und die der Länder, werden parteipolitisch besetzt. Die Mäuse bestellen die Katzen und nehmen naturgemäß jene, die keine Zähne und Krallen mehr haben. Da darf man sich eben nicht wundern, wenn das gesamte Staatshaus nach einiger Zeit eine baufällige Bruchbude wird.

Diese Umstände habe ich in meinem Buch „Freiheit ohne Wenn und Aber" hinlänglich dargestellt und diese Aufteilung des gesamten Landes in parteipolitische Zonen als Gefahr für die Freiheit auch benannt. Warum? Weil aus diesem ungerechten System nur Abhängige entstehen, weil sich dieses System selbst kontrolliert, weil Kritik und Unabhängigkeit unerwünscht sind, weil Qualifikation nichts zählt. Und weil in einem solchen Klima der allumfassenden Vernetzung, der politischen Freundeskreise die Korruption prächtig wie nirgendwo anders gedeiht. Diese in die Abhängigkeit geführte Republik ist das Substrat, auf dem Korruption und die damit verbundenen Delikte prächtig wachsen, sich wie Unkraut weiter ausbreiten. Jörg Haider sagte einst, Rot und Schwarz seien wie das Fettauge auf der Rindssuppe. Ein blumiger Vergleich, der durchaus treffend ist, wenn man sieht, wie Parteien bis in die kleinsten Zellen der Gesellschaft hineinregieren. Wir glauben, Italien sei korrupt. Ja, das ist es. Weil die Mafia den Süden des Landes in Geiselhaft hält, weil einflussreiche Familien über Jahrzehnte Politik und selbst Kirchen bestochen haben. Aber selbst in Italien wird dieses Problem seit ebenso vielen Jahren bekämpft, versucht sich dieser Staat aus der Bestechungsmentalität zu lösen, wurde nach dem Ende der skandalgebeutelten Christdemokraten die Aktion „Mani pulite" ausgerufen. In Österreich ist ebendiese Korruption, zumindest die Möglichkeit dazu, in der Realverfassung niedergeschrieben. „Wenn du etwas mitreden möchtest, musst du abhängig sein, dich unterordnen und das sagen, was wir wollen.“ Aus dieser Prämisse heraus entstehen Personen, die zur Erlangung ihrer egoistischen Ziele den Apparat der gegenseitigen Abhängigkeit geschickt für sich nutzen, bestechen, bestechlich werden und in diesem System, das Unabhängigkeit nicht kennt, kritische Geister unterdrücken und gar keine andere Möglichkeit lassen, sich legal und erfolgreich zu entfalten. Der am meisten Bewunderte ist der, der am längsten im System agiert, sich durchwindet und nie erwischt wird.

Ein Staat im Staate hat sich gebildet, das gesamte Land wurde zur Marionette der Parteien degradiert. Von der Wiege bis zur Bahre ist man von Parteien und den sie umgebenden Kreisen abhängig. Einen unabhängigen Menschen muss man in diesem Land regelrecht mit der Lupe suchen. Wie schon erwähnt, tönte Österreichs Bundespräsident Van der Bellen in einem der Momente der Sichtbarkeit systemisierter Korruption in Österreich: „So sind wir nicht!“ Nein, wir sind tatsächlich nicht so. Die Politiker sind es, und Van der Bellen wusste das. Genügt doch schon ein Blick in seine Vita, um zu erkennen, dass er in diesem System prächtig lebte. Der Universitätsprofessor, den es aus Naivität in eine Freimaurerloge verschlagen haben sollte und der als Kandidat nicht mehr sagen konnte oder wollte, was ihm diese Mitgliedschaft denn gebracht hatte. Der nach seiner aktiven Zeit als Nationalratsabgeordneter und Klubobmann der Grünen als Universitätsbeauftragter des damals rotgrün regierten Wiens untergebracht wurde, obwohl die Stadt Wien keinerlei Kompetenz im Universitätsbereich hält, weil die gesetzliche Ausgestaltung der Intelligenzzentren des Landes der Bundesregierung vorbehalten ist. Also war auch er ein Kind der postpolitischen Postenversorgung, wofür er zwar in diesem speziellen Fall eine Qualifikation mitbrachte, aber gemessen am Gehalt keinerlei Kompetenz oder Verfügungsgewalt innehatte. Und der Bundespräsident kennt jenen Wiener Parteikollegen nur zu gut, der Bauwidmungen mit Spenden an sein Vereinsnetzwerk junktimierte, wobei dieser Umstand ein Strafverfahren nach sich zog. Diese Analogie kann nur zum

Schluss führen: Das Land gehört von Grund auf erneuert, hin zu einer unabhängigen, gerechten und transparenten Gesellschaft, in der Wahrhaftigkeit, Anständigkeit, Rechtschaffenheit etwas gelten und das bisher Gepflogene geächtet wird.

Es ist Zeit für Sauberkeit

Nicht nur das Parlamentsgebäude der Republik in Wien war die letzten Jahrzehnte baufällig, auch unser gesamtes Staatsgefüge ähnelt immer mehr einer wenig intakten Bruchbude – dank des Einflusses der Parteien, die ein System der Abhängigkeiten geschaffen haben, in dem die Korruption fröhliche Urständ feierte.

Es ist Zeit für Sauberkeit, denn die Menschen haben sich für ihre politische Führung lange genug geniert, der Bürger hat sich lange genug über Steuergeldverschwendung, Amtsmissbrauch, Nepotismus und Freunderlwirtschaft, also, in einem Wort: über die in dieser Republik andauernd gärende Korruption geärgert. Mehrere Generationen von Menschen mussten die einzelnen Skandale dieser Republik ertragen, die Ungerechtigkeit sehen, sich dieser Willkür beugen oder sich gar mit dieser arrangieren. Sie wurden vor die schmutzige Wahl gestellt, entweder ein Parteibuch anzunehmen oder auf die Wohnung oder den Arbeitsplatz zu verzichten. Nach 77 Jahren Zweiter Republik, den unzähligen Skandalen, sollte nun endlich Schluss mit dieser Mentalität sein. Wir stehen am Scheideweg. Wollen wir weiterhin in einem Land leben, in dem die Partei vor dem Bürgerinteresse steht, der hemmungslose Funktionärsstaat weiterhin für Machtverfilzung und für Korruption, der Apparat vor den individuellen Wünschen seiner Bürger rangiert, oder wollen wir ein moderner und zugleich stolzer Staat werden, in dem die Unabhängigkeit und die Freiheit der Bürger mehr zählen als die Interessen einflussreicher Gruppierungen? John F. Kennedy sagte einst: „Frage nicht, was das Land für dich tun kann, sondern frage, was du für das Land tun kannst!“

Um Unabhängigkeit und damit Sauberkeit in allen Institutionen zu schaffen, ist es notwendig, den Parteieneinfluss auf den wesentlichen Kern der Demokratie, das Parlament, zurückzudrängen, Transparenz in allen Bereichen einzuführen, Qualifikation statt Zugehörigkeit zu forcieren. Das bedeutet eben, dass Parteimitglieder in führenden Funktionen der exekutierenden Beamtenschaft kategorisch nichts mehr verloren haben. Man kann nicht zwei Herren dienen. Entweder dient man der Partei oder dem Staat. Angehörige der Anklagebehörden und der unabhängigen Rechtsprechung dürfen in keinem Fall einer politischen Gesinnungsgemeinschaft angehören. Diese Vorgabe soll für alle Beamten gelten, egal ob auf Gemeinde-, Landes- oder Bundesebene. Politische Entscheidungen müssen transparent offengelegt werden, denn der Bürger hat ein berechtigtes Interesse, zu erfahren, wie und unter welchen Umständen Maßnahmen über seinen Kopf hinweg getroffen werden.

Die Parteienfinanzierung muss neu, strenger, gleichsam gläsern geregelt werden. Entweder finanzieren sich die Parteien ausschließlich über Spenden, die sie allesamt offenzulegen haben, analog zum US-System, oder weiterhin über den Steuerzahler. Eine typisch österreichische Mischform wie bisher, wo sich die Parteien wie die gierigen Schmeißfliegen intransparent an allem und jedem bedienen, darf es nicht mehr geben. Zudem müssen sich die Parteien einer periodischen Überprüfung ihrer Kassen durch die Finanzverwaltung unterziehen. Auch die Besetzung der Aufsichtsräte staatsnaher Betriebe muss nach Qualifikation und dem Reglement der Unabhängigkeit erfolgen. Nachdem ein politisches Amt ausgeübt wurde, muss es eine *Cool-down*-Phase geben, also einen Zeitraum, in dem man von Funktionen im staatsnahen Bereich von vornherein ausgeschlossen ist. Die Straftatbestände für Untreue, Betrug, Amtsmissbrauch etc. sollen abschreckend angehoben und die Strafverfolgungsbehörden besser und unabhängig ausgestattet werden. Auch der öffentlich-rechtliche Rundfunk ist vom parteipolitischen Einfluss, vom Gängelband der Regierung zu befreien. Strenge Unvereinbarkeitsregeln für Mitarbeiter wie auch für Stiftungsräte sollen dafür Sorge tragen, dass es zu keinem schädlichen Einfluss auf die unabhängige Berichterstattung kommt. Vor der Ernennung von Regierungsmitgliedern sind auf Ebene der Länder und des Bundes Hearings mit den in Aussicht genommenen Verantwortungsträgern vor den entsprechenden Legislativorganen, den Parlamenten, durchzuführen. Dies soll jene Besetzungsstrategie stärken, wonach nur durchleuchtete und qualifizierte Persönlichkeiten mit geeigneter Berufserfahrung für die Ämter der obersten Organe der Republik und der Länder in Betracht kommen.

In Zukunft sollen ehrbare, integre und unbestechliche Persönlichkeiten die politische Elite des Landes stellen. Denn das Zeitalter der Glücksritter, der moralisch wie gesetzlich Gescheiterten ist ein für alle Mal vorbei! Wir müssen die Unsitte und die vorherrschende Mentalität der Zweiten Republik überwinden. Der Politiker hat dem Volk zu dienen, nicht seiner eigenen Tasche.

COVID, Korruption, Dreikanzlerjahr

26. FEBRUAR 2021

Sie treten aus dem Schatten der Alten ans Licht, die gierigen, halbseidenen Motten, die Kriegsgewinnler, die tatsächlich mutierten Viren-Korruptionisten. Ausgerechnet der Vizechef der CDU/CSU-Bundestagsfraktion versinkt im justiziellen Sumpf, als skandalöser Nimmersatt und Händchenaufhalter ist er nun enttarnt. Hausdurchsuchungen bei einem amtierenden Parlamentarier Deutschlands sind der vorläufige Höhepunkt strafrechtlich relevanter Geschäftemacherei auf Kosten des Volkes. Er soll gegen den schmierigen Judaslohn von mehr als 640.000 Silberlingen Maskenverkäufe an das Gesundheitsministerium seines Parteifreundes Spahn, das Innenministerium seines Amigos Seehofer und an die bayerische Staatskanzlei des weißblauen Chef-Capones Söder lanciert haben.

Nüßlein heißt der Gute, und wie sein Vorbild, das gefräßige Eichhörnchen, sammelt er die Nüsslein der Freunderlwirtschaft in seinen ausgefressenen Backen – auf Kosten der Bürger. Der staatlich zwangsweise angeordnete Maskenfetischismus, der Maulkorbzwang hat wenigstens für das Nüßlein nur Vorteile gebracht. Seine ohnedies durch den ausgebluteten Steuerzahler gefüllten Taschen, auf dem Rücken der gleichzeitig dahinsiechenden Wirtschaft, machte er noch größer. Weil er seinen Hals nicht vollkriegen kann. Ludwig Erhards deutsches Wirtschaftswunder bekommt eine ganz neue Bedeutung. Viele werden arm, und einige wenige werden sehr reich. Während die Alte im Kanzleramt die deutsche Wirtschaft binnen eines Jahres mit chirurgischer Genauigkeit ruiniert, Unternehmer und Arbeitnehmer in die Pleite treibt, das gesamte Land in der Geiselhaft ihrer Lockdown-, Masken- und Impfpolitik hält, ihr Volk spaltet, kassieren und verdienen ihre Parteigänger im Windschatten an der Krise.

Ein Schwabe ist der neue Amigo. Schwäble, Schwäble, Maske baue, Moral verkaufe, selber kassiere, so die Merkel'sche Abwandlung des gängigen Klischees. Dem Bürger wird dadurch erst richtig klar, wofür die Maske eigentlich steht. Vor allem für Geld, für viel Geld, einen neuen Reichtum auf Kosten der Allgemeinheit. Während Wirte vor den Trümmern ihrer Existenz stehen, Händler nie mehr aufsperren werden, Deutschland in die größte Wirtschaftskrise seit dem Zweiten Weltkrieg schlittert, leben die Maden im Speck der strukturellen Korruption recht gut. Und es stellt sich nun die entscheidende Frage, wer an Merkels Impfdesaster verdient, wer die Hände bei Spahns Testideen aufhält, wer die Profiteure der Politik Söders sind. Und wie viele korrupte Nehmer aus dem Reigen der Regierungsparteien ihr Händchen noch aufgehalten haben, wer im Umfeld der Regierenden das Geld mit der geschürten Angst und Panik macht. Denn Nüßlein ist sicher kein Einzelfall, das ist gewiss.

1. MÄRZ 2021

Liebe Wirte,
liebe Hoteliers,
liebe Gastronomen!
Sofern es euch noch niemand gesagt hat: Ihr seid die Fußabstreifer des Kindkanzlers und seines Volkschullehrers, ihr steht ganz unten an der Nahrungskette dieses Landes, ihr seid zu Unberührbaren der Wirtschaft degradiert, außer euren ehemaligen Gästen – also uns Österreichern – habt ihr keine Lobby mehr in der Politik. Vergesst eure Landeshauptleute, die ihr untertänig bewirtet, vergesst eure Kämmerer, eure feigen Standesvertreter, diese Wappler, denen ihr mit eurer Kammerumlage den Hintern vergoldet habt, vergesst eure Regierung, die ihr mit euren Steuern einst bezahlt habt, für deren Funktionäre ihr Preisschnapsen organisiert, Feste veranstaltet habt. Vergesst die Medien, die ihr abonniert und in den ohnedies seit Monaten verriegelten Gasträumen aufgelegt habt. Jene, die die Öffnung des Gastgartens Ende März als Erfolg verkaufen. Seit Anfang November seid ihr staatlich verordnet geschlossen, über eurer Branche kreist der Pleitegeier, das neue Wappentier

dieser Regierung, dieser Politiker, die euch im Todestrieb einen Monat länger über die Klippen stürzen.

Der Babyelefant, der euch vorigen Herbst Licht am Ende des Tunnels versprach, hat euch einmal mehr belogen, man hat euch wieder hingehalten. Wie den dummen Esel, dem man eine Karotte vor die Nase hält. November, Dezember, Jänner, Februar, März. Während die Zahlen der hysterisierten Corona-Infizierten auf und ab gehen, dürft ihr vielleicht, wenn ihr ganz lieb und nett seid, euch ja nicht zu Wort meldet und keinen Widerstand leistet, weiterhin gefällig den Wahnsinn der Politik duldet, eure Gastgärten aufsperren. Die Tatsache, dass ihr vielleicht gar keine Gastgärten habt und euch die GrünInnen die Heizschwammerln abdrehen, weil diese nicht klimafreundlich sind, negieren die Damen und Herren des traurigen Faschingskabinettes in Wien.

Und die Tatsache, dass man sich selbst für den Schanigarten im Freien freitesten muss, erinnert dann doch eher an Kafka. Während andere Impfweltmeister sind, sind wir jetzt laut dem Ohrwaschelkaktus wenigstens Testweltmeister, und dennoch habt ihr keinen Anteil an diesem Titel. Denn vergesst nie die Worte von „Rudi Rastlos“ Angstschober: Die Corona-Maßnahmen sind eine Erfolgsgeschichte, aber der März ist der schwierigste Monat der Pandemie, wie alle elf Monate zuvor. Das müsst ihr, liebe Wirte, Hoteliers und Gastronomen, verstehen. Die Platte des Corona-hörigen Einzellers hängt. Nur damit wir uns nochmals die Zahlen in Erinnerung rufen, die dazu dienen, euch weiterhin eure Existenz zu vernichten: Mit heutigem Tag sind 19,1 % der Krankenhausbetten und 32,7 % der Intensivbetten belegt. Und auch andere Zahlen sind bemerkenswert: In den meisten italienischen Regionen haben die Lokale eurer Standeskollegen geöffnet, auch die Hotels, so ganz ohne Test und politische Willkür und Repressalien. Auch in Kroatien, auch in Schweden, auch in Serbien. Apropos Schweden: Schweden hat nun auch amtlich weniger Tote als Lockdown-Länder wie Österreich und Deutschland. Und dennoch seid ihr wieder jene Unternehmer, denen man das Licht abdreht. Hans Mosers „Sperrstund is“ wird kollektive Wahrheit.

Verzwickte Verwandtschaftsverhältnisse in Österreich. Der Bruder der Büroleiterin des Kindkanzlers besitzt eine Firma, in der der Schwager der Büroleiterin des Kindkanzlers als zuständiger Geschäftsführer dafür verantwortlich sein soll, dass Millionen billiger Masken aus dem kommunistischen China in ungarischen Spelunken zertifiziert, in Österreichs finsteren Industriekellern unter Zuhilfenahme von Schwarzarbeitern – wie sinnig – betrügerisch umetikettiert und dann dem Staat überteuert verkauft wurden. Der Kanzler wiederum ist der Chef der Büroleiterin, diese wiederum die Ehefrau und Schwägerin der millionenschweren Nutznießer, Kriegsgewinnler genannt, des dreckigen Geschäftes. Die mittlerweile als schadhaft qualifizierten Masken *Made in Chinaustria* gingen ausgerechnet an die Seniorinnen und Senioren, mit besten Grüßen von Basti Maski Fantasti. Die beauftragte PR-Agentur dieser von der Justiz nun trockengelegten Geldwaschmaschine gehört wiederum einem türkisen, also einem selbst umetikettierten schwarzen Parteigänger, der im Auftrag des Kindkanzlers im Stiftungsrat des Öffentlich-Rechtlichen für gute PR sorgt und in dessen Sold ausgerechnet die Frau des Innenministers, dessen Polizisten die Firma des Kindkanzlerbüroleiterinnenehemannes einer Razzia unterzogen haben, steht.

Zugeben: Der nepotistische Maskenball der Corona-Fetischisten wird undurchsichtig, ähnlich undurchsichtig wie weiland die Amigos in Bayern. Faktum aber ist, dass in Österreich einige wenige, verwandtschaftlich bestens Vernetzte, ein gutes Geschäft mit der Armut, der Krise und dem Untergang von uns allen machen. Also Kriegsgewinnler, die im Windschatten des infantilen Kriegskanzlers, der diesen virologischen Feldzug täglich selbst anheizt, Millionen von Euro, wenngleich auch vermeintlich betrügerisch, pünktlich verdienen, während der Finanzminister die Hilfsgelder an Österreichs Unternehmer nur sehr schleppend auszahlt. Apropos Finanzminister und Nepotismus: Amtsbekannt ist ja nun, dass in dessen Wohnung eine Razzia der Korruptionsstaatsanwaltschaft stattgefunden hat. Vorgewarnt durch den zu perlustrierenden Finanzminister selbst schnappte sich sein liebes geblümeltes Frauchen den gemeinsamen geblümelten Pampalatsch, die Windeln, einen Kinderwagen und einen Laptop, den der Finanzminister nach eigenen Aussagen gar nicht besitzen dürfte, bevor die Polizei die Wohnung stürmte. „Tu es für mich", soll der telefonisch ausgedrückten flehentlichen Bitte, Beweismittel zu verbringen, vorangestellt worden sein. Wenigstens bekam diesmal die eigene geblümelte Gute die Küsse und nicht der gelümmelte türkise Chef der ÖBAG, auf dessen Handy – übrigens auch bei einer Razzia einkassiert – sich Tausende nette eingeschneite Nachrichten und überaus delikate Fotos befanden. Man verliert langsam, aber sicher den Überblick. In all diesen Fällen nimmt man sich, frei nach Reinhard Fendrich, einen „Anwalt, der was kann halt". Doch der ehemalige Justizminister der türkisen ÖVP, im Zivilberuf Rechtsanwalt windiger Immobilienunternehmer, nunmehr oberster Verfassungsrichter der Republik, verfügt derzeit selbst weder über Laptop noch Handy, da auch bei ihm die Justiz zu Besuch war.

Und während so die korrupte Kacke in Österreich am Dampfen ist, flüchtet der Kindkanzler nach Israel und holt sich gute Tipps ausgerechnet bei Bibi Netanjahu, der selbst wiederum seit Jahren wegen Korruption Stammgast vor den Gerichten seines Landes ist. Unbestätigten Gerüchten zufolge hat sich derweil bereits die italienische Mafia von den ÖVP-Methoden in Österreich distanziert. Deren oberster Pate Don Sebastiano Corto, ausnahmsweise nicht verwandt mit Sebastian Kurz oder dessen Büroleiterin, soll gegenüber dem öffentlich-rechtlichen Sender RAI in Italien bekannt gegeben haben, „im Gegensatz zur österreichischen Regierung eine ehrenwerte Gesellschaft" zu sein. Wie immer am Schluss solcher Geschichten aus tausendundeiner Korruption: Für alle gilt die Unschuldsvermutung!

8. März 2021

„Haltet den Dieb!", schrie der Brandstifter und wollte wieder Biedermann sein. „Die Gewalt widert mich an!", rief der Kanzler, der höchstselbst das Volk genüsslich spaltet, und blickte mit gespielten Krokodilstränen auf sein teuflisches Werk. Ja, mein lieber Kindkanzler! 500.000 Arbeitsplätze ungeniert zu vernichten, 500.000 Menschen in die Vorhölle der Arbeitslosigkeit, die Kurzarbeit, zu schicken, zigtausend Betrieben die Hilfsgelder zu verweigern, der Jugend die Bildung zu rauben, 8,9 Millionen Menschen ihre verfassungsrechtlich garantierten Rechte zu nehmen, Freunderlwirtschaft, Korruption und Nepotismus wieder wie ein stinkendes Eitergeschwür zu befeuern, ein Impfchaos zu inszenieren, so etwas hinterlässt eben Spuren.

Und nun heuchelt er Anteilnahme wie ein schmieriger Erbschleicher auf einem Begräbnis, der gescheiterte politische Aggressor, der seinen zum Möchtegerndobermann mutierten grau melierten Hauspudel aus dem Innenministerium gegen die eigenen Bürger schickt, welcher wiederum rechtschaffene Polizisten dazu nötigte, im Jahr 2020 exakt 33.000 illegale, verfassungswidrige, gesetzwidrige, vom Verfassungsgerichtshof zurückgeschnalzte Strafmandate gegen aufrichtige, anständige, Steuern zahlende Staatsbürger auszustellen. Und nun haben die Helden des Schmähhammers, dieses Terroristenverstehers von Wien, eine 65-jährige, betagte Frau unter Einsatz ihres Lebens mit der ganzen Autorität ihrer Uniform festgenommen. Die Gewalt sei eskaliert, sagte der bettbrunsige Häuptling Langohr, nachdem er Demonstranten gewaltsam einkesseln ließ. Ihm ist wirklich nichts zu blöd, um das Volk weiterhin zu täuschen. Jetzt weint er im Kanzleramt, der betroffene, in Mark und Bein getroffene Politdarsteller, der den Sandkasten samt seiner türkisen Bande gegen den Ballhausplatz eintauschte und die Wahrheit biegt, wie es ihm gefällt. Die Pippi Langstrumpf der Innenpolitik: „Zwei mal drei macht vier, widewidewitt und drei macht neune, ich mach mir die Welt, widewide wie sie mir gefällt.“ Nachdem er monatelang das Volk wie der Teufel das Weihwasser scheute, jede Demonstration verbieten ließ, wundert sich der holde Knabe mit langen Ohren und kurzem Rüssel, dass die Bürger gegen ihn auf die Straße gehen.

Ja, überrascht es wen? Niemand hatte die Absicht, eine Maskenpflicht einzuführen, und führte diesen Zwang Wochen später ein – seine Freunde verdienten Millionen. Niemand hatte die Absicht, einen Testzwang einzuführen, woraufhin dieser Walter Ulbricht für Schluchtenscheißer und ganz Arme wenige Monate später einen solchen verkündete. Niemand hatte die Absicht, einen Impfzwang einzuführen, woraufhin er, der Möchtegern-Engelbert, Hand in Hand mit einem internationalen Oberkorruptionisten den grünen Impfpass verkündete.

Sie sind ein politischer „Wachtturm"-Verkäufer, der seine eigene Großmutter versilbern würde, und Sie, Herr Kurz, Sie wundern sich wirklich darüber, dass Ihnen kein Mensch mehr glaubt.

9. MÄRZ 2021

Sie fallen wie die Dominosteine, die schwarzen Maskendealer der Politik, die Nüßleins, die Löbels, deren Habgier ihnen regelrecht aus den Augen quillt, die ihren Hals nicht vollbekommen können. Ein Bundestagsgehalt, Spesen und Diäten und Pfründen waren für die Lordsiegelbewahrer der Politprivilegien nicht genug, es musste mehr sein. Als Kriegsgewinnler mussten sie sich ein kriminelles Zusatzeinkommen organisieren, während die deutsche Wirtschaft den Bach runtergeht, während Bürger Deutschlands nicht mehr wissen, wie sie ihre Existenzen bewältigen sollen. Während Merkel, Söder und Spahn ihr Regime des Verbotsfetischismus aufzogen, den Maskenzwang einführten, witterten die Nimmersatts der CDU und CSU das fette Geschäft auf dem Buckel des Volkes, verdienten deren schmierige Parteigänger, die üblichen Korruptionisten unter dem Titel „christlich-sozial, lügen, stehlen, betrügen", den Judaslohn, also die in solchen dreckigen Geschäften üblichen Provisionen.

Der Deutsche Bundestag, dank Corona und dessen Anhängern in der Regierung nun auch ein Korruptionssumpf geworden, in dem die schwarzen Sumpfblüten prächtig gedeihen wie übles Unkraut und die Moral, den Anstand verdrängen. Die Frage dieser Stunde ist nicht, wer am dreckigen Geschäft verdient hat, sondern bald, wer von den Anhängern der Regierung nicht kassierte. Aber was will man sich von Politikern anderes erwarten, deren moralische Werte beim Portier des Reichstages abgegeben werden, die für ein paar Euro ihre Großmutter verkaufen, also auch folgerichtig das Volk belügen, betrügen und bestehlen? Was will man sich von politischen Parteien anderes erwarten, wenn selbst deren frühsenile Jugendhoffnungen, wie ein Amthor, bereits dem süßen Duft des Geldes erlegen sind? Wenn in Deutschland eine kleine Minderheit des Establishments verdient, während die Volkswirtschaft an die Wand fährt?

Nun wird klar, warum die Maskenpflicht so rasch kommen musste. Nun wird klar, warum man bei den üblichen Freunden die Test-Kits bestellt. Denn hinter dem hehren Ziel, Menschenleben zu retten, steckt ökonomisches Kalkül jener, die sich unter dem Deckmantel der Rettung bereichern. Und dafür werden Grundrechte verletzt, Arbeitslose geschaffen, Unternehmenspleiten riskiert. Das große Geschäft mit Corona und die kleinen Emporkömmlinge, die daran verdienen: eine tragikomische Posse aus Merkelland.

12. MÄRZ 2021

Die wiederholte Bedienung ein und desselben Narrativs, bei den Teilnehmern der Demonstrationen gegen die Corona-Maßnahmen der Regierung handele es sich um Neonazis, Rechtsextreme, und überhaupt seien die 30.000 Demonstranten pauschal als Mob abzuqualifizieren, zieht leider nicht mehr. Ausgenommen von diesem Ergebnis sind natürlich die Chefkommentatoren, Leitartikler und Politagitatoren des Landes, die sich nicht zuletzt dank der großzügigen Presseförderung und des noch auszuschüttenden Werbeetats der türkis-grünen Propagandaorgel von mehr als 180 Millionen Euro nach wie vor leidenschaftlich an den Protesten abarbeiten und im Regierungschor der künstlich Empörten mitsingen, pauschal diskreditieren, verleumden und brandmarken. Die Tatsache, dass sich unter zigtausend rechtschaffene, besorgte und friedliche Bürger eine Handvoll Verrückter mischt, neutralisiert nicht die berechtigten Anliegen der Mehrheit der Bevölkerung, die entweder still und heimlich zu Hause die Faust im Hosensack ballen oder eben, wie zuletzt, mutig auf die Straße gehen. 500.000 Arbeitslose, 500.000 Kurzarbeiter, die größte Wirtschaftskrise seit dem Zweiten Weltkrieg, verfassungswidrige Einschränkungen der Bürger und nicht zuletzt das Pfusch- und Chaosregime einer gescheiterten Bundesregierung rechtfertigen politisch wie moralisch den Aufschrei!

Die Strategie der Regierung und ihrer Helfershelfer in den Medien ist klar: Aus Kritikern werden Covidioten, aus Zweiflern werden Leugner, aus der Masse der Enttäuschten der Mob und aus friedlichen Demonstranten Gewalttäter. Die traurige und zugleich beängstigende Realität, dass die Demos in Wien erst durch das stundenlange, gezielte Einkesseln vonseiten der Polizeiführung eine teils gewalttätige Wendung nahmen, also der Innenminister dieses Ergebnis vorsätzlich provozierte, wird geflissentlich verschwiegen. Wenn selbst Personalvertreter des Ressorts mittlerweile schlimmere Zeiten als unter Ernst Strasser beschwören, ein Regierungsmitglied die Gesetze offensichtlich beugt, sich klar gegen die Verfassung und deren garantierte Bürgerrechte stellt, sollte der Aufschrei der Meinungsmacher nicht den unbescholtenen, kritischen Bürgern gelten, sondern dann kann jeder aufrechte Demokrat nur zu einem Schluss kommen: Der Terroristenversteher der Herrengasse, der ablenkende Kinderabschieber, der Grundrechteverletzer und Spalter ist keine Sekunde länger mehr tragbar. Denn immerhin sind wir – noch – ein Rechtsstaat!

13. MÄRZ 2021

Es ist ein Jahr her, erinnern Sie sich? An das Anfangsstadium des um sich greifenden Hirnfraßes, auch Corona-Pandemie genannt? Diese unzähligen fürchterlichen Todesstatistiken, die uns damals noch das virenfreie Blut gefrieren ließen, als sie über die Bildschirme flimmerten, uns Angst und Panik einjagten und das nahe Ende unseres physischen Lebens, das Wuhan-Armageddon verkündeten? Die Nachrichtenmoderatoren als moderne Jedermänner mit Excel-Tabelle statt Sense, die Gesundheitsminister als stotternde Boandlkramer, die uns aus den Nachrichten heraus die täglichen Sterbefälle im Hochamt des kollektiven Todes eines ganzen Volkes verkündeten? Und dazu die Regierungschefs, die uns – Statistiken brav wie Bello apportierend – Hunderttausende weitere Tote andrehten?

Ob mit oder an Corona verstorben war vollkommen egal, auch nicht nachweisbar, denn die Verkünder des Todes verboten ja die Obduktion. „Man darf Corona-Tote wegen der hohen Infektionsgefahr nicht obduzieren“, erklärten Politiker und Beamte den verdutzten Ärzten an den Pathologien, die sich die letzten Jahrzehnte lang über alle Sterbefälle, egal, an welchen Infektionen der Jeweilige über den Jordan geschritten war, mit Messer und Gabel hermachen mussten. Alles egal: Jeder Tote, ob er wollte oder nicht, war in der Corona-Statistik. Denn der Verstorbene konnte sich bekanntlich aus dem Jenseits nicht wehren, und die Angehörigen drangen nicht durch.

Und nun sterben Menschen nach den Heil bringenden Impfungen. Wenn man die gleiche Methode anwenden würde, die wir vor zwölf Monaten allen zuvor schwer kranken, alten, multimorbiden Menschen *post mortem* angedeihen ließen, stellte sich nun dieser Tage und wahrscheinlich auch die nächsten Wochen die alles entscheidende Frage: Sind die Geimpften nun auch Impftote, unabhängig davon, ob sie an oder mit der Impfung verstorben sind? Und wenn nein, warum plötzlich nicht? Die Statistiker wurden doch bisher schon zur Lüge und Vertuschung gezwungen, warum nicht auch in Zukunft? Und die zweite Frage: Ist nun der Impftote ein vernachlässigbarerer Kollateralschaden als die Mizzitant, die mit 98 schwer krebskank das Zeitliche segnet, deren Leben man retten wollte und den Rest der Menschheit vernichtete? Frau Merkel, Herr Kurz, Herr Spahn, Herr Angstschober, verblödete und gleichsam verlogene Regierungschefs der Erde, die dritte Frage richtet sich an Sie: Ist der Impftote ein guter Kollateralschaden ohne Konsequenzen und der Corona-Tote ein schlechter Kollateralschaden mit darauffolgendem Lockdown?

Viele Fragen, ich weiß. Allesamt Fragen, die nicht in Ihr Konzept passen. Und die Medien schweigen, sind vollgefressen mit Hunderten Millionen Euro an Presseförderungen und Inseraten. Aber es gibt Angehörige und Hellhörige. Und die fragen Sie unentwegt, bis Sie Antworten geben!

14. MÄRZ 2021

Fühlen Sie sich auch bevormundet, eingeschränkt, Ihrer Grundrechte beraubt? Ärgert Sie eine Politik, die zwar Ihr Steuergeld will, aber auf Ihre Bedürfnisse keinerlei Rücksicht mehr nimmt? Ballen Sie die Faust in der Hosentasche, wenn Sie täglich die jüngsten Forderungen der linken Ökoterroristen, wie eine Enteignung Ihres Autos oder das Verbot, Einfamilienhäuser zu bauen, lesen müssen? Haben Sie auch Sorge um sich und Ihre Nachkommen, dass der Wirtschaftsstandort Deutschland, die Ihr Sozialsystem finanzierende Automobilindustrie, wie alle anderen zuvor, abwandert, Arbeitsplätze vernichtet werden, Kaufkraft verloren geht? Haben Sie die Schnauze voll von jenen Unheilspropheten, die Ihnen Ihr persönliches Leben diktieren und nach dem Corona-Diktat eine Greta-Thunberg-Autokratie einführen wollen? Durchschauen Sie auch die Lügen jener, die von E-Mobilität schwafeln, einer Industrie, die wertvolle Ressourcen der Umwelt zerstört, fette Gewinne macht und hier in Europa Moral und Umweltbewusstsein heuchelt? Reicht es Ihnen mittlerweile von den Politikern, die in Wahrheit doch nur egoistische Maskenlobbyisten mit Korruptionshintergrund sind? Wenden Sie sich auch mit Grauen von jenen Volksvertretern ab, denen das Leben der Menschen schnurzegal ist, Hauptsache, die Kasse stimmt? Wie geht es Ihnen dabei, dass all das über Jahre und Jahrzehnte von Ihnen und Ihrer Familie mühsam Aufgebaute binnen eines Jahres zerstört, der um sich greifenden Panik und Hysterie geopfert wurde? Wenden Sie sich mit Grauen von jenen Schlagzeilen ab, die den täglichen Einzelfall auf Deutschlands Straßen dokumentieren? Erkennen Sie in Ihren Straßen und Orten Ihre einstige Heimat nicht mehr, und haben Sie auch den Eindruck, dass irgendwann einmal Schluss mit Muttis Politik des „Wir schaffen das" sein muss? Reichen Ihnen die grüne Bevormundung in der Politik, der virologische Totentanz rund um ein grünstacheliges Wuhan-Virus, und lehnen Sie die Gefahren ab, die eine grün-religiöse Unterwanderung bringt?

Ich habe eine sehr gute Nachricht für Sie! Stellen Sie sich vor: Sie haben in Zukunft Volksvertreter, die Ihre Meinung und nicht die finanzkräftiger Lobbyisten vertreten! In Zukunft regiert eine Politik, die sich nicht ideologischer Verbissenheit, Angst und Hysterie, sondern dem logischen Hausverstand verpflichtet fühlt! Sie und nur Sie haben es in der Hand, die Zukunft zu bestimmen. Man mag Ihnen die letzten zwölf Monate lang Grundrechte geraubt, die Freiheit beschnitten haben, aber Ihr Wahlrecht haben Sie noch! Also nutzen Sie es, und bedenken Sie immer: Nur die dümmsten Kälber wählen ihre Schlächter selber!

15. MÄRZ 2021

Herr Angstschober!
„Es tut mir leid, wir haben Fehler gemacht", so lautet Ihr seit zwölf Monaten immer wiederkehrendes, jämmerliches, elendes, kleinlautes und ermüdendes Schuldeingeständnis, Ihr vorgetragener Beweis für Ihre physische wie psychische Amtsunfähigkeit. Ein kleines „Mea culpa", eine vor Journalisten in großer Demut vorgetragene sprachliche Selbstgeißelung entbindet Sie nicht von Ihrer Verantwortung, Herr Angstschober. Warum nicht? Weil Ihre ständigen Fehler uns unsere Volkswirtschaft gekostet haben. Weil Ihre kleinen Sünden uns unsere Betriebe ruinieren. Weil Ihre dramatisch-herzige Schusseligkeit uns Hunderttausende Arbeitsplätze vernichtet. Und nachdem Ihnen Ihr Betteln und Flehen um Verzeihung nicht einmal der Dümmste der Dummen mehr abnimmt, präsentierten Sie uns Ihr Bauern-Auernopfer, den Impfkoordinator, auf dessen alleinigem Mist die gesamte Regierungspolitik der letzten zwölf Monate gewachsen sein soll.

Nur er hat den falschen Impfstoff bestellt? Nur er hat entschieden, zu wenige Impfdosen zu bestellen? Nur er hat zu geringe finanzielle Mittel für den Ankauf der virologischen Rettung bereitgestellt? Nur er hat verfassungswidrige Anordnungen unterschrieben? Nur er hat alle Betriebe im Land ins Verderben geführt? Ein wenig viel Verantwortung für einen kleinen Beamten, der offenbar nun zum Alleinregenten der letzten zwölf Monate auserkoren wurde, um an ihm die dreckigen Schuhe von Kurz und Co. abzuputzen, aber die passende Morgengabe eines grünen Opportunisten und Heuchlers an den türkisen Halbgott im Kanzleramt. „Der Kopf muss ab!", schrie der entfernte Kanzler angesichts der Trümmer, die seine Politik hinterlassen hat. Und der gescheiterte Gesundheitsminister, brav am Amt festklebend, opfert den letzten personellen Schutzschild vor seiner eigenen drohenden Abberufung.

Herr Angstschober! Sie waren nie in der Lage, Gesundheitsminister zu sein, Sie sind nicht in der Lage, Gesundheitsminister zu sein, und Sie haben keinerlei Eignung, auch in Zukunft Gesundheitsminister zu sein. Sie sind eine typisch österreichische Verlegenheitslösung, wo man halt irgendeinen nützlichen Idioten brauchte, um ein Amt zu besetzen. Dieses Schicksal teilen Sie mit all Ihren Kolleginnen und Kollegen auf der Regierungsbank, geistigen Lückenfüllern ohne Vision, Ethik oder Verantwortungsbewusstsein, ohne fachliche Tiefe und moralische Höhe. „Die nächsten zwei Wochen werden die entscheidende Phase der Pandemie sein", werden Sie in gewohnter Weise Ihren nächsten Textbaustein wieder einmal stottern. Ich sage Ihnen: Solange Sie im Amt sind, werden wir diese Pandemie der politischen Dummheit nie überwinden.

16. MÄRZ 2021

Die Christdemokraten in Deutschland: eine einst stolze bürgerliche Heimatpartei, die die Heimat schlicht verraten hat. Eine einst stolze Wirtschaftspartei, die heute nur mehr aus schwerfälligen, satten Funktionären besteht. Eine einst stolze konservative Bewegung, die den linken Launen Merkels geopfert wurde. Ein Sammelbecken der Erfolgreichen und der Leistungsträger, das heute nur mehr ein Karrieristen- und Korruptionssumpf ist, angeführt von Schwachmaten wie Laschet oder Intriganten wie Söder. Eine politische Bewegung, die Köpfe wie Adenauer, Kohl oder Strauß vereinigte und heute nur mehr von einem dürftigen Rest der Zimmer-Kuchl-Nomenklatura vom Berliner Kanzleramtsbunker aus verwaltet wird.

Das ist die Geschichte der Christdemokraten in Deutschland, die bei den Landtagswahlen am Wochenende einmal mehr geschrumpft, realpolitisch ausradiert wurden. Weil der Wähler immer recht hat und die CDU/CSU nur mehr eine Interessenvertretung zur Erhaltung schwindender Funktionärsmacht und Pfründen wurde, größtenteils aus Lobbyisten mit Korruptionshintergrund besteht. Das kennt man aus dem gelebten Sozialismus der Nachkriegsgeschichte. Aber auch inhaltlich ist sie mit der SPD zur Einheitspartei geworden. Die Ruinen der Sozialdemokratie wurden von Merkel inhaliert, die Christdemokraten rückten nach links, bürgerliche Wähler flohen zur AfD oder zur FDP. Die Tagespolitik ist seit 2015 von fatalen politischen Fehlentscheidungen gegen das eigene Volk geprägt: 2015 wurde mit „Wir schaffen das" der Wahnsinn der Unterwanderung der eigenen Gesellschaft begonnen, fünf Jahre später hat man mit einer erratischen Lockdown-Politik, vernichteten Arbeitsplätzen und einem internationalen Standing, dass es sprichwörtlich die Sau graust, den Rest an Glaubwürdigkeit verspielt. Heute stehen sie da, splitternackt vor dem Volke, wenige Monate vor der Bundestagswahl ohne Glaubwürdigkeit, ohne wirtschaftspolitischen Anspruch, ohne gesellschaftspolitische Vision, und kämpfen um das längst verlorene Kanzleramt. Eine Partei, verkommen zur willfährigen Wahlbewegung einer einsamen Frau und mit deren überfälligem politischen Ausgedinge überflüssig geworden.

19. MÄRZ 2021

Streit, Stillstand, Chaos und Verantwortungslosigkeit war die in Stichworten zusammengefasste Bilanz der verblichenen rot-schwarzen Koalition, die Sebastian Kurz dazu bewog, den Österreicherinnen und Österreichern seinen „neuen Weg" schmackhaft zu machen. Erfolgreich, wie man gesehen hat, denn die Wahlsiege gaben der jungen messianischen Gestalt an der Spitze der ÖVP recht. Die Menschen hatten die große Koalition einfach satt. Deren Spitzen, wie Kern, Faymann, Gusenbauer, Pröll, Molterer oder Mitterlehner, verkörperten von ihrem gesamten Habitus her die Schwerfälligkeit, in die sie sich und die Republik manövriert hatten. Am Ende reichte nur mehr der berühmte Tropfen in Form der chaotischen Flüchtlingspolitik 2015, der das Fass zum Überlaufen brachte und eine Wendestimmung einleitete.

Österreich 2021: Die grüne Justiz filzt schwarze Höchstfunktionäre und Beamte, der Kanzler, personifizierter Vertreter einer neuen Politik, fordert über die Medien die Köpfe von Beamten des Ressorts seines Koalitionspartners. Der Innenminister trägt die politische Verantwortung für einen der schwersten Terroranschläge der jüngeren Geschichte. Ein Finanzminister, der kein einziges Budget fehlerfrei zustande gebracht hat. Ein Gesundheitsminister, der nicht mehr amtsfähig ist, und ein Vizekanzler, dem mittlerweile alles egal zu sein scheint. Die „Message Control", die Kurz bravourös beherrschte, ist *perdu* und das Volk neuerdings Publikum einer offenen Feldschlacht zwischen den Regierungsparteien. Die Stunde der Wadlbeißer, sprich: der Generalsekretäre hat geschlagen, die in ihren täglichen Angriffen den Beweis antreten, dass sich das Wort „Politsekretär" nur von „Sekret" herleiten kann. All das, wofür Kurz stand, wurde über Bord geworfen, die Regierung verharrt im Stillstand, keine Reformen wurden gesetzt, das einst groß abgefeierte Regierungsprogramm unangetastet konserviert in der Wunschvorstellung einstiger Wähler. Und das alles beherrschende Thema Corona hat die Regierung nach Strich und Faden vergeigt. In den Umfragen verfügen beide Regierungsparteien über keine Mehrheit mehr, im monatlich abgefragten Vertrauensbarometer manifestiert sich das Scheitern dieses Projektes. Es ist übrigens die dritte Koalition innerhalb kürzester Zeit, die Sebastian Kurz mit weiser Hand gegen die Wand fährt. Und mit Blick auf die kommende Tragödie am Arbeitsmarkt, die drohende Pleitewelle und das Unvermögen, aus der selbst fabrizierten Krise einen Ausweg zu finden, kann man nur feststellen: Sie haben fertig!

21. MÄRZ 2021

Merkel, Söder!
Die Litanei der politischen Mitesser, der korruptionistischen Schmarotzer wird von Tag zu Tag, von Stunde zu Stunde immer länger. Langsam stellt sich ja nicht mehr die Frage, wer an den schmutzigen Maskendeals in Deutschland verdient hat, sondern wer in den Reihen der CDU/CSU nicht die gierigen Finger im Spiel hatte. Das Volk bekam den unnützen Maulkorb zwangsweise vor das Gesicht gespahnt, als Symbol des autokratischen Kampfes gegen die einstige Meinungsfreiheit, unter dem Deckmantel der hysterischen Pandemiebekämpfung. Und die Maskenraffkes ohne Ethik und Moral rieben sich die Hände, verdienten an jedem einzelnen Produkt der Unterdrückung. Für ein wenig Schmiergeld, neudeutsch auch verharmlosend „Vermittlungsprovision" genannt, wurde Deutschland

mit dem Kunststoff-Pappenschloss geflutet. Millionen Euro gingen über den Ladentisch, die politische Elite kassierte.

Nun zeigt sich einmal mehr die Fratze der Freunderlwirtschaft und Korruption, die den letzten Funken Vertrauen der Bürger in die Säulen der Demokratie zerstört. Auf der einen Seite das Establishment, das es sich selbst in der größten Krise immer richtet, obenauf schwimmt, und auf der anderen Seite das Volk, dem der Arbeitsplatz fehlt, dessen Unternehmen ruiniert und dessen Grundrechte ausgehöhlt werden. Das ist das Resultat der Politik Merkels, Spahns und Söders, von der einige wenige profitieren, während alle anderen verlieren. Denn in deren Windschatten agierten die Lobbyisten mit Korruptionshintergrund, sahen ihre große Chance auf das große Geld. Miese Charaktere ohne Demut und Bodenhaftung, die ihren Eid auf Grundrecht und Verfassung schamlos brachen.

Ein altbekanntes schwarzes Sittenbild tut sich auf, Staatsaufträge werden gegen ein wenig Körberlgeld in den Opferstock politischer Verantwortungsträger getauscht. Anständigkeit verkommt zum gefürchteten Fremdwort. Wer glaubt, dass diese gelebte politische Kriminalität ein Relikt der 1980er und 1990er gewesen sei, irrt. Sie lebt ungeniert weiter. Und das angewiderte Volk wendet sich zu Recht ab, keine Wahl, die diese Bagage noch gewinnt, keine Umfrage, in der nicht dieses Erbe Merkels zu Recht abgestraft wird. Weil die Menschen im Gegensatz zu Politikern eben ein feines Gespür für Recht und Unrecht haben.

24. MÄRZ 2021

Es oblag der Chefkassandra der Republik, Gesundheitsminister Angstschober, bereits vorige Woche Österreich inmitten der „dritten Welle“ zu sehen und somit den Grundstein für den vierten Lockdown zu legen. Sie lesen richtig, vierter Lockdown! Für ein Land, dessen wichtigste Branchen im Tourismus-, Sport- und Gastronomiebereich seit November 2020 in der Geiselhaft dieser als alternativlos verkündeten Politik gehalten werden, die also seit bald sechs Monaten nicht mehr das Licht der Freiheit erblickten, mag das wie blanker Hohn klingen. Und das ist es auch. Nämlich die Kapitulationserklärung der Regierung Kurz/Kogler vor dem eigenen Versagen, mittlerweile 13 Monate lang nicht willens und in der Lage zu sein, das Gesundheitssystem hochzufahren.

Konnte man diese These noch im vorigen Sommer als Nachhinein-Urteil eines Besserwissers abtun, ist es nun nicht mehr so leicht, der Öffentlichkeit zu erklären, warum die Intensivkapazitäten nicht aufgestockt, einst geschlossene Spitäler nicht reaktiviert wurden und man sich lieber von Lockdown zu Lockdown hangelte. Mit dem Ergebnis, nun wieder das gesamte Land in einen wirtschaftlichen und gesellschaftlichen Tiefschlaf zu versetzen, den wir uns laut Äußerungen der Regierungsspitze noch vom vorigen Sommer eigentlich nicht mehr leisten könnten. Noch weniger wird die Regierung den Vertretern von Gastronomie, Hotellerie und Sport erklären können, warum ausgerechnet ihre Branchen wiederum – wie übrigens seit Jänner regierungsintern immer vorgesehen – bis Anfang Mai vertröstet werden. Zumal diese Bereiche seit Monaten geschlossen haben und dennoch die hysterisierten Infiziertenzahlen gestiegen sind. Also kann es vielleicht daran liegen, dass die Infektionen im privaten Bereich stattfinden und die Bevormundungs- und Verbotspolitik im öffentlichen Raum der falsche Weg war. Und vielleicht liegt es auch einfach daran, dass das Volk diese Politik des gelebten Widerspruches, des Chaos, des Pfusches einfach nicht mehr mitträgt.

27. MÄRZ 2021

Kurz, Sie sind der Beste! Wie immer!
Auf europäische Solidarität pochen Sie jetzt, auf einmal. Als wortgewaltiger Anführer der sparsamen Vier im Stimmbruch führten Sie Ihren mutigen Kampf gegen die EU, rissen das Impfmanagement an sich, wollten Flinten-Uschi, der würdigen Nachfolgerin von Cognac-Jean-Claude, zeigen, dass nur am österreichischen Wesen Europa genesen könne und nur Sie in der Lage seien, die selbst ausgerufene Corona-Krise wieder in den Griff zu bekommen. Österreich habe die niedrigsten Infektionszahlen, die wenigsten Corona-Toten, wir Schluchtenscheißer seien Testweltmeister, und Hand in Hand mit ihrem Amigo Bibi Netanjahu wollten Sie Impfweltmeister abseits der

verhassten EU werden. Ja, Sie wollten es wieder der ganzen Welt zeigen, als Musterschüler auf Egotrip, in sehnsüchtiger Hoffnung auf die nächste „Bild"-Titelseite, als verbissener Ehrgeizling wieder allen vor die Koffer scheißen. Also bestellten Sie – ja, Sie und Ihre Regierung höchstpersönlich selbst! – 1. den falschen Impfstoff, 2. davon zu wenig und 3. verzichteten auf die Ausschöpfung der Ihnen von dieser bösen EU zugestandenen Kontingente.

Jetzt ist er wieder da, der edle Ritter von der traurigen Gestalt, der, wie einst Don Quijote, vor den Windmühlen Brüssels steht und bitterlich um die Korrektur des eigenen Scheiterns bettelt. Und nun zeigt man Ihnen und damit uns allen die kalte Schulter, lässt Sie wie einen begossenen Pudel dastehen. Sie ähneln immer mehr ihrer konservativen Ahnfrau, Sie könnten deren unehelicher Stiefenkel sein. Ja, Sie und Merkel haben das gleiche Verständnis von Solidarität. Als die verhärmte Alte eigenmächtig in einem Anflug von deutschen Wiedergutmachungsgefühlen mit dem gehauchten Zaubersatz „Wir schaffen das" die europäischen Grenzen öffnete, an ihrer höchstpersönlichen gutmenschlichen Heiligsprechung bastelte und in der Folge ihr eigenes Land regelrecht geflutet wurde, der dicke breite Hintern auf Grundeis ging, ja, da pochte die Piefke-Führerin in größter Not auf die europäische Solidarität. Immer dann, wenn die Kacke aufgrund eigener Fehlentscheidungen am Dampfen ist, dann muss die Europäische Union her. Und nun, nachdem Sie selbst über Monate hinweg den egoistischen Möchtegernführer raushängen ließen, alles schiefging, im selbst angerichteten Chaos endete, und Sie vor den Trümmern Ihrer Eitelkeit stehen, kann Sie nur Flinten-Uschi retten. Sie und Merkel sind sich näher als gedacht. Und noch eine Gemeinsamkeit verbindet Sie mit Mundwinkel-im-Keller-Angie: schwach begonnen und stark nachgelassen, ein getäuschtes Volk und ein kaputtes Land.

29. MÄRZ 2021

„Ich liebe meinen Kanzler", „Du kriegst eh alles was du willst", „Ich bin so glücklich", „Heiz ihnen ordentlich ein", „Tu es für mich". Was sich wie die homoerotischen „Bubenspiele" (© Kurt

Krenn) dreier Klemmschwestern aus dem Priesterseminar anhört, ist die bisher nicht ohne Grund geheim gehaltene Kommunikation Seiner Exzellenz, des Bundeskanzlers der Republik Österreich, dessen eingetragenen Lebensmenschen, des Finanzministers, und ihres gemeinsamen politischen Adoptivsohnes, des obersten Verstaatlichtenchefs der Republik. Was mich diesbezüglich erregt, ist nicht die zum Ausdruck gekommene intime und treue Männerfreundschaft, ganz im Gegenteil, ich wäre der Letzte, der da einen Einwand erhebt, sondern allein die Tatsache, dass drei Spitzenrepräsentanten den beinharten Postenschacher noch dazu schriftlich kommentieren. Für alle drei gilt selbstverständlich die Unschuldsvermutung, wiewohl davon auszugehen ist, dass sie ihre Unschuld bereits vor längerer Zeit verloren haben.

Das delikate *Corpus Delicti*, gefunden am Handy des Letzteren im Bunde des Dreierziegels, dokumentiert, wie die „Wir-sind-alle-eine-Familie"-ÖVP nicht nur ihr Familienbild visionär zum Leidwesen der erzkonservativen Kerzerlschlucker änderte, sondern wie beinhart der in Österreich längst vergangen geglaubte Nepotismus, übersetzt: die Freunderlwirtschaft wieder blüht, wie ungeniert Posten an – zumindest politisch – untalentierte Parteigänger vergeben, Ausschreibungsgesetze mit Füßen getreten werden. Und es dokumentiert, dass der „neue Weg" des jungen Knaben an der Regierungsspitze ein Weg in die politische Steinzeit ist, uns Jahrzehnte zurück in das dunkle Zeitalter des brutalen rot-schwarzen Proporzes führt. Nun mag der Koalitionspartner, die gesellschaftlich durchaus liberalen GrünInnen, an der Art und Weise der WhatsApp-Nachrichten keinerlei Anstoß finden, jedoch stellt sich die Frage, wie lange die einstige Transparenz- und Anti-Postenschacher-Partei ihren schwarz-türkisen Freunden in der Regierung noch die – das ist wörtlich zu verstehen – Räuberleiter macht.

Nur zur Info: In jedem anderen Land führt eine solch erdrückende Beweislast zum Rücktritt. In der Bananenrepublik Österreich ob des Regierungs-Softpornos zu allgemeinem Gelächter.

Der Schaden ist angerichtet – die Frage ist nur, in welchem Umfang. War es 2008 die Finanzwirtschaft, die durch das Gift der Spekulation ins Wanken geriet, wird nun unsere Realwirtschaft, also der Unternehmer ums Eck, hingerichtet. Jede Woche, in der diese hysterische Corona-Lockdown-Politik aufrechterhalten wird, kostet unsere kleine Volkswirtschaft die unfassbare Zahl von einer Milliarde Euro. Das Budgetdefizit ist mittlerweile mit mehr als 30 Milliarden Euro das größte seit dem Zweiten Weltkrieg. Der von konservativen Kreisen jahrzehntelang als Schuldenkanzler diffamierte Bruno Kreisky mutet gegen Bundeskanzler Kurz und Finanzminister Blümel wie ein hilfloser Waisenknabe an. Das Bruttoinlandsprodukt ist eingebrochen, die Wirtschaftsdaten weisen Österreich die letzten Plätze im europaweiten Ranking zu. Selbst die Ramschstaaten liegen in der Wirtschaftsentwicklung vor Österreich. Und das Gespenst der Inflation zieht am Horizont auf.

Unabhängig davon, wie lange die Regierung noch gedenkt, uns mit ihrem Wahnsinn zu lähmen, ist jetzt schon absehbar, dass nach dem zwangsweisen Auslaufen der zahllosen Stundungsprogramme der Steuern und Sozialversicherungsbeiträge im zweiten und dritten Quartal 2021 die Pleitewelle rollt. Und zwar in einer Dimension, wie wir sie in Österreich noch nie kannten. Ja, das dicke Ende kommt noch! Und dieser angsterregenden Entwicklung steht eine Regierung gegenüber, die die letzten zwölf Monate lang nicht imstande war, der Gesundheitskrise mit Verantwortung und Besonnenheit zu begegnen, in Wahrheit nur Widerspruch, Chaos und Pfusch hinterließ. Es zeigte sich, dass das türkis-grüne Kabinett eine reine Schönwetterregierung ist, die eben nicht imstande war und ist, die Tragweite ihres Handelns richtig einzuschätzen. Ein Finanzminister, der die Nullen im Budget vergisst, eine Wirtschaftsministerin, die als Kaufhaus-Gretl in die Geschichte eingeht, und ein Kanzler, der in Skandalen versinkt, sind eben nicht die richtige Antwort auf die Bewältigung der sich anbahnenden größten Wirtschaftskrise seit 1945.

Frei nach Peter Maffay: „Über diese Brücke musst du gehen, weiter im Kerker um die Freiheit flehen", so agiert die deutsche Bundesregierung in ihren jüngsten Corona-Ergüssen. Laschet, der Herr Rossi der deutschen CDU, die lahme Ente aus Nordrhein-Westfalen, suchte diesmal nicht das Glück der ohnedies verlorenen Kanzlerschaft, sondern überraschte das gedemütigte Volk mit seiner aktuellen Corona-Kerkerfantasie. Der „Brückenlockdown" sei das Nonplusultra der panischen Grippebekämpfung. Der „Brückenlockdown" Laschets, Ausdruck von menschenverachtendem Zynismus gepaart mit grenzenloser Dummheit und einem gehörigen Unverständnis der Lebensverhältnisse der eigenen Bürger.

Von einem seit Monaten bestehenden Lockdown in den nächsten wird die Corona-Brücke gebaut, damit das dumme Volk im Gänsemarsch über Laschets Brücke geführt wird, in der Unfreiheit verweilt, die Wirtschaft weiterhin zerstört, die Gesellschaft gespalten wird. Als ob die Arbeitslosenzahlen nicht eine eindeutige Sprache sprechen, als ob die Wirtschaftszahlen nicht an der Brücke vorbei direkt in die Untiefe weisen würden. Merkels verhasste Osterruhe wird somit ausgerechnet von deren größten Kritikern pragmatisiert, so geht die österliche Erstarrung fließend in die April-Ausspannung, dann in die Mai-Atempause, dann in die Juni-Regungslosigkeit und abschließend in die Juli-Lähmung über. Schöne Worte für ein und dieselbe grausame und nachhaltig erfolglose Methode, die das Land an die Wand fährt. Merkels als alternativlos verkündete Lockdownpolitik, die eine gesamte Volkswirtschaft zerstört, anstatt das von ihr höchstselbst zu Tode gesparte Gesundheitssystem zu stärken, rächt sich eben. Brücke hin oder her.

In Wahrheit tobt der ehrgeizige Wettkampf um den Amtssessel der Alten. Und Laschet und Söder üben sich in der Kakofonie, beißen leidenschaftlich in jedes sich bietende Mikrofon, überbieten sich im rhetorischen Ausdruck ihrer gelebten Dummheit. Ein Lockdown, der nicht mehr wirkt, ganz im Gegenteil, dessen Kollateralschäden längst höher als der Nutzen sind, grenzt an menschenverachtenden Zynismus. Aber um in den ohnedies längst verspielten Kanzlerbunker zu gelangen, muss man eben über Brücken oder Leichen gehen – und sei die schöne Leich auch nur die deutsche Wirtschaft, die konkursreifen deutschen Unternehmer, die um ihren Arbeitsplatz bangenden und entrechteten deutschen Arbeitnehmer. Der Zweck heiligt eben die Mittel. Der Zweck ist der Machtkampf, das Mittel ist der Lockdown, und verloren ist das Vertrauen.

9. APRIL 2021

Herr Hofer,
wenn mangelndes Selbstbewusstsein gepaart mit fehlendem Rückgrat schmerzen würden, müssten Sie wahrscheinlich täglich 24 Stunden lang bitterlich aufheulen. Oder? Anders als mit fehlender Courage ist Ihr jüngster kurioser Meinungsschwenk nicht zu begründen. Gegen den Willen einer Mehrheit der Bevölkerung stimmten Sie überraschend in den hysterisierten Chor der türkis-grünen Untergangsregierung ein und vertreten nun wortreich jene Maßnahmen, unter denen die Österreicher tagtäglich unter Aufgabe ihrer Freiheit und ihrer Existenz zu leiden haben. Sie haben natürlich nichts zu befürchten, Sie haben Ihr arbeitsloses Politeinkommen, und den Gartenzaun samt nobler Nebengeräusche rechnen Sie halt über das Spesenkonto Ihrer Partei ab. Ausgerechnet der Übergangsobmann einer Freiheitlichen Partei singt das schändliche Lied des Zwanges, dessen Kollateralschäden unsere Volkswirtschaft vernichten. Ausgerechnet Sie als zumindest formeller Oppositionsführer zeigen Verständnis für die autokratischen wie verfassungswidrigen Maßnahmen dieser Bundesregierung. Der Plastik-Maulkorb, dieses symbolische und rein psychisch unterdrückende Pappenschloss, müsse dauerhaft getragen werden, vermelden Sie in der Art eines billigen Maskenlobbyisten. Ja, auch das vornehme Stecktuch täuscht über die Existenz eines pannonischen Politparvenus mit der Attitüde eines Staubsaugervertreters eben nicht hinweg.

Herr Hofer, im Wissen um Ihre offenkundigen Schwächen: Sind Sie eigentlich noch zu retten? „Wessen künftiges Brot ich fresse, dessen heutiges Lied ich singe“, denken Sie sich wohl und erhoffen sich mit Ihren schleimigen Unterwerfungsgesten in Richtung ÖVP, nach einem möglichen Wegfall der

GrünInnen wieder auf der Korruptionsbank der österreichischen Bundesregierung Platz nehmen zu dürfen. Als angenehmer, charmanter, willfähriger, wankelmütiger und leicht erpressbarer Handaffe eines eitlen Kindkanzlers. Wie Schmidtchen Schleicher sehnen Sie sich doch danach, ihrem gottähnlichen Regierungschef wieder die Wünsche von den Lippen zu lesen. Geistig haben Sie sich doch nie von Ihrem Regierungssessel verabschiedet, ja, das mondäne Leben als Minister samt Gage, Dienstwagen und Sekretären ist Ihnen wohl wichtiger als Ihre eigenen – zugegeben: schwindenden – Wähler. Und mit Ihnen geht langsam aber sicher auch die FPÖ unter, wird nicht mehr als ernst zu nehmende Alternative zum Corona-Chaos der Regierung wahrgenommen. Sie verraten mit Ihrer neuen Linie, die Sie nach Tageslaune und Morgenstuhl zurechtlegen, ihre eigenen restlichen Wähler, die Unternehmer des Landes, verraten eigentlich alle Menschen Österreichs, die unter diesem Wahnsinn einer „neuen Normalität“ zu leiden haben. Das Symbol dieses Grauens ist die Maske, für deren ewige Tragepflicht Sie sich nun gegen den Willen Ihrer eigenen Basis einsetzen. Den Abgeordneten des Parlamentes wollen ausgerechnet Sie, als Oppositionschef auf dem Papier, dieses billige, nutz- und sinnlose Pappenschloss aufzwingen. Herr Hofer, Opportunismus, Heuchelei, ja die gelebte politische Lüge ist kein Wahlmotiv. Und solange Sie der Chef der FPÖ sind, ist diese Partei unwählbar.

11. APRIL 2021

Ein schäbiger Innenminister Schmähhammer, für den sich jeder Polizist im Land mittlerweile geniert, der Demonstrationen gesetzeswidrig verbieten lässt, sein Amt für parteipolitische Zwecke missbraucht, sich vor den Gerichten regelmäßig eine blutige Nase holt, mitverantwortet, dass der Sicherheitsapparat von der ÖVP infiltriert wurde und das Resultat dieser Unterwanderung ein nicht verhinderter Terroranschlag mit vier Toten in Wien ist.

Eine Wirtschaftsministerin, auch Kaufhaus-Gretl genannt, die unter Umgehung des Ausschreibungsgesetzes eine millionenschwere Onlineplattform in Auftrag gab, die von der Qualität her einer billigen WordPress-Seite um 20 Euro ähnelt.

Maskenlobbyisten im unmittelbaren Umfeld des Kanzlers, die mit gefälschten und umetikettierten Schutzmasken das Volk belogen und betrogen haben, der illegalen Schwarzarbeit verdächtig sind.

Eine Arbeitsministerin, die sich mit einer wissenschaftlichen Abschrift über Seepocken ihre akademische Graduierung und damit ihr Ministeramt erschlich und folglich politisch über den Jordan springen musste, während ein Bundesratspräsident, der sich ebenso seinen Doktortitel erschlich, weiterhin im Amt ist.

Ein niveauloser Nationalratspräsident, der eine unzulässige Nähe zu milliardenschweren Glücksspielkonzernen aufweist, dessen Verein von ebendiesen fleißig Spenden kassierte und der im Parlament als billiger Kettenhund einer Regierungspartei agiert.

Ein halbseidener Verstaatlichtenchef, der wegen mittlerweile verjährtem Drogenmissbrauch im Fadenkreuz der Justiz stand, sich dadurch und mit seinen unzähligen delikaten Fotos am Handy erpressbar machte, dem Kanzler Liebesschwüre im Gegenzug für seinen Job schickte, zur „Familie des Paten" gehört, seine eigene Ausschreibung frisierte, ein gestörtes Verhältnis zu Frauen in der Wirtschaft hat, Kirchenvertreter nötigt.

Ein Finanzminister, der nachweislich zweimal nicht dazu imstande war, dem Parlament ein fehlerfreies Budget vorzulegen, unter schweren Erinnerungslücken leidet, dessen Wohnung von der Justiz gefilzt wurde, der als Beschuldigter in einem Strafverfahren geführt wird, im Internet wie ein Mafiosi Aliasnamen verwendet, dessen Frau wohlweislich nicht nur das Kind, sondern auch den Laptop regelmäßig Gassi führt.

An der Spitze ein Kanzler, der seine Regierungsmannschaft wie eine Kindermafia führt, den „neuen Weg" versprach und die Methoden der Steinzeit anwendet, dem jedes Gespür für Moral, Gesetzmäßigkeit, Recht und Anstand fehlt.

Herr Kurz, was muss eigentlich noch passieren, bis irgendwer in dieser verschweinerten Republik Konsequenzen zieht?

Verdammt still im Lager der GrünInnen, jener Partei, die mit der verstorbenen Abgeordneten Gabi Moser einst Speerspitze der Korruptionsbekämpfung war, die in ihren Reihen einen Peter Pilz hatte, der auf alles mit Anzeigen schoss, was nicht bei drei auf dem Baum war, oder einen Werner Kogler im Parlament die Hypo geißeln ließ. Verdammt still im Lager jener Partei, die jahrzehntelang gegen Korruption, Freunderlwirtschaft und Nepotismus auftrat und mit dem moralisierenden Finger auf all jene zeigte, die in ihren Augen die Kriterien politischer Sauberkeit nicht erfüllten. Spürbare, um nicht zu sagen: unerträgliche Schweigsamkeit einer nunmehrigen Regierungspartei macht sich breit, die nun mit vermeintlichen Korruptionisten die Regierungsbank teilt und angesichts der immer größer werdenden türkisen Skandale keinerlei Konsequenzen zieht.

Man hat sich offenbar arrangiert, bekommt für das Dulden im Gegenzug ein paar Posten für treue, wenngleich auch unqualifizierte Parteigänger als Schweigegeld. Wie schon das Ministergehalt als ebensolches Schweigegeld gesehen wurde, als der Innenminister ein Ablenkungsmanöver von den Korruptionsskandalen und dem BVT-Versagen im Zuge des Wiener Terroranschlages zündete und drei in Österreich geborene Kinder ungehindert abschob. Wo sind die hehren Ziele dieser einstigen Transparenzpartei hingekommen? An welchem Punkt oder, vielleicht, durch welche Funktion und deren üppiges Schmerzensgeld haben die GrünInnen jede Moral und jeden Anstand verloren, dass sie nun ob dieses schmutzigen Generalangriffes auf alle drei tragenden Säulen des Staates einfach nur wegsehen?

Nun sitzen Sie mit einem Bundeskanzler und einem Finanzminister am Kabinettstisch, deren Freunderlwirtschaft durch WhatsApp einwandfrei nachgewiesen werden konnte. Nun sitzen sie mit einem Nationalratspräsidenten im Boot, der angesichts seiner Verstrickungen in diesen türkisen Sumpf eben nicht über jeden Verdacht erhaben ist. Nun sitzen sie mit einer Partei in der Regierung, die sich mit einem gestolperten Justizbeamten eine Art Kanalräumerbrigade zur Verhinderung justiziellen Ungemachs gehalten hat. Nun bildet Kogler ausgerechnet mit jenem Kurz eine Regierung, der nach den Korruptionsfantasien von Strache auf Ibiza die seinerzeitige Koalition aufkündigte, Neuwahlen provozierte, um die eigene Korruptionsrealität auszusitzen. Dies ist aber nur möglich, weil ihm die GrünInnen durch ihr Schweigen *de facto* die Räuberleiter machen. So ändern sich die Zeiten und der Moralbegriff in der Politik.

15. APRIL 2021

Schlimmer wird's nimmer, denken sich Deutschlands Wähler nach den in die halbe Ewigkeit gezogenen Abschiedsjahren Merkels, der am längsten dienenden *Lame Duck* der deutschen Innenpolitik. Stoisch und stur, einsam und verbissen kämpfte die Alte im Kanzleramt nicht mehr um ihre Landsleute, sondern um jeden Tag in ihrem Sessel. Die präsumtiven Nachfolger, wie einst Annegret Kramp-Karrenbauer, gegenwärtig Laschet und ja selbst Söder, waren und sind doch nur mehr das Kanonenfutter, die in die Jahre gekommenen Jugendkandidaten nach der Ära der verbrannten Erde, behäbige, machtversessene Silberrücken, die nun ins Feuer geschickt werden für die längst verlorene Schlacht um das verspielte Kanzleramt. Der Krug geht eben so lange zum Brunnen, bis er bricht.

Schlimmer wird's nimmer, denken sich die Bürger angesichts dieser Bilanz des Scheiterns, der Arbeitslosigkeit, der Tristesse des einst stolzen Wirtschaftsstandortes, dieses aufziehenden Klimas der Unfreiheit. Die Strategie aus 2015, in moralischer und intellektueller Selbstüberhöhung gegen das Volk unter Nutzung autoritärer Instrumente zu regieren, setzte sich mit Zielsicherheit 2020 und 2021 fort. Und die Rechnung ist deftig. Die einst übermächtigen Volksparteien CDU/CSU sind entstellt, um ihre einstigen Unterstützer längst erleichtert, der einst bürgerliche Wähler seiner politischen Heimat beraubt. Und sie, die in einer linksfaschistischen Diktatur sozialisierte Merkel, legte das Fundament für die Wiederkehr der längst am Komposthaufen der Geschichte gelandeten Untoten, der GrünInnen.

Versenkt durch die Gnade des Wählers, exhumiert durch die Kampagne der schwedischen Aspergerapokalypse Gretl

Thunberg, wieder zu alter Stärke gefunden durch die Fehler Merkels. Und hinter den netten Gesichtern von Baerbock und Habeck – nein, dabei handelt es sich nicht um eine neue Gattung der Holzwürmer – verbirgt sich die alte reine Lehre der Linken, behübscht um nettes Beiwerk umweltbewegter Idealisten. Hinter der Pflege der Gänseblümchen auf der Wiese, der Erhaltung natürlicher Flussläufe, dem außer Streit stehenden Tierschutz, also Forderungen, die nach den Jahrzehnten der Umweltschutzbewegungen jeder vernünftige Mensch unterschreiben kann, stehen bei den GrünInnen Bevormundung, Entmündigung, Verbote, Enteignung und Massenzuwanderung. Nach den Jahren der autoritären Alten drohen nun Verbote, die tief in die Privatsphäre der Menschen hineinreichen, Steuererhöhungen, die den Menschen die letzten Euros abverlangen, Verbote, die den ureigenen Lebensbereich des Volkes betreffen, und eine geförderte Massenzuwanderung, gegen die 2015 ein Kindergeburtstag war. Liebe Deutsche: Es ist kein guter Ausweg, nur aus Ärger über die Wahnsinnigen der CDU/CSU gleich Selbstmord zu begehen. Unglück beantwortet man nicht mit Fatalismus, sondern mit Vernunft.

16. APRIL 2021

16 Monate zu spät trat Gesundheitsminister Angstschober endlich zurück! Und reflexartig wird er nun, selbst von jenen, die ihn zeit seines politischen Lebens durch Sonne, Mond und Sterne schossen, gelobt, in den weihrauchgeschwängerten Mythenhimmel der österreichischen Innenpolitik gehoben. Er sei der beste Gesundheitsminister aller Zeiten gewesen. Ja, dieses Land und seine politischen Reflexe sind heuchlerisch, verlogen.

„Toter Indianer, guter Indianer", so lautet das Rücktrittszeremoniell am Hofe des Wiener Politzirkels, Hektoliter an Krokodilstränen werden angesichts des politischen Heimganges des eindrucksvoll Gescheiterten vergossen und der Kritiker als schäbiger Nachtreter gebrandmarkt. Dabei ist auch hier und heute eine letztes Mal bilanzierend festzustellen: Dieser Gesundheitsminister hat versagt, zig verfassungswidrige Verordnungen sprechen selbst legistisch eine eindeutige Sprache.

Das Corona-Missmanagement Angstschobers bestand aus Entschuldigungslitaneien und seinem seit 365 Tagen immer wiederkehrenden Satz: „Die nächsten zwei Monate werden entscheidend sein.“ Am Ende seiner Tätigkeit verursachte er Hand in Hand mit dem Kanzler das Impfchaos, das – wenig menschlich – einem kleinen loyalen Beamten in die Schuhe geschoben wurde. Und daher hält sich mein Mitleid mit diesem Abgänger in Grenzen.

Meine Anteilnahme gilt hingegen den Millionen Leidtragenden innerhalb der Bevölkerung, die unter dem Pfusch dieser Regierung zu leiden haben, den Hunderttausenden Arbeitslosen, den Kurzarbeitern, den Unternehmern, die vor den Ruinen ihrer Existenzen stehen, jenen unzähligen Mitbürgern, die aufgrund dieser Politik Angstschobers, Kurz’ und Co. physisch wie psychisch schwere Folgen zu tragen haben. Angstschober ist Geschichte, und mit Wolfgang Mückstein steht der Nachfolger fest. Aber wie heißt es so schön? Eine Mücke macht noch keinen Sommer. Und die ersten Interviews des Neo-Ministers verheißen nichts Gutes. „Lockdown“ ist offensichtlich das fast infektiös anmutende Mantra, unter dem auch der neue Ressortchef zu leiden scheint. Dabei wäre gerade jetzt die Chance, mit dem Wahnsinn der vergangenen zwölf Monate, was sage ich, der vergangenen Jahre ein für alle Mal zu brechen, das Gesundheitssystem von der jahrzehntelangen Politik des Kaputtsparens endlich zu befreien. Aber es kommt halt selten was Besseres nach. Und diese Weisheit bewahrheitet sich dieser Tage.

19. APRIL 2021

Herr Kurz,
jetzt sind Sie zum 21. April ganze zehn Jahre lang in der Bundesregierung. Als 24-Jähriger die steile Karriereleiter mit dem Geilomobil und spitzen Ellbogen von Spindeleggers Gnaden erklommen, mühsam hochgedient bis in den Olymp, das Kanzleramt. Zehn Jahre Sebastian Kurz, und das Land sieht heute tatsächlich anders aus: Rekordschulden wie noch nie, Rekordarbeitslosigkeit, als gäbe es kein Morgen, Rekordpleiten und eine gespaltene Gesellschaft. Die vermeintlich geschlossene

Balkanroute offen wie das Hosentürl der Freunderln. Dazu der größte Terroranschlag in der jüngeren Geschichte der Zweiten Republik, und ein paar peinliche Skandale mehr in der Korruptionsgeschichte des Landes fügen sich wunderbar in Ihre Dekadenbilanz. Und als Belohnung für Ihr wohltätiges Wirken bekommen Sie nun den Freiheitspreis der deutschen Medien. Bei 180 Millionen Euro Schweigegeld, die Sie den österreichischen Medien in den Hintern geschoben haben, hätten Sie sich auch die Bronzestatuette der Nackerten auf Seite 5 im dümmsten Kleinformat der Republik verdient. Und während Sie dieser Tage Ihren dritten Neustart nach dem weiteren Abgang eines Regierungsmitgliedes verkünden, den Impfturbo über Ihr Impfchaos legen, mit Ihrem grünen Pass die Impfapartheit offiziell einführen, den Lockdown bis Mitte Mai fortsetzen, summen Ihre Fanboys und -girls anlässlich Ihres Jubiläums still in ihren strengen Kämmerlein:

„*Ich glaube an Basti Fantasti, den gottgleichen Knaben, den allmächtigen Schöpfer des Babyelefanten und der alternativlosen Lockdowns, / und an Gernot Blümel, seinen dementen Lebensmenschen, unseren Raubritter und Wegelagerer, / alle beide empfangen durch den schwarzen Geist, geboren von Michael Spindelegger, / gelitten unter Reinhold Mitterlehner, zuerst gewählt, dann abgesetzt, / hinabgestiegen in Hos Opiumhöhle, nach Bierlein auferstanden von den Besoffenen, / wieder aufgefahren ins Kanzleramt; dort sitzen sie zur Rechten Koglers, des illuminierten GrünInnen; / von dort werden sie kommen, zu richten die Arbeitslosen und Pleitiers. / Ich glaube an Thomas Schmid, / die heilige türkise Familie, Gemeinschaft der Korruptionisten, / Vergebung der Chats, / Auferstehung der Freunderln / und das ewige Parteibuch. / Amen.*“

Alles Gute zum zehnten Jahrestag!

20. APRIL 2021

Der Berg kreißte, die Partei zerriss es, schwarzer Rauch stieg auf, und ein Mäuslein ward geboren. Armin Laschet, der Mann ohne Eigenschaft und Leidenschaft, ohne Vision und Idealismus, wurde vom Establishment, von der Nomenklatura der Funktionäre, auf den Schild gehoben. Er, der Systemliebling, darf Kanzlerkandidat spielen, eine Rolle, die für ihn übrigens nie vorgesehen war. Dass es ihn, den Herrn Rossi der deutschen Innenpolitik, überhaupt ins Amt des Parteivorsitzenden gespült hat, ist ausschließlich der Tatsache zu verdanken, dass die Ahnfrau im Kanzleramt Merkel mit diesem letzten Ritter von trauriger Gestalt den schärfsten Konkurrenten Friedrich Merz verhindern, ja ausschalten wollte.

Laschet, zugleich Lückenbüßer für Merkel und Schutzschild gegen Merz, der Merkel und ihren gescheiterten Damen und Herren Ministern wie Spahn, AKK und Co. noch ein wenig Zeit in Berlin verschaffen soll. Nun ist der K-Kandidat – das K steht für Kompromiss, nicht für Kanzler – nach der Selbstzerfleischung zwischen Söder und ihm nicht nur äußerlich ein Uhu nach dem Waldbrand. Verbrannte Erde hinterließ der ehrgeizige Zweikampf von Merkels Prätorianern, eine gespaltene Partei, eine enttäuschte Basis und eine fassungslose Wählerschaft. Längst geht es in diesem Abstiegskampf nicht mehr ums Kanzleramt, sondern um die Deutungshoheit über Merkels politisches Vermächtnis. Die Alte zog egoistisch die Fäden, denn am Ende will sie die letzte Kanzlerin der Union auf lange Zeit gewesen sein. Einmal mehr opfert sie ihre eigene Partei, das Kanzleramt und Deutschland zur postumen Selbstüberhöhung, eine kaputte Bewegung zugunsten des persönlichen Denkmals bereits zu Lebzeiten.

Laschet ist der Garant dafür, dass sich nicht einmal der tote Hund hinter dem Ofen hervorlocken lässt. Die liberaleren Wähler werden Richtung FDP vertrieben, die konservativeren Richtung AfD. Auch das nimmt sie in Kauf. Denn alles ist besser als ein Kanzler Merz, der Kante gezeigt, sich schonungslos vom Erbe Merkels losgesagt hätte. Von der Politik des „Wir schaffen das“, vom Lockdown-Mantra, von einer egoistischen Politik, die Deutschland gespalten hat.

23. APRIL 2021

Jan Josef Liefers, Nina Proll, Manuel Rubey und 47 weitere bekannte Schauspielerinnen und Schauspieler des deutschsprachigen Raumes, allesamt bisher politisch „unverdächtig“, finden sich nach ihrer Kritik an der alternativlosen Lockdownpolitik, auch aus einer Betroffenheit angesichts der Hoffnungslosigkeit ihres eigenen Berufsstandes, über Nacht im Kreise vermeintlicher Rechtsextremer, Neonazis, Corona-Leugner. Also in der vom medialen und politischen Establishment erzwungenen und kollektiv betitelten Gemeinschaft der politischen Leprakranken, die keinen Anspruch auf Meinungsfreiheit haben, die zu Unberührbaren erklärt wurden, deren Denken, deren Sprechen und am Ende sogar deren Existenz wie das Virus neutralisiert werden muss. Widerstand gegen die Aushöhlung der Grundrechte, Kritik an der Spaltung der Gesellschaft, Missbilligung dieser fortgesetzten Zerstörung der Grundpfeiler unseres Daseins werden pauschal als querdenkende, antisemitische, neonazistische, rechtsextreme Primitivität des zur Sprachlosigkeit verurteilten Pöbels qualifiziert. Jeder, der nicht tagein und tagaus die kollektive Panik und Hysterie offen und für alle sichtbar zur Schau stellt, nicht jeden Tag das Lied des gemeinschaftlichen Selbstmordes unserer Gesellschaft singt, der nicht willfährig und untertänig jede widersprüchliche Maßnahme einer idiotischen, ja wahnsinnigen Politik mitträgt, ist ein Paria. Und wird folgerichtig in seiner beruflichen Existenz, ja in seinem gesellschaftlichen Stand für vogelfrei erklärt.

Wer nicht „Heil Corona“ schreit, ist kein guter Mensch mehr. Jeder Kritiker dieser Corona-Politik darf mit Hass und Hetze, mit dem Dreckkübel der Verächtlichmachung übergossen werden. Sippenhaftung inklusive! Die Richter, die in dieser auferstandenen Blockwartzeit darüber urteilen und die aufmüpfigen Delinquenten dem öffentlichen Pranger aussetzen, sind ausgerechnet jene, die sich ohnedies nur sonntags gegen Hass und Hetze und Vorverurteilung, immer nur für das Gute und Wahre aussprechen. Sonntagsdemokraten eben. Und nun trifft es 50 Schauspieler, die ihres Ansehens, ihres Rechts auf Meinungsfreiheit, ihrer Kritik – ohnedies künstlerisch und intellektuell redlich vorgetragen – beraubt werden sollen. Und wir sehen, dass niemand davor gefeit ist, dieser neuen faschistoiden Meinungsdiktatur ausgeliefert zu sein, und dass jeder, wirklich jeder, egal, wo er politisch steht, über Nacht im aktualisierten Nazi-Eck, also bei den Corona-Leugnern landen kann. Für Wahrhaftigkeit und Rechtschaffenheit braucht man heute, im 21. Jahrhundert, Mut, eine dicke Haut, Unabhängigkeit und ein schnelles Pferd!

24. APRIL 2021

Die selbst ernannte vierte Macht im Staate, die Knechte der Herrschenden, haben, wohlgemerkt am Wähler vorbei, eine neue Kanzlerin inthronisiert. Frenetischer Applaus erklingt aus den Redaktionsstuben, euphorisiert werden die Titelseiten gestaltet. Der Neuen wird der rote Teppich ausgerollt. Objektivität und gesunde Äquidistanz waren gestern, heute regiert die unverhohlene, durchsichtige und brutale Meinungsmache: „Endlich anders", titelt das Zentralorgan des linken Establishments, der „Stern". Das ZDF, die gebührenfinanzierte Propagandaorgel aller Deutschen, vermeldet in verliebten Tönen: „40 Jahre, Klimaexpertin und Realo mit großen Plänen". „Eine wie keine", lautet die Überschrift des nächsten Schmierblattes. Der „Tagesspiegel" versteigt sich überhaupt zum jenseitigen Vergleich: „Annalena Baerbock hat mehr Ahnung als alle anderen."

Die Schmierfinken, die gleichgeschalteten Politoffiziere in den Redaktionsstuben prophezeien der ihnen so ähnlichen Analphabetin ohne berufliche Erfahrung den Durchmarsch ins Kanzleramt. Wozu auch Wahlen, wozu auch das Votum der Bürger, wenn sich die wahren Eliten doch längst einig sind, in den Hinterzimmern die Macht in Deutschland aufgeteilt haben? Eine Grüne muss her, Qualifikation egal. Hauptsache, Frau und grün. Sekundiert wird dieser Inszenierung durch die Quacksalber der Meinungsforschung. Durch die Decke schoss Frau Baerbock, 24 Stunden nach ihrer Nominierung als Spitzenkandidatin der Ökoterroristen. Unterstützt wird der Liebling aller Medien durch die Kaffeesudleser, die in ihren Umfragen ihre eigene Meinung kaum verbergen können. Aber nun zur Neuen und ihren Qualifikationen: Eine Umweltexpertin, die Kobalt mit Pumuckl, dem Kobold, verwechselt, den Deutschen Emissionen von neun Gigatonnen pro Einwohner andreht, gegen Corona mit Desinfektionsmittel vorgehen will, sollte emonotial besser die Grundschauen wieder schulen und zum Glück nicht Granzler werden, liebe Journalisten. Abgesehen vom mangelnden Wissen bringt die Gute nicht einmal einen Satz unfallfrei heraus.

Also, wenn die Damen und Herren Redakteure wirklich einen Kanzler oder eine Kanzlerin ausrufen wollen, sollten sie zuerst eine Person suchen, deren intellektueller Radius den einer räudigen Suppenschüssel überschreitet.

27. APRIL 2021

Jeden Tag aufs Neue kreiert Merkel in ihrer unendlichen Fantasie eine neue Bedrohung für ihr Volk. Natürlich nicht ohne Grund. Denn irgendwie, und sei es nur auf Basis der reichen Vorstellungskraft der Alten, muss die Lockdown-Politik aufrechterhalten, ja gut und verständlich begründet werden. War es zunächst die Briten-Mutation, dicht gefolgt von der Brasilien-Mutante und dem Tirol-Virus und dem nunmehrigen Blick auf die Inder-Krankheit, die den Deutschen ihren Polizeistaat verlängert, ist es nun die neueste Wortschöpfung Merkels. Die „Inzidenz der Nichtgeimpften" sei plötzlich ausschlaggebend. Also: Wenn man von einer Wocheninzidenz von 100 ausgehe, sei das in Wahrheit eine Nichtgeimpften-Inzidenz von 200, stellt die Kanzlerin ihre mathematischen Talente unter den Augen der verdutzten Journaille unter Beweis.

Ich rekapituliere: Zuerst war es dieses Corona, dieses neue Polit-Ebola, das die ganze Menschheit dahinraffen könnte, weshalb man umgehend in den Lockdown müsste. Dann, als sich Corona doch nicht als Ebola herausstellte, die virologischen Rasputins des Robert-Koch-Instituts in Tateinheit mit Dr. Drosten danebenlagen, war es der Schutz des Gesundheitssystems, der Merkel angeblich regelrecht dazu zwang, die Grundrechte zu beschränken, die Wirtschaft zu zerstören, Arbeitsplätze zu vernichten. Als auch die flehentlich herbeigesehnte Überlastung des Gesundheitssystems nicht eintrat, wurde mit der Inzidenz, also dem nichtssagenden Wert über Infizierte, rasch ein neues Totschlagargument gefunden, mit dem man das Volk gefügig halten konnte. Und als auch die Inzidenz ihren Schrecken verlor, da sie ja nichts über schwer Erkrankte aussagt, setzte Merkel ihre Politik der Angst und Panik, ihr Regime der Hysterie mit der neuen „Inzidenz der Nichtgeimpften“ fort. Und treibt nun ihren Keil weiter in den tiefen Spalt der Gesellschaft. Denn für eine Infektion, die gerade einmal für 0,2 % der Bevölkerung gefährlich werden könnte, müssen sich in diesem mühsam inszenierten Kartenhaus der Impfapartheid 100 % der Menschen impfen lassen. Freiheit gegen Impfung, Grundrecht gegen widerspruchslose Regimetreue, so lautet eben das Motto Merkels, die zur Untermauerung ihrer Agenda immer schauerlichere Thesen aufstellt.

28. APRIL 2021

Längst hat sich in der gesamten FPÖ die Meinung durchgesetzt, dass der formelle Noch-Parteichef Norbert Hofer ein netter Mensch und für eine Position der zweiten oder dritten Reihe gut geeignet sei, aber Parteichef eben nicht könne. Und dass der glücklose Strache-Nachfolger vom oberösterreichischen ÖVP-Verbinder Haimbuchner nur mehr mühsam an der Spitze gehalten werde, um sich die Türen zu Sebastian Kurz nicht zuzuschlagen. Dass dabei der von Klubchef Kickl und dessen Mandataren beinhart geführte Konfrontationskurs gegen die Regierung ständig konterkariert wird, der Spalt nun selbst in die Bundesländer hineinreicht, nimmt der sich selbst überschätzende oberösterreichische Landeschef achselzuckend in Kauf.

Hofers Zweijahresbilanz spricht eine deutliche Sprache: Kärnten, einstiges Stammland der Freiheitlichen, rangiert in den Umfragen nur mehr bei 10 %. In Klagenfurt wurde mit Christian Scheider ein Bürgermeister gewählt, der zuvor von Hofers Vertretern vor Ort aus der FPÖ gemobbt worden war. Das Burgenland, Heimatbundesland Hofers, versinkt im gegenseitigen Ausschlusschaos seiner Mitglieder. Wien, das blaue Vorzeigeland unter Strache, hat sich mit 7 % gerade noch im Gemeinderat gehalten, was mehr Dominik Nepp als Hofer zu verdanken war. Und selbst in den einst starken Bundesländern, wie der Steiermark, brodelt es gewaltig. Auch in Oberösterreich wird sich die FPÖ eine gewaltige Niederlage einhandeln. Warum? Weil sich die blaue Basis nicht auf Dauer mit immer wiederkehrenden Nibelungenschwüren und der baldigen Hoffnung auf eine bessere Zukunft beruhigen lässt, sondern Erfolge sehen will. Weil sich die Basis tagtäglich mit den Vertretern von ÖVP, SPÖ und GrünInnen herumschlagen und fassungslos zur Kenntnis nehmen muss, wie sich der eigene Parteichef an der Bundesspitze ständig mit seinem Faserschmeichlerkurs den Mächtigen anbiedert. Es führt eben nicht zum Erfolg, wenn man eigene Grundsätze zugunsten des Opportunismus opfert, mit Feigheit statt Mut die Auseinandersetzung sucht.

30. APRIL 2021

Merkel!

Bisher dachte ich ja immer, Grundrechte, wie die Freiheit des Menschen, seien unteilbar. Absolut, für jeden Menschen gleichermaßen. Und Sie selbst, Frau Merkel, haben das Mantra der unteilbaren Grundrechte propagiert. Denn seit 2015 stellen Sie selbst ja unter Beweis, dass es absolute Grundrechte auch für Bahnsteiggleiswerfer, Machetenmörder, Clanmitglieder, Terroristen, Armlängenabstandmesser, Breitscheidplatzlastkraftwagenfahrer, Einzelfallmörder und viele andere der im Zuge ihrer moralischen Selbstüberhöhung nach Deutschland gespülten Glückskinder geben sollte. Und dass jeder in Ihrer Vorstellung die Grundrechte zur nicht immer freundlichen und friedlichen Entfaltung seiner kulturell bedingten Talente ausleben sollte.

Neuerdings dürften aber diese wie eine heilige Monstranz vor Ihnen hergetragenen Grundrechte teilbar sein. Der Geimpfte müsse Grundrechte bekommen. Im Umkehrschluss sind die Grundrechte des Nichtgeimpften einzuschränken. Interessant, Frau Merkel, wie ein kleines Virus Ihre moralische und tugendhafte politische Welt auf den Kopf stellt. Grenzen müssen offen sein, tönten Sie 2015. Der weggefallene Grenzbalken sei geltendes europäisches Grundrecht. Man dürfe „nie mehr" Grenzen in Europa zulassen. Und Ihnen war egal, wer durch halb Europa – angezogen durch „Wir schaffen das" – Ihrem Volk das Leben schwermachte. Heute sind die Grenzen dicht, die Innenstädte haben den Charme der alten DDR-Metropolen, die Menschen sind ihrer Freiheitsrechte und ihrer Arbeitsplätze beraubt. Hängen am Tropf Ihrer Almosenpolitik.

Vor mehr als einem Jahrzehnt tönten Sie, die Wirtschaft sei frei. Es dürfe keine staatlichen Eingriffe in das freie Unternehmertum geben. Ein kleines Virus aus Wuhan ließ Sie Ihre Grundsätze vergessen. Vor sechs Jahren hatten alle die gleichen Grundrechte, selbst jene Individuen, die unsere Werte und Grundrechte aushöhlten und unterwanderten. Heute, sechs Jahre später, sind auch die Grundrechte wie die Freiheit teilbar. So schnell besiegt der Relativismus die einstigen moralisch hehren Ziele. Und selbst Ihre in den letzten Zügen liegende Kanzlerschaft wird relativ. Relativ desaströs!

3. MAI 2021

Langsam aber sicher bekommt alles einen tieferen Sinn. Die Bevölkerung wurde die letzten 13 Monate mit der Angst- und Panikpolitik rund um Corona so klein und gefügig gemacht, dass ihr nun jedes Mittel recht erscheint und an die alles beherrschende Virenhysterie nahtlos wieder das altbekannte Klimawandelmonster anschließen kann. Umweltministerin Gewessler, das unbekannte Wesen der Regierung, sieht nun ihre große Stunde getreu den Vorgaben ihres kleinen Vorbildes – der schwedischen Schulschwänzerin Gretl – gekommen, die Verbots- und Bevormundungspolitik unter dem Deckmantel des Klimawandels mit der gleichen Vehemenz einzuleiten, unter der die Bürger schon wegen Corona leiden mussten.

Der erste Angriff gilt der heiligen Kuh, dem Individualverkehr. Nachdem die Wirtschaftskrise uns die nächsten Jahre den Arbeitsplatz kosten wird, soll zumindest die Menschheit als Obolus an die Klimagöttin unfassbare 50 % mehr an Steuern für Treibstoffe zahlen. Das ist die logische grüne Wirtschaftspolitik. Wenn die Menschen keinen Arbeitsplatz mehr haben, brauchen sie auch keinen Pkw, der sie dorthin bringt, und folglich auch keinen ohnedies unleistbaren Treibstoff. Zuvor brachte Gewessler den Vorschlag aufs Tapet, dass Pkw bei Verstößen gegen die Straßenverkehrsordnung durch ihre Nutzer überhaupt zu enteignen seien. Und nicht zu vergessen ist Gewesslers Verbot von Kurzstreckenflügen zwischen Wien und den Landeshauptstädten Graz und Klagenfurt. Was dies für den Wirtschaftsstandort am Beispiel des Autoclusters in Graz bedeutet, braucht man nicht zu erwähnen. Aber auch dies ist stimmige grüne Wirtschaftspolitik. Wenn die Menschen kein

Auto mehr haben, gibt es keine Automobilindustrie, und folglich braucht man für deren international vernetzte Mitarbeiter keine Flüge mehr.

Allein diese wenigen Beispiele zeigen, dass sich die GrünInnen in Wahrheit nie von ihrer ideologisch bedingten, aggressiven Politik gegen die Wirtschaft verabschiedet haben. Für sie sind Wirtschaft und Umwelt ein Gegensatz, und Erstere gehört offenbar getilgt. Nun sitzen sie in der Regierung, von Sebastian Kurz, dem Obmann einer ehemaligen Wirtschaftspartei, geholt, und vertreten ihre ureigene Form der reinen Lehre. Die am Ende bedeutet, dass wir ein Stück mehr unsere Errungenschaften beerdigen, unsere Freiheit aufgeben und die Wirtschaft als Basis unserer ökonomischen Freiheit beerdigen können. Was in etwa ohnedies der bisherigen Politik entspricht, die dem Virengott Corona gewidmet war.

4. MAI 2021

Wenn Sie sich in Zukunft tatsächlich auf das einzigartige und gefährliche Lebensabenteuer einlassen sollten, einen Gastronomiebetrieb Ihrer Wahl für einen kleinen Espresso um 2,50 Euro aufzusuchen, beachten Sie ein paar Tipps für Ihre gewissenhafte Reisevorbereitung:

Auf keinen Fall sollten Sie Ihren Impfpass vergessen, sofern Sie bereits Ihren virologischen Mückenstich erhalten haben. Aber Vorsicht, nur der gelbe Impfpass gilt, der alte grüne ist out, also nicht gültig. Was so circa die Hälfte der Bevölkerung treffen wird. Also besorgen Sie sich rasch einen neuen. Zur Absicherung Ihrer Identität und um Fälschungen Ihres Impfpasses vorzubeugen, nehmen Sie zur Sicherheit Ihren Reisepass mit. Aber achten Sie darauf, dass Ihr Reisepass nicht abgelaufen ist. Wenn Sie innerhalb der letzten drei Wochen erst einmal und nicht zweimal geimpft worden sind, brauchen Sie zum Genuss Ihres Kaffees zusätzlich einen PCR- oder einen Antigentest, bevor Sie den heiß ersehnten Espresso in der Gulaschhütte Ihrer Wahl genießen dürfen. Aber Vorsicht, der PCR-Test ist länger gültig als der Antigentest.

Um den Abstand zwischen Ihnen und den anderen Kunden zu gewährleisten, vergessen Sie nicht auf das desinfizierte Maßband, um die zwei Meter zwischen Ihnen und Ihrem Nachbarn exakt ausmessen zu können. Bevor Sie das Lokal betreten, achten Sie darauf, dass Sie die FFP-2-Maske mit sich führen. Ein reiner Mund- und Nasenschutz oder ähnliche Masken gelten nicht und ziehen Strafen nach sich.

Nachdem Sie dem Wirt Ihren Impfpass (in dem alle anderen Ihrer Impfungen fein säuberlich vermerkt sind), den Reisepass und den Virentest ausgehändigt haben, registrieren Sie sich mit Ihrem Namen, Ihrem Geburtsdatum, Ihrer Adresse und Ihrer Telefonnummer in einer frei einsehbaren Gästeregistrierung. Wenn Sie nun der irrigen Annahmen sind, Sie hätten die Grenze zu Nordkorea überschritten, liegen Sie leider richtig. In diesem Sinne: Viel Spaß beim tagesfüllenden Ausflug zum Espresso!

11. MAI 2021

„‚Deutschland' streichen", lautet die Forderung der GrünInnen in Berlin, die ihr regelrecht angeborenes linksextremes Wesen, ihre heimatfeindliche und den Staat zersetzende Agenda hinter dem ökologisch besorgten Bühnenbild nur schwer verbergen können. Aber es fügt sich doch wunderbar in das Bild der Wahlkampfmaschinerie Baerbocks, jener analphabetischen Spitzenkandidatin, die mit Deutschland, und sei es auch nur mit der deutschen Sprache und deren Grammatik, auf dem Kriegsfuß steht. Die Forderung der ultralinken Parteibasis, Deutschland zu tilgen, ist daher mehr als stimmig, denn wenn die stotternde Frontfrau keinen geraden deutschen Satz unfallfrei zum Besten geben kann, jedes Interview im sprachlichen Fiasko endet, die mangelnde Qualifikation in jedem Wort zutage tritt, schafft man folgerichtig zuerst Deutschland als Nation in den Parteiprogrammen und im zweiten Schritt gleich die verhasste Sprache ab. Das große Vorbild dieser Bewegung ist und bleibt auch dabei die schwedische Aspergerapokalypse, die sich dank mangelnder Schulbildung auch nur dreisilbig „Skolstrejk för klimatet" grunzend durch das Leben schlägt.

Und zum rhetorischen Unvermögen der grünen Damen, wie Baerbock oder Gretl, aber auch ihrer infantilen Ableger, wie Luisa Neubauer, gesellt sich politische Orientierungslosigkeit. Da wird Hans-Georg Maaßen schnell zum Antisemiten gemacht, der Vorwurf unwidersprochen im unverhohlen grünaffinen Öffentlich-Rechtlichen ausgerechnet von einer Vertreterin erhoben, deren Familie ein gewaltiges, unentschuldbares Problem mit Antisemitismus hatte. Da soll der grüne Oberbürgermeister Boris Palmer von fanatischen Kellerlachern aus der Partei ausgeschlossen werden, eben weil er die Doppelzüngigkeit und Heuchelei mancher Debatten ironisch auf die Schaufel nimmt. Ausgerechnet die vermeintlichen gutmenschlichen Vertreter der Meinungsfreiheit betreiben üblen Meinungsfaschismus. Welch Überraschung.

Und weil sich die GrünInnen in Deutschland ohnedies im dauernden Politkarneval befinden, wird von deren legasthenischer Kanzlerkandidatin die Abschaffung des gesamten globalen Flugverkehrs gefordert, werden von ihrer Partei die Vermieter Deutschlands verstaatlicht und preisreguliert, wird bis 2030 jedes mit Treibstoff betriebene Fortbewegungsmittel verboten. Ich rekapituliere: Nur, weil Deutschlands grüne Spitzenkandidatin Baerbock keine fünf Minuten Diskussion in ihrer Muttersprache intellektuell wie rhetorisch schadlos übersteht, wird Deutschland abgeschafft. Nur, weil Maaßen für eine restriktive Einwanderungspolitik steht, wird er von Nachfahren der Antisemiten als Antisemit verleumdet. Nur weil Palmer sich nicht der Einheitsmeinung des Zentralkomitees der ökosozialistischen Einheitspartei Deutschlands unterwirft, wird er rausgeworfen. Liebe GrünInnen, für das grammatikalische Problem gibt es Kurse, für die um sich greifende politische Demenz hingegen nur die Klapsmühle.

12. MAI 2021

Also musste der Bundespräsident höchstselbst in der für die Geschichte Österreichs einzigartigen Rolle als „Staatsexekutor" ausrücken, um Beschlüsse des Verfassungsgerichtshofes beim monatelang säumigen Finanzminister durchzusetzen. Das ist die jüngste Posse im neuen, hinterhältigen Spiel der türkisen ÖVP, Recht und Gesetz subtil *ad absurdum* zu führen und damit die demokratische Basis, auf der unsere Gesellschaft beruht, langsam, aber sicher zu zerstören. Und der jüngste

Angriff des Finanzministers auf gültige Erkenntnisse des Verfassungsgerichtshofes reiht sich nahtlos in das bisher Erlebte: Ein Nationalratspräsident, der – selbst befangen – den Vorsitz im parlamentarischen Untersuchungsausschuss führt und die Wahrheitspflicht im parlamentarischen Verfahren abschaffen will. Ein Kanzler, der in Tateinheit mit seinem ohnedies schon politmoralisch verhaltensauffälligen Finanzminister üblen Postenschacher am Ausschreibungsgesetz vorbei betreibt und sogenannte „Familienmitglieder" mit höchsten Funktionen der Republik betraut. Ein Innenminister, der aus niedrigen parteipolitischen Gründen das in der Verfassung verankerte Versammlungsgesetz torpediert, den staatlichen Geheimdienst BVT wie die verlängerte Werkbank der türkisen Parteizentrale führt und dessen willkürliche Amtsführung dafür mitverantwortlich ist, dass in Wien vier Menschen bei einem Terroranschlag ihr Leben lassen mussten. Jetzt könnte man als erfahrener Politbeobachter der Zweiten Republik entlastend einwenden, dass es solche und ähnliche skandalumwitterte Fälle in der Historie schon immer gab. Und ja, es stimmt, aber im Unterschied zur unerträglich werdenden Gegenwart führten solche Verfehlungen umgehend zu Konsequenzen, zu einer Selbstreinigung des politischen Apparates. Nun wird ausgereizt und ausgesessen. Ein fatales Signal, das die einst staatstragende Partei ÖVP damit an die Gesellschaft aussendet.

17. MAI 2021

„Mit einem Regierungsmitglied, gegen das polizeilich ermittelt wird, kann ich nicht länger zusammenarbeiten", polterte im Jahr 2019 Sebastian Kurz im Vollbesitz seiner geistigen Kräfte und ging nach dem Rücktritt des Hauptdarstellers der strafrechtlich irrelevanten Ibiza-Soap-Opera zum Bundespräsidenten, um beim Staatsoberhaupt den Rausschmiss von Innenminister Kickl zu beantragen. Van der Bellen apportierte mit den Worten „So sind wir nicht" brav und schmiss den gänzlich unbescholtenen Kickl aus der Regierung. Eine Suada von Schimpf und Schande vonseiten der türkisen ÖVP ergoss sich über die FPÖ. Der Rest ist Geschichte und mündete in eine Expertenregierung und in Neuwahlen. Der Vollständigkeit halber muss an dieser Stelle mitgeteilt werden, dass sich der fromme Wunsch der ÖVP, dass justizielle Ermittlungen gegen Kickl aufgenommen werden, nie erfüllte.

Mai 2021: Der Bundeskanzler ist Beschuldigter in einem Strafverfahren, auf dessen zugrunde liegendes Delikt eine Haftstrafe von bis zu drei Jahren steht, steht im Mittelpunkt justizieller Ermittlungen. Sein Kabinettschef ist ebenso als Beschuldigter von polizeilichen Ermittlungen betroffen, wie auch der noch amtierende Finanzminister. Bei Letzterem zog die Polizei des Parteifreundes Nehammer in die Wohnung und filzte sie. Gemessen an der strengen moralischen Anforderung, die der damalige Sittenwächter Kurz im Jahr 2019 an Kickl stellte, müsste nun Folgendes eintreten: Der Bundeskanzler tritt zum Schutz des Ansehens seines Landes zurück, ebenso sein Kabinettschef und, *last but not least*, der Finanzminister. Der Bundespräsident müsste diesem aus dem Jahr 2019 stammenden Präjudiz folgend mit versteinerter Miene vor die Kamera treten, „So sind wir nicht" tröten, neue Regierungsmitglieder angeloben und sich beim Volk entschuldigen. Denn was für Kickl galt, sollte doch für einen amtierenden Regierungschef nur gut und recht sein.

Sollte! Wenn wir nicht in einem Land leben würden, in dem moralische Anforderungen nur relativ, situationselastisch, biegsam geworden sind. Moral wird nur beim politischen Gegner festgemacht, nie bei sich selbst. Man sieht eben den Splitter im Augen des anderen, nur den Balken im eigenen Auge sieht man nicht, sei dem Vorsitzenden der einst christlichsozialen Volkspartei, die immer mehr zu einem Sammelsurium opportunistischer Heuchler verkommt, ins Stammbuch geschrieben.

19. MAI 2021

Herr Kurz, Herr Kogler!
Jetzt sitze ich hier in meinem Stammlokal, am ersten Tag nach sieben Monaten der willkürlichen Sperre durch Sie. Ich sitze hier noch allein, unterstütze meinen Stammwirt, der sieben Monate lang von Ihnen um den Umsatz gebracht wurde, unterstütze seine Angestellten, die sieben Monate lang um ein gerechtes Gehalt, um ein Einkommen zum Auskommen gebracht

wurden. Ich unterstütze die Zuliefererbetriebe, die sieben Monate lang von Ihnen um ihr Geschäft gebracht wurden. Heute sitzen Sie im Schweizerhaus, mit Hunderten Journalisten. Feiern mit Stelze und Bier euphorisch den Tag der Öffnung. Einer Öffnung, die erst durch Ihre willkürliche Sperre notwendig wurde.

Und statt die Branchen zu unterstützen, gehen die Willkür, die Idiotie, der Wahnwitz Ihrer Politik weiter. Setzt sich Ihr höchstpersönlicher Wahnsinn fort. Eintrittstest, Gastroregistrierung, Impfpass, FFP-2-Maske. Jetzt sitzen Sie, Herr Kurz, mit dem illuminierten Schnittlauchkommunisten zusammen und mimen Friede, Freude, Eierkuchen. Machen aus Köchen und Wirten Testkontrollore, aus uns Versuchskaninchen. Kein Flüchtling wird nach jenen Dokumenten gefragt, die Sie in Zukunft von uns Gästen haben wollen. Fröhlich feiernd setzen Sie Ihre PR-Politik fort, doch Ihre heutige feierliche Zusammenkunft auf Steuerzahlers Kosten ist doch mehr ein Leichenschmaus für jene Betriebe, die nicht mehr aufmachen, für jene Gastromitarbeiter, die keinen Job mehr haben, für jene Unternehmer, denen Sie mit Ihrer Hysterie die Existenz geraubt haben.

Ich hoffe, das Schweizerhaus hat Sie auch getestet. Aber auf chronische Hirnschwangerschaft. Denn das ist das Einzige, was bei Ihnen noch positiv ausfällt.

22. MAI 2021

Baerbock, der Name ist Programm. Weltbekannt war die frisch gekürte Spitzenkandidatin der deutschen Schnittlauchkommunisten ja bisher nur dafür, dass sie den einfachsten Grundregeln der deutschen Sprache und Grammatik gänzlich – wie der Teufel dem Weihwasser – abgeschworen hat. Und angesichts der ungeniert zur Schau gestellten mangelnden Grundschulkenntnisse wie auch des vollkommen abhandengekommenen Allgemeinwissens ist es kaum überraschend, dass der akademische Lebenslauf der Gundel Gaukeley der deutschen Innenpolitik – insbesondere die Angaben über ihr sogenanntes Studium – aus einem einzigen schwarzen, in ihrem Fall: grünen Loch besteht.

An dieser Stelle muss man Baerbocks grüner Gesinnungsgenossin, der renitenten schwedischen Aspergerapokalypse zugutehalten, dass der blondzopfige Pampalatsch aus Stockholm vor Jahren bereits in einem Anflug von Selbstreflexion die Schulbildung wegen latenter Hoffnungslosigkeit gleich über Bord geworfen hat. Denn was man nicht fertig macht, kann man wenigstens nicht fälschen. Über Bord geworfen hat Baerbock jüngst auch die wie eine Monstranz von den GrünInnen hochgehaltenen Werte wie Transparenz oder Wahrhaftigkeit. Nebeneinkünfte in der Höhe von 25.000 Euro hat die nur vorgeblich Jutesack tragende Standesvertreterin aller jesuitischen Armutsprediger schlichtweg vergessen. Und da muss man für die künftige deutsche Kanzlerin – zumindest, wenn es nach den gleichgeschalteten Medien geht – als einfacher, Steuern zahlender Bürger schon Verständnis aufbringen.

25.000 Euro sind ein Klacks, das kann man schon einmal übersehen. Wie auch einen Corona-Bonus, den man als gut bezahlte Bundestagsabgeordnete im Vorbeigehen zusätzlich abcasht, oder auch finanzielle Vergütungen für Ehrenämter. Bisher ist die staunende Mehrheit davon ausgegangen, dass sogenannte Ehrenämter ehrenhalber ausgeübt werden. Aber auch hier ist Baerbock Pionierin. Sie macht eben keinen Schritt, ohne dass man ihr den Hintern vergoldet. Und so werden die Deutschen dieser Tage Zeugen des gelebten grünen Opportunismus. Flugverbote predigen, Vielflieger sein. PKW-Verbote fordern, die Jesuspatscherln in Luxuslimousinen stecken. Armut predigen, fleißig verdienen. Getrennt von SPD und Linken marschieren, aber gemeinsam kassieren.

28. MAI 2021

Es war ein typisches parteipolitisches Geplänkel zweier in Wahrheit rivalisierender Koalitionsparteien im Abstiegskampf ihrer sinkenden Umfragewerte, das dem breiten Publikum am vorigen Wochenende geboten wurde: Der Kanzler sagte im Alleingang die weiteren Öffnungsschritte kurz nach der Teilöffnung der Gastronomie für Mitte Juni an, der neue Gesundheitsminister „Mücke“ Mückstein stellte reflexartig auf stur und lehnte seinerseits den Kurz'schen Vorstoß als „verantwortungslos“ kategorisch ab, knallte dem Regierungschef öffentlich eine vor den Latz. 48 lange Schreckstunden später lenkte auch der Gesundheitsminister ein und verkündete seinerseits die weiteren Öffnungsschritte bereits mit 10. Juni, unterbot im Corona-Limbo selbst den Kanzler um einige Tage.

Staunen ging durch das Land, selbst durch jene Reihen, die bis zuletzt noch an einen großen verantwortungsvollen Plan innerhalb der Regierung glaubten. Die Vorkommnisse der vergangenen Tage offenbaren den Bürgern hingegen nicht nur ein Schauspiel zweier eitler Polit-Pfaue, die nach den Monaten der Wach- und Schließgesellschaft als die großen Befreier in die Geschichte eingehen wollen, sondern vielmehr die Tatsache, dass die Öffnungsschritte nach dem Corona-Chaos ausschließlich nach parteipolitischen Grundsätzen und weniger nach medizinischen oder wirtschaftlichen Gesichtspunkten getroffen werden.

Und es beweist sich spät, aber doch, dass auch die einzelnen Lockdown-Schritte ebenso von einer Art Wettkampf zwischen Kurz und dem damaligen Gesundheitsminister Angstschober auf dem Rücken der Freiheit unserer Bürger und unserer Volkswirtschaft getragen waren. Unfassbare 175 Milliarden Euro kostete allein Österreich die widersinnige Lockdown-Politik bisher, welche die Politiker verursachten, weil sie nicht das Gesamtwohl des Staates, sondern nur das Weh und Heil ihrer eigenen Umfragen im Blick hatten.

Der in den ersten Tagen frenetisch abgefeierte neue Gesundheitsminister Mückstein ist binnen weniger Wochen dort angekommen, wo sein Vorgänger aufgehört hat: in einem tatsächlich schmutzigen Metier, in dem es nicht um hehre Ideale oder Ziele geht, sondern eher darum, wer aus den Pleiten der letzten Monate besser aussteigt. Denn wenn sich die Regierung ohnedies schon evidenzbasiert über das Ende der Pandemie einig ist, könnten wir uns die PR-technisch inszenierte Öffnungsorgie für die nächsten Monate gern schenken und guten Gewissens bereits morgen alle Bereiche unserer Gesellschaft ohne Hürde öffnen.

Die Außenpolitik Europas anhand dreier zeitlich zusammenliegender Beispiele einfach dargestellt: Tausende Kilometer vom Zentrum europäischer Bürokratie, von von der Leidens Tintenburg zu Brüssel, entfernt wird ein gewisser Herr Nawalny in Ketten gelegt. Ein Typ wie jeder andere, ein wenig kriminell, eine rechtsextreme politische Vergangenheit, ein wenig korrupt, aber der ungeschlagene Liebling des europäischen Establishments, der Politik und der Medien, aus einem einzigen Grund: Er ist gegen Putin, daher ist er heilig. Da wird seine mafiöse und neonazistische Vita durchaus in Kauf genommen, peinlich berührt auch von den Medien verschwiegen, denn nun steht er geläutert auf der Seite der einzig Richtigen dieser Welt: gegen Russland und Putin. Und die Folge einer Verhaftung von vielen im Reich der ehemaligen Sowjetunion führt prompt zu Sanktionen der EU gegen Russland, zu Einreiseverboten gegen russische Politiker, zum Abbruch der wirtschaftlichen Beziehungen zwischen Europa und Putins Nation, Konten werden eingefroren. Es wird Angst verbreitet, Ehrfurcht soll erzeugt werden. Die EU mit Merkel, Macron und den restlichen Politdarstellern im Anzug geriert sich als mutiger und feuriger Drache für die Menschenrechte. Möchte man glauben.

Ein Hauseck weiter auf dem betreffenden Kontinent liegt Weißrussland. Ein zur Landung gezwungenes Flugzeug, ein inhaftierter Politblogger, und die Liga der hohen Verteidiger europäischer Menschenrechte, deren Verletzung sie immer nur auf anderen Kontinenten, aber nicht im eigenen sehen, rückt automatisch aus, droht mit Sanktionen, Einreiseverboten und sonstigen diplomatischen Waffen, die die Brüsseler Asservatenkammer politischer Leergebinde und Berufsflaschen halt so hergibt.

Und nun zum dritten Punkt: Die US-Geheimdienste berichten, dass das Polit-Ebola der nackten Fledermaus aus dem süßsauren Kochtopf zu Wuhan vielleicht doch nicht eine kulinarische Wildtierspezialität, sondern mit ziemlicher Sicherheit eine Labordelikatesse des nahe gelegenen Kampfstofflabors ist. Der Geheimdienst der größten Demokratie der Welt bestätigt jene Vermutung, die Tausende Wissenschaftler, verteilt über den Globus, bereits hinter vorgehaltener Hand kundtaten und dafür als „Covidioten" gebrandmarkt wurden. Also Chinas Labore der Ausgangspunkt für die größte wirtschaftliche Vernichtung von Volksvermögen in Europa und Amerika seit Menschengedenken. Und die EU? Die schweigt. Und die Medien? Die schweigen. Und der mutige Kurz und die beinharte Merkel? Die schweigen, verstecken sich wie der Vogel Strauß. Sanktionen gegen China – Fehlanzeige. Einfrieren chinesischen Vermögens weltweit als Schadenswiedergutmachung – Fehlanzeige. Einreiseverbote für chinesische KP-Funktionäre – Fehlanzeige. Kein Wort, kein Ton, und alle bemüht, die Füße still zu halten. Während die westliche Hemisphäre kaputt ist, reibt man sich in China die Hände. Und die einstige Stärke der EU gegenüber Russland und Weißrussland prallt an der chinesischen Mauer ab, wie Jean-Claude Junckers Whiskeyflaschen an den dicken Polstertüren in Brüssel. Das ist die europäische Außenpolitik, und es ist kein Wunder, warum die Welt uns nicht ernst nimmt.

4. JUNI 2021

Herr Innenminister Nehammer,
ich zitiere Sie: „Wir dürfen den Angriff auf unsere rechtsstaatlichen Werte nicht tolerieren. Parallelgesellschaften, die den Rechtsstaat ignorieren und sogar angreifen, haben in Österreich keinen Platz. Es wird daher in den nächsten Wochen verstärkte Schwerpunktaktionen geben." Herr Innenminister, ganz meine Meinung und auch die eines Großteils unseres Landes. Wenn Sie Ihren eigenen Worten folgen, treten Sie, Kurz, Blümel, Brandstetter, Schmid, Pilnacek, Hanger und Co. aus der ÖVP aus, legen ihre Ämter zurück und wandern mit One-Way-Tickets dorthin, wo der korrupte Pfeffer wächst, Bakschisch an der Tagesordnung steht, der Fanatismus sich über den Rechtsstaat stellt.

Denn eine Bande von regierungsgesteuerten Nationalratsabgeordneten, die entgegen ihres verfassungsrechtlichen Auftrages auf Knopfdruck des Ohrwascheldiktators Kim il-Basti unsere Justiz als oberste Vertretung der von Ihnen genannten Rechtsstaatlichkeit seit Wochen sturmreif schießen, unangenehme Staatsanwälte und Richter vorsorglich von der sogenannten Hanger-Orgel, also einer klobimselförmigen Stalinorgel für geistig minderbemittelte Türkise, angreifen lassen, sollte als Erste in den Genuss der Schwerpunktaktionen Ihrer Polizei kommen. Ein Finanzminister, der sich unter Wahrheitspflicht 86-mal an nichts erinnern kann, der seinen eigentlich nie existenten Laptop vor der Hausdurchsuchung von seiner Frau im Kinderwagen verbringen lässt, der erst auf Verlangen des Verfassungsgerichtshofes und Warnung des ohnedies taubstummen Bundespräsidenten der Rechtsstaatlichkeit nachkommt, wäre ein heißer Anwärter auf Ihre sogenannten Schwerpunktaktionen. Ein türkiser Sektionschef im Justizministerium, der nunmehr, wie in Chats dokumentiert, die eigene Justiz unterwandern und Ermittlungsbehörden wie Staatsanwaltschaften auflösen wollte, wäre auch so ein Kandidat für Ihre Schwerpunktaktionen gegen die Rechtsstaatlichkeit.

Ein weiteres Mitglied der dekadenten türkisen Parallelgesellschaft, der familiären Dreifaltigkeit der Korruption und des Postenschachers, Ihr Parteifreund und Beidlexperte Thomas Schmid, der mit uns Bürgern, dem Pöbel, bekanntermaßen nicht reisen will, daher einen Diplomatenpass samt Immunität braucht, weil er von der Staatsanwaltschaft schon wegen Suchtmittelmissbrauchs gejagt und die Ermittlungen von Ihren Freunden in der Justiz wegen „Verjährung“ eingestellt wurden, der sich sein eigenes Kontrollorgan aussucht, seinen Posten selbst kreiert und nur, weil er vom Kanzler mit drei Kuss-Emojis ohnedies alles bekommt, ohne besondere Qualifikation oberster Verstaatlichtenmanager der Republik ist, wäre der Nächste im Bunde jener, für die es hier – um mit Ihren Worten zu sprechen, Herr Innenminister – keinen Platz geben darf.

Und daher, Herr Innenminister, walten Sie Ihres Amtes! Und zwar *pronto subito*, sofort. Nehmen Sie Ihre Buberln in der Regierung mit, gehen Sie nicht über Los, ziehen Sie keine weiteren Millionen ein und wandern Sie direkt ins Gefängnis. Denn dunkle Gestalten, die Parallelgesellschaften bilden, den Rechtsstaat angreifen, haben in Österreich keinen Platz.

Auch in seinem Abgang blieb Norbert Hofer seinem bisherigen Politikverständnis treu, der gelebten Unprofessionalität. Dass der blaue Parteichef ausgerechnet via Twitter seine gesamte Truppe düpierte, fügt sich nahtlos in seine bisherige schizophrene Amtsführung der letzten zwei Jahre an der Spitze der Blauen. Denn während Herbert Kickl mit seinen Nationalräten nach dem Bruch der türkis-blauen Koalition umgehend auf oppositionellen Konfrontationskurs gegenüber Sebastian Kurz und der Bundesregierung umschwenkte, hatte man beim formellen Oppositionschef Hofer immer den Eindruck, dass all seine Äußerungen und Handlungen vom heimlichen Wunsch getragen seien, wieder in den warmen Koalitionsschoß des türkisen Kanzlers zu kriechen, um als kleiner, schwacher Schleppenträger der ÖVP die Mehrheit zu sichern.

Spät, aber doch hat sich in der FPÖ nun die Erkenntnis durchgesetzt, dass der ohnedies alternativlose Rücktritt von Norbert Hofer die logische Konsequenz jenes entscheidenden Fehlers war, ihn überhaupt zum FPÖ-Parteichef zu wählen. Denn man kann eben nicht auf zwei Hochzeiten tanzen! Und nun heißt es in der FPÖ: „Herbert, geh du voran!" Der gesamte Parlamentsklub wie auch eine Mehrheit der Landesobleute hat sich schon längst hinter dem Klubchef versammelt, auch die gesamte Basis, die für den Anbiederungskurs von Hofer kein Verständnis mehr aufbringen konnte. Unverhohlene Kritik kommt nur mehr vom türkislastigen Querschläger aus Oberösterreich, dem von Gnaden des dort vorherrschenden Proporzes und der ÖVP auf dem Platz eines Vizelandeshauptmannes sitzenden „Sympathieträger" Haimbuchner. Aber auch jener wird bald erkennen müssen, dass man nicht in eine Regierung kommt oder bleibt, weil man am lautesten beim Koalitionspartner darum bettelt, sondern Wahlerfolge durch beinharte Überzeugungsarbeit am Wähler leisten muss. Kickl hingegen zeigt vollen Einsatz und nimmt das Risiko auf sich, der Ungeliebte des Systems zu sein, um die FPÖ nach Ibiza wieder auf Erfolgskurs zu bringen.

15. JUNI 2021

Baerbock,
der grüne Stern, der ihren Namen trug, ist als Komet verglüht, noch bevor er ins Berliner Kanzleramt einschlagen konnte. Es hat sich ausgebockt, Baerbock. Den Lebenslauf bis auf das Geburtsdatum frisiert, geheime Nebeneinkommen kassiert, steht sie nun da, abgeputzt wie ein Christbaum. Vor zwei Monaten als Spitzenkandidatin der Schnittlauchkommunisten noch der unbestrittene Liebling der Medien, sogar vorab als künftige deutsche Kanzlerin betitelt und frenetisch umjubelt, von einem TV-Studio ins nächste mit der Öko-Sänfte getragen, in allen Umfragen von den Quacksalbern der Nation vorab zur Siegerin gekürt, ist sie nun das unberührbare Schmuddelkind der deutschen Innenpolitik geworden, der Paria des eigenen Establishments.

Bereits titulierte Regierungschefin Deutschlands, heute erfolgloseste Spitzenkandidatin der deutschen Gretleristen. Keiner will mehr an ihr anstreifen, an der stotternden Fälscher-Anni, dieser geistigen Wirr- und Irrläuferin, die es bekanntermaßen mit der deutschen Sprache, mit dem Intellekt als auch mit der Wahrheit nicht so genau und ernst nimmt. Und in diese Gemengelage des Unterganges mischen sich auch noch die üblichen grünen Belastungsfantasien, die wie die räudigen Sumpfdotterblumen aus dem Morast dieser linken Ökobewegung wachsen. Die apokalyptische Geistreiterin Baerbock kassiert zwar ungeniert, aber den Menschen soll aus Angst vor dem Klimawandel das Auto abgeknöpft werden. Die Gute vergisst zwar ihre gesamte bisherige Vita, aber auf die Spritpreiserhöhung vergisst die frühdemente Nebenerwerbskandidatin nicht. Sie leidet an partieller Amnesie, aber an die Fleischsteuer kann sie sich sehr gut erinnern. Wenn es um die Belastungen für den einfachen Bürger geht, um Bevormundung, ist sie hellwach, ansonsten eine politische wie persönliche Flachwurzlerin. Um Baerbock selbst zu zitieren: einfach scheiße!

16. JUNI 2021

Tu felix Kurz! Denn ist es für den türkisen Basti auch noch so schwer, kommt von irgendwo die rote Pam daher. Die ÖVP erleidet seit der Wahl von Sebastian Kurz als deren Häuptling ihre zweifelsohne größte Krise, ein Großteil des einstigen und aktuellen Führungspersonals läuft ernsthaft Gefahr, in Zukunft vor dem Kadi Platz zu nehmen. Die Wähler nehmen angesichts der breiten Darstellung dekadenten und widerwärtigen Verhaltens von Kurz, Blümel und dem geschassten Schmid Reißaus.

Um die türkise Parteibasis und die Landeshauptleute nicht nervös zu machen, werden mit Müh und Not die Umfragen der professionellen Wahrsager und Kaffeesudleser frisiert. Und was ist die Antwort der formell stärksten Oppositionskraft im Nationalrat auf das Debakel der türkis umlackierten Schwarzen? Reflexartig helfen sie dem gefallenen Knabenkanzler aus der Patsche. Pamela Joy Rendi-Wagner und ihre GenossInnen springen dem gebeutelten Kanzler zur Seite, eröffnen ohne Not oder Aktualität eine Debatte über eine vorzeitige Staatsbürgerschaft für Ausländer, zünden die Integrationsdiskussion. Der Kanzler nimmt diese Steilvorlage postwendend an und inszeniert sich wie schon bei der sogenannten Balkanroute als Law-and-Order-Mann.

Da haben sich die türkisen Brüder monatelang bemüht, ein Ablenkungsmanöver von ihren Skandalen und Affären nach dem anderen zu inszenieren, aber erst die SPÖ hat es in christlicher Nächstenliebe zu Kurz geschafft, das Lieblingsthema aufs Tapet der politischen Auseinandersetzung zu hieven. Aber nun in aller Kürze zum Thema: Die Staatsbürgerschaft ist das höchste Gut des Bürgers, sie inkludiert auch das aktive wie passive Wahlrecht. Eine vorzeitige, automatische Verleihung zum „Diskontpreis“ ohne Bindung an die Integrationsfähigkeit des Antragstellers würde die weitere Unterwanderung der Gesellschaft nur begünstigen. Jörg Haider sagte einst zu solchen Forderungen: „Bevor die Politik das Volk austauscht, sollten wir die Politiker austauschen!“ Dem ist nichts hinzuzufügen.

21. JUNI 2021

Ein kleines, warmes Lüfterl, ein wenig Sonne und sommerliche Hitze nach dem kältesten Mai der letzten Jahrzehnte, und das ganze Land wird wieder von der Klimahysterie erfasst. Nach der Corona-Angst und der damit einhergehenden Corona-Autokratie verbreitet nun, pünktlich zum Sommer, wenig überraschend wieder das Klimawandelmonster Angst und Schrecken, bedient die chronische Lebensphobie der verängstigten Bürger, die ohne eingeimpfte Furcht einfach nicht mehr leben können.

Die unverbrüchliche Tatsache, dass es im Sommer heiß und im Winter kalt ist, wird von den Klimajakobinern gänzlich verschwiegen. Die Sommertemperaturen werden als erstmals einsetzende und überraschende Folge des menschengemachten Klimawandels medial hysterisiert, als hätten wir die vergangenen Jahrhunderte in der ewigen Eiszeit gelebt. Dantes Inferno wird bemüht, wir werden alle brennen wie Stroh, wie die Würmchen auf der Straße unter dem Glutmugel der grellen Sonne gegrillt. War es im Mittelalter das Fegefeuer, mit dem die Meinungsnomenklatura das Volk gefügig gehalten hat, ist es heute die Klimahölle. Orchestriert wird das Hitzerequiem von der Dirigentin des Weltunterganges, einer minderjährigen Schulabbrecherin aus Schweden, die nach eineinhalb Jahren Corona-Pause ihren geistigen Horizont auch nicht erweitert hat, aber nun wieder ihre große Chance sieht, Lunte am einträglichen Geschäft mit der Angst gerochen hat.

Die Begleitmusik liefern die Medien, die sich mit vermeldeten Hitzerekorden minütlich überschlagen. Als wären 35 Grad zum meteorologischen Sommerbeginn etwas Neues. Temperaturgrafiken werden via TV in die Haushalte geliefert, ganz Europa ist in feuriges Dunkelrot getränkt, als hätten wir 50 Grad und mehr. Selbst die Sahara mit ihren 60 Grad erscheint im Vergleich zu den europäischen Hitzerekorden auf den veröffentlichten Temperaturtabellen noch äußerst unterkühlt. Die Heilsapostel des Unterganges vermelden jedenfalls unser Ende, die einzige Rettung liegt laut dem politischen Arm der Klimaterroristen, den GrünInnen, in neuen Klimasteuern und atomstrombetriebenen E-Autos.

Zuerst schlägt man uns also mit dem Klimahammer klein, dass uns – wie schon bei Corona – am Ende jedes Mittel recht ist. Und nicht zu vergessen, dass im Nachhall der Sommertemperaturen die Bevormundungs- und Verbotsdiskussion wieder aufflammt. Und ewig grüßt das Murmeltier. In diesem Sinne: einen angenehmen und heißen Sommer!

Allein die Tatsache, dass Staatsbürger es als notwendig empfinden, ein Antikorruptionsvolksbegehren einzuleiten, ist ein Armutszeugnis für Österreich. Korruption, Machtmissbrauch und Postenschacher haben im Laufe der letzten zwei Jahre eine neue Qualität erreicht, die selbst die skandalaffine Historie der Zweiten Republik in den Schatten stellt. Weil es sich gegenwärtig nicht um zeitlich wie inhaltlich abgegrenzte Einzelfälle der Korruption handelt, wie BAWAG, Konsum, Lucona oder Noricum, sondern systematisch alle tragenden Säulen der Republik, Legislative, Exekutive und Judikative, vom Gift der Korruption infiltriert wurden. Und weil die jeweiligen Proponenten des strukturellen Machtmissbrauches weder Einsicht in ihre Verfehlungen zeigen noch Verantwortung dafür übernehmen und Konsequenzen ziehen. Und weil wir tatsächlich Gefahr laufen, dass sich die Bürger achselzuckend damit abfinden, dass überhaupt der gesamte Staat kriminell ist.

Ob es die Ermittlungen gegen den Kanzler wegen Falschaussage sind, die Hausdurchsuchung bei einem amtierenden Finanzminister, der ruchbar gewordene Postenschacher um den ÖBAG-Chef, die strafrechtlichen Untersuchungen gegen hohe Justizbeamte, die Befangenheit eines amtierenden Nationalratspräsidenten – jeder dieser Fälle hätte vor zehn oder 20 Jahren noch zum sofortigen Rücktritt, der lückenlosen und unabhängigen justiziellen Aufklärung, der umfassenden politischen Untersuchung und der gesellschaftlichen Ächtung der Betroffenen geführt. Die ohnedies nicht sonderlich ausgeprägten moralischen Standards in der heimischen Politik werden auf offener Bühne noch unterlaufen; statt Verantwortung zu übernehmen, wird „ausgesessen". Nun muss also das Volk in einem Begehren dafür Sorge tragen, dass Moral und Anstand, Recht und Ordnung in jene Säulen der Republik zurückkehren, die von ihrem demokratischen Zweck her eigentlich ebendiese Tugenden tragen sollten. Ein beispielloser Anachronismus. Aber wie heißt es so schön? Der Krug geht so lange zum Brunnen, bis er bricht.

Frau Pinocchia Baerbock,
es sei eine rechte Verschwörung, finstere Weltmächte hätten sich in Hinterzimmern zusammengetan, um Sie, die vom Establishment als präsumtive Merkel 2.0 präsentierte, längst als Fälscher-Anni in die Geschichte Deutschlands eingegangene Kanzlerkandidatin der GrünInnen zu überführen. Sie erklärten der weltbekannten politischen Fachzeitschrift „Brigitte", direkt platziert neben den Strickmustern für Wollsocken, Ihr neuester Fettnapf, also Ihr literarisches Blendwerk mit dem Titel „Jetzt", sei Ihre höchstpersönliche Grundlegung, Ihre politische Vision für Deutschland.

Unter uns, Sie könnten Ihre Klimawandelpläne in Zukunft auch gleich neben den Eheproblemen des Papstes in der „Freizeit Revue" präsentieren. „Wer ich bin und was mich antreibt", wollen Sie, der rhetorische Kobold Berlins, den Menschen schonend näherbringen. Und wie nicht anders zu erwarten, reiht sich auch dieser Versuch in die skurrile Litanei des Fettnapfs ein, stellt sich dieses Machwerk als billiges, inhaltsloses, kaum den Papierwert einer Rolle Klopapier übersteigendes Plagiat einer zwar ehrgeizigen, aber intellektuell wie sprachlich gänzlich unbeleckten Karrieristin, eines geistigen Leergebindes dar. Dabei wusste es jede Blinde, Bucklige und Einbeinige, dass ausgerechnet Sie, die Sie in jeder Ihrer öffentlichen Reden grammatikalisch schwer verunfallen, geistig wohl kaum in der Lage sein werden, etwas zu Papier zu bringen, das den Umfang eines räudigen Einkaufszettels überschreitet, ihre nicht vorhandene politische Forderung unabhängig und eigenständig zu formulieren. Die Biografie mittlerweile löchrig, als hätten sich die Bio-Motten köstlich daran delektiert. Über die Wahrhaftigkeit Ihrer sogenannten akademischen Laufbahn als geistig trojanisches Pferd des Politbetriebes hüllen wir in Ihrem Interesse überhaupt den Mantel des Schweigens. Plagiatsjäger kümmern sich um die gelebte Lüge der kleinen Annalphabeta im Wunderland.

„Jetzt. Wie wir unser Land erneuern", lautet also Ihr jüngstes zur Schau gestelltes Scheitern. Frau Baerbock, ab welchem Zeitpunkt genau haben Sie die gelebte Lüge, die Unredlichkeit, die Intransparenz zum Mantra Ihres gesamten Lebens erhoben? War es in der Kita, wo Sie die Anleitung für selbst gebastelte Barbiepuppen von Ihrem Nachbarn, dem kleinen Maxi, abgeschrieben haben? Oder hat man Sie erst im Bundestag moralisch verhunzt, wo Sie ungerechtfertigt Spesen- und Förderanträge mit ihren Fingerlein in den Computer tippten? Ab welchem Zeitpunkt hat sich bei Ihnen persönlich der schizophrene Graben zwischen Anspruch und Wirklichkeit aufgetan? Sie meinen tatsächlich, alle wären gegen Sie. Frau Baerbock, Sie sind sich selbst Ihr größter Feind, und die personelle Alternativlosigkeit innerhalb Ihrer Komposttruppe hat Sie in ein Amt gespült, für das Sie in Wahrheit keine Reife besitzen.

7. JULI 2021

Unter Drogen gesetzt, von den Tätern stundenlang mehrfach vergewaltigt, getötet. Der Tod erscheint am Ende wohl wie eine Erlösung, nach dem entsetzlichen Martyrium durch vier Bestien. Vier Mörder inmitten unserer Gesellschaft, behörden- und amtsbekannt, die ein 13-jähriges Mädchen, Leonie, schänden und ermorden konnten, weil die Politik und die Behörden wegsahen, versagten, ja sich mitschuldig machten, man diese Täter einfach gewähren ließ.

Weil der Anspruch der Politiker in ihren Sonntagsreden mit der kalten Realität längst nicht mehr übereinstimmt, weil nur schöngeredet und nicht hart gehandelt wird. Weil man jede dieser menschlichen Tragödien als „Einzelfall“ wenige Tage lang bedauert und betrauert, um dann – wie wir nun sehen – zur Tagesordnung überzugehen. Weil das einzige Gewissen der Politiker nur mehr das schlechte ist, nur ihre Verlegenheit zwingt sie zur Einrichtung von Arbeitskreisen und Gewaltschutzgipfeln, deren Ergebnis einem großen Nichts gleicht. Weil man aus blinder Toleranz die Gefahren für unschuldige Bürger negiert, weil man aus gutmenschlicher Romantik die brutale Realität negiert. Weil verbohrte Ideologien am Ende ganz konkret Menschenleben gefährden und schutzlos ausliefern. Willkommenskultur darf eben nicht bedeuten, dass man unseren Frauen und Mädchen die Beine spreizt. Toleranz darf nicht bedeuten, dass wir unseren Frieden, unsere Sicherheit und unser Leben im Gegenzug opfern müssen. Integration darf nicht bedeuten, dass am Ende wir uns der Aggression und der Gewalt beugen müssen.

Seit Jahren hören wir in schönen Reden: „Kriminelle Asylwerber werden abgeschoben". Aber es bleibt bei den Worten, die längst notwendigen Taten lassen auf sich warten. Man schiebt sich die Schuld gegenseitig zu, auf dem Rücken der Opfer. Innerhalb unserer Regierung entbrennt ein Streit darüber, ob man weiter nach Afghanistan abschieben darf. Eine Orchideendiskussion, zumal beide Regierungsparteien trotz ihrer Unterschiedlichkeit längst wissen, dass selbst diesem aufgebauschten Streit keine Konsequenzen folgen werden. 2020 wurden 4800 afghanische Asylwerber kriminell. Für kaum einen setzte es Konsequenzen. Denn sie berufen sich auf die Menschenrechte, schreien „Asyl", gehen unterstützt durch NGOs den Instanzenweg, um am Ende nach mehreren Jahren um ein Bleiberecht wegen zu langer Verfahrensdauer anzusuchen. Einmal mehr wird sichtbar, dass diese Asylgesetzgebung längst nicht mehr uns Bürgern und unserer Sicherheit sowie unserem friedlichen Zusammenleben dient, sondern perfekt dafür geschaffen ist, es auszunutzen. Leonie, 13 Jahre alt, zahlte dafür mit ihrem Leben!

9. JULI 2021

Halleluja, die Welt wartete sehnsüchtigst darauf. Nein, nicht auf das Ende von Corona oder die Rückgabe unserer vollständigen Freiheit. Auch nicht auf Vollbeschäftigung, das Überwinden der Wirtschaftskrise, die Rettung der Erde vor den Klimasektierern oder die Erlösung vom „Einzelfall". Weit gefehlt, denn in Zeiten wie diesen muss man einfach andere, lebensnotwendigere Prioritäten setzen.

Dieser diskriminierende Ausdruck „Schwarzfahren" wird endlich verboten. Die Sprach-Stasi, der linke Politruk der politischen Korrektheit, hat in diesem Wort eine verpönte, rassistische, ja fast rechtsextreme Konnotation entdeckt. Das Wort „schwarz" muss daher auf dem Scheiterhaufen der Vokabularinquisition brennen wie Stroh, so die eifrigen Gärtnermeister von blühenden Orchideenthemen. Und wie auf

Bestellung haben die Verkehrsbetriebe des roten München, wie jene des roten Wien, umgehend darauf reagiert und das Wort „Schwarzfahren“ sinnigerweise auf die schwarze Liste der Pfui-Gack-Ausdrücke des 21. Jahrhunderts gesetzt. In Zukunft heißen die einstigen Schwarzfahrer in Bussen, Straßenbahnen und U-Bahnen „fahrscheinlose, geschlechts-, pigment- und geldlose BenützerInnen von TransportmittelInnen, also kurz WeißfahrerInnen“.

Denn aus Schwarz wird Weiß, so einfach ist die Welt. Wie die SozialistInnen und GrünInnen, also der politische Arm der ideologisch motivierten Sprachwandler und Wahrheitsverdreher, dem terroristischen „Schwarzen Block“ der Antifa künftig beibringen, dass sie sich ausgerechnet aus rassistischen Gründen dringend umlackieren müssen, dass sie in Zukunft also aus kümmerlichen „anarchistischen Buntstiften mit Gewalthintergrund“ bestehen, bleibt abzuwarten. Aus Schwarzgeld wird Spielgeld, die Steuerhinterzieher wird's freuen, denn für Monopoly-Scheine gibt's keine Steuernachzahlung mehr. Aus den bisher bekannten und beliebten Schwarzarbeitern werden einfach „biermaskuline, geruchsintensive, nicht menstruierende männliche Regenbogenarbeiter südöstlicher Herkunft“. Den Sportverbänden asiatischer Kampfsportarten wird der schwarze Gürtel entrissen und durch einen maximalpigmentierten Wollstrick ersetzt. Hauptsache, nicht schwarz. Beim Schießen trifft man nicht mehr ins Schwarze, sondern einfach ins Leere, denn der als schwarz titulierte Kreis könnte ja als Aufforderung verstanden werden, auf die Stammgäste von Solarien ein Attentat zu verüben. Und auch die Historie muss dran glauben. Aus Mussolinis Schwarzhemden, also den italienischen Faschisten, werden Rothemden, denn der Weg vom nationalen Sozialismus zu internationalen Sozialisten ist bekanntlich ohnedies ein sehr kleiner. Und beide haben übrigens was gemein: Als Erstes muss immer die Wahrheit dran glauben, dann wird die Sprache ideologisch angepasst, dann wird die Meinungsfreiheit geraubt und am Ende die persönliche.

Nun wird er also „daschlogn“! Mit Stimmen der ÖVP und deren Politsklaven der GrünInnen erfährt der Ibiza-Untersuchungsausschuss zur Aufklärung politischer Korruption im Nahbereich der Regierung eine Beerdigung dritter Klasse. Dies ist die logische Folge der dann doch sehr rasch eingesetzten aufschlussreichen Erkenntnis, dass Straches volltrunkene Worte aus Ibiza im fernen Wien von der ÖVP minutiös in die Realität umgesetzt wurden, der blaue Urlaubsbruchpilot im stundenlangen Gespräch mit der falschen Oligarchennichte das Regiebuch für den darauffolgenden türkisen Machtmissbrauch, die Korruption und die Freunderlwirtschaft zeichnete.

Delektierte sich anfänglich vor allem die ÖVP am Schicksal ihres einstigen Koalitionspartners, weidete die Truppe um Kurz das illegal aufgenommene Urlaubsvideo aus, um der FPÖ den politischen Gnadenschuss zu versetzen, ist es dank der durch die Chats des Günstlings Thomas Schmid dokumentierten Malversationen äußerst eng für die Kanzlerpartei geworden, die den Österreichern noch vor wenigen Jahren auf großflächigen Plakaten den „neuen Weg“ vorgaukelte. Trotz anfänglicher Skepsis ist dieser U-Ausschuss seinem Auftrag nachgekommen. Er schöpfte aus einem schier unglaublichen Reservoir moralischer Abgründe, dokumentierte ein verheerendes Sittenbild der höchsten Amtsträger der Republik, verortete die politische Verantwortung bei den Tätern.

Übrig bleiben ein kompromittierter Nationalratspräsident, seines Amtes nicht würdig, ein strafrechtlich verfolgter Finanzminister, einem Rechtsstaat des 21. Jahrhunderts abträglich, ein strafrechtlich verfolgter Kanzler, der sich nicht nur mit der Wahrheit, sondern vor allem mit seinem verwerflichen Umfeld schwertut, ein Höchstbeamter der Justiz, der als Politoffizier seinen eigenen Berufsstand zerstörte, und zig Strafverfahren gegen einstige Verantwortungsträger. Kein Wunder, dass der U-Ausschuss abgedreht wird. Dabei ist die Botschaft klar: Zeit für Sauberkeit!

Männer und Frauen sollen also offiziell abgeschafft werden. Zumindest im Anfangsstadium einmal deren Willkommenstitulierung als „Sehr geehrte Damen und Herren" im Flugverkehr. Es wäre zutiefst diskriminierend, reaktionär, rückwärtsgewandt und ein ja fast abscheuliches Gewaltverbrechen, Frauen als Frauen und Männer als Männer anzusprechen, wenn man dabei die Intersexuellen, die Geschlechtslosen, die Geschlechtsreifen, die Homosexuellen, die Bisexuellen, die Heterosexuellen, die Transsexuellen, die Transvestiten, die Schwarzen, die Weißen, die Gelben, die Roten, die Dicken, die Dünnen, die Buckligen, die Stinkenden, die Einäugigen, die Rothaarigen, die Weißhaarigen, die Schwarzhaarigen, die Brünetten, die Großen, die Kleinen, die Einbeinigen, die Dreibeinigen, alle eingetragenen Minderheiten und – nicht zu vergessen – die Vierohrigen nicht explizit erwähnt, anspricht, deren Existenz besonders würdigt.

Nein, Frauen und Männer, Damen und Herren reicht nicht mehr. Daher entscheidet man sich bei Deutschlands und Österreichs Luftfahrtlinien für „PersonInnen". Ich begrüße alle in der neuen schönen Welt der Gleichmacherei, der Nichtunterscheidbarkeit, der Geschlechtslosigkeit, ja am Ende der Menschenlosigkeit. Sie meinen, ich übertreibe? Nein, denn die Sprache ist der Schlüssel zur Realität. Wer Mann und Frau aus unserer Sprache tilgt, verfolgt die klare Absicht, diese beiden Geschlechter aus der Realität zu verbannen und sie stattdessen durch ein enthumanisiertes Etwas zu ersetzen. Jede Unterscheidbarkeit, jede Eigenart, ja, auch jede Herkunft, jedes Talent soll getilgt werden. Ein sprachlicher Quantensprung wird unternommen, mit dem Ziel einer geschlechtslosen Gesellschaft, die sich nur mehr einem Dogma unterwirft: der politischen Korrektheit. Jener Ideologie, die sämtliche Wahrheit tilgt, die Gegebenheiten negiert. Und wie damals in der Sowjetunion wird der Mensch gleichgeschaltet, funktioniert wie eine Nummer, ohne Gesicht und – wie nun bei der AUA und Lufthansa – ohne Geschlecht.

Er lachte, er feixte, er hielt sich den großen Bauch. Ja, es war offensichtlich eine humorvolle, eine karnevaleske Erfahrung für den Herrn Rossi der deutschen Innenpolitik, mitten in Orten und Dörfern zu stehen, in denen viele Menschen ihr Leben, Tausende ihre Heimat lassen mussten und Zigtausenden das Wasser und der Schlamm bis zum Halse stehen. Armin Laschet, Merkels präsumtiver Nachfolger, verwechselte ganz offensichtlich den Schauplatz des Flutgrauens mit einer Arena nackter Schlammcatcherinnen, und Deutschlands Bundespräsident Steinmeier, trotz ähnlicher Empathielosigkeit wenigstens darin geschult, kameratauglich traurige Miene zum katastrophalen Spiel zu machen, kann wie der Rest des Landes nur froh sein, dass der siebente politische Wicht hinter dem siebenten rheinischen Berg nicht die Karnevalskapelle zum Requiem einer entstellten Region antreten ließ. Und nun beginnt der Katzenjammer, er, der Laschet, habe das ja gar nicht so gemeint, er werde falsch verstanden, seine Lachfratze aus dem Zusammenhang gerissen.

Herr Laschet! Wer dumm lacht, während andere um ihre Angehörige trauern, um ihre Existenz bangen, ist entweder charakterlos oder ein Fall für die Psychiatrie. Herr Laschet, wer nicht imstande ist, Mitgefühl zu zeigen oder wenigstens nur für die Journalisten zu heucheln, während Mitbürger um die Vermissten bangen, ist entweder ein Soziopath oder gänzlich realitätsfremd. Herr Laschet, wer tatsächlich angesichts der erlebten Zerstörungswut noch eine Laune dazu aufbringt, platte Witzchen zum Besten zu geben, rangiert in der Charakterskala irgendwo zwischen Hannibal Lecter und Idi Amin. Herr Laschet, Sie und Frau Baerbock, zwei gescheiterte Kanzlerkandidaten, sind einander näher, als man glaubt. In Minuten der herzerfrischenden Ehrlichkeit servierten Sie uns Ihr höchstpersönliches Innenleben angesichts der Katastrophe und brachten sich selbst ums Amt. Baerbocks Innenleben ist, wie alles in ihrem Leben, ein Plagiat, auch sie brachte sich damit um das Amt.

Beide sind keine Kanzler Deutschlands, sondern bestenfalls die Witzekanzler ihres eigenen Fettnapfs.

Nein, mit Zwängen, sinn- und nutzlosen Lockdowns haben wir das Polit-Ebola des 21. Jahrhunderts nach 17 langen Monaten nicht überwunden, sondern bestenfalls die Gesellschaft gespalten. Und selbst diese traurige Erkenntnis hält die Regierungen nicht davon ab, weiterhin mit aller Gewalt zu versuchen, im Zuge von verfassungs- und grundrechtswidrigen Vorstellungen, wie zum Beispiel mit einer direkten wie indirekten Impfpflicht, die eigenen Bürger zu bevormunden, sie zu zwingen, ihnen das Recht auf Selbstbestimmung zu rauben. Ein regelrechter Religionskrieg zieht auf, dabei wäre es so einfach: Der Geimpfte braucht sich vor dem Ungeimpften nicht zu fürchten, denn er ist ja durch seine freie Impfentscheidung vermeintlich geschützt. *Vice versa* fürchtet sich auch der Ungeimpfte vor dem Geimpften nicht, denn auch von Letzterem geht keine Bedrohung für die individuelle Freiheit des Nichtgeimpften aus. Die Tatsache, dass mittlerweile 82 % der Risikogruppen eine Corona-Impfung erhalten haben, sollte doch nach der bis dato immer propagierten Expertenmeinung reichen, damit es zu keiner Überlastung des am Rande des Möglichen agierenden Gesundheitssystems mehr kommt und das Immunsystem der jüngeren Semester nach bisheriger Erfahrung eine hysterisierte Corona-Infektion locker übersteht. Und dennoch wandelt Österreichs Gesundheitsminister Mückstein auf den Spuren des bayerischen Ministerpräsidenten Söder, der unlängst sein grauenvolles Verständnis von Selbstbestimmung mit dem Satz „Impfen oder Freiheit“ unter Beweis stellte. So versuchen wir nun auch in Österreich, ganz auf Linie mit dem Weißwurstautokraten, den öffentlichen Raum für Nichtgeimpfte einzuschränken. Die veröffentlichten Regeln für die Nachtgastronomie sind die ersten Versuchsballons einer solchen Politik. Freiheit bedeutet, dass man sich selbst frei und ungehindert entscheiden kann. Und das wäre auch der richtige Weg. Denn das Zauberwort heißt Eigenverantwortung und nicht Fremdbestimmung.

Deutschland, eine der größten und mächtigsten Industrienationen Europas, einflussreiches G7-Mitglied, ein hoch technologisierter Staat, NATO-Land, weltweit bekannt für die sogenannte preußische Disziplin und Genauigkeit, eine aufgerüstete Streitmacht, eine erfolgreiche Automobilnation, ein Land, das Atomkraftwerke betreibt und an dessen Spitze eine künftige Altkanzlerin steht, die die letzten Jahre keinen noch so billigen Versuch ausgelassen hat, der halben Welt in maßloser Selbstüberschätzung das sogenannte neudeutsche Leben in der Finanz-, in der Zuwanderungs-, in der Wirtschafts-, in der Außenpolitik zu diktieren.

Ein Land, das bekanntlich alles schafft – die letzten Jahre leider vornehmlich sich selbst ab. Nur ganz einfache, ja vom technischen Wesen her ordinäre Feuerwehrsirenen zur rechtzeitigen Warnung der Bevölkerung vor Katastrophen, Unwetterereignissen, Feuer, Unfällen können seit Jahren nicht gewartet, repariert werden, funktionieren schlichtweg nicht. Und jedem der politischen Dilettanten ist es egal. Kurzum: Dieses Deutschland ist zu allem in der Lage, nur nicht dazu, die eigene Bevölkerung von den absehbarsten Gefahren mit den einfachsten Mitteln zu schützen. Die jüngste Flutkatastrophe, deren Ergebnis in viele Tote, Vermisste und Obdachlose mündete, deren Schuld man bequemerweise reflexartig dem unkontrollierbaren Klimawandel in die Schuhe schob, dürfte dann doch eher dem schnöden, zugleich absehbaren Wetter geschuldet gewesen sein. Vor dessen Dauerregen sowie den darauffolgenden Überflutungen man mittels Feuerwehrsirene, übrigens eine Einrichtung aus dem 19. Jahrhundert, die kein großartiges technisches Wissen verlangt, Tage vorher rechtzeitig hätte warnen können. Man hätte Menschenleben retten können, statt dass heute Angehörige trauern und um Vermisste bangen müssen.

Vor der Gefahr dieser Wetterkapriolen waren Deutschlands Ministerien offiziell gewarnt worden, nur war man in Seehofers und Merkels sinn- und nutzlosen Tintenburgen nicht willens und in der Lage, die Nachrichten über die bevorstehenden Gefahren weiterzugeben. Wie die heiße Kartoffel wird die Schuld ob dieser Tragödie weitergereicht, gegenseitig abgeschoben. Während also Deutschland binnen drei Jahren nicht willens und fähig ist, seine Feuerwehrsirenen zu testen, machen wir in Österreich, wir neandertalerischen Schluchtenscheißer, genau das jeden Samstag um 12 Uhr landesweit. Wie titelte die „Bild" regelmäßig? „Wir sind Papst", „Wir sind Weltmeister". Die künftige Schlagzeile kann nur lauten: „Wir sind unfähig!"

26. JULI 2021

Eine bemerkenswerte, um nicht zu sagen: historische Kehrtwende vollzog sich dieser Tage im medialen Sommerloch, von der interessierten Öffentlichkeit ja fast unbemerkt. Deutschlands künftige Altkanzlerin, nach wie vor amtierende Giftmischerin Merkel und ihr geistiger Ösi-Stiefsohn Kurz haben spät, aber doch und überraschend zeitgleich ihre große Erleuchtung, ihren Heureka-Moment erfahren. Der Heilige Geist der traurigen Realität erschien ihnen und brachte Licht, wo nur Dunkelheit herrscht.

Merkel vermeldete jüngst in der Sommerpressekonferenz aus Berlin einsichtig: „Das Jahr 2015 darf sich nicht mehr wiederholen", und bekannte so elegant umschrieben ihren einzigartigen, ja für viele tödlichen Fehler. Und Kurz, der jugendliche Ohrwaschel-Don-Juan aus den Schluchten Österreichs, folgte auf dem Fuße: „Ich will diese kranke Ideologie nicht in Europa", sagte er und meinte die Segnungen eines Teils jener Personen, denen er exakt im Jahr 2015 einen höheren Bildungsgrad attestierte als den Österreichern, am eigenen Volk mit Kritik nicht sparte und „mehr Willkommenskultur" einforderte. Nach langen sechs Jahren und Tausenden Opfern des Einzelfalles – Mia aus Kandel, Maria, Roland, Joachim, Hans, Peter, Lisa, Leonie, Melanie, stellvertretend für die Opfer der letzten Jahre –, den Terroranschlägen in Deutschland und Österreich, den zum Alltag gewordenen und zur Schau gestellten Messerfertigkeiten vorgeblich psychisch Labiler, den Machete-Shows testosterongesteuerter Glückskinder, der kriminellen Clanbildung, den Bahnsteigwürfen, den Vergewaltigungen, den Morden und den Armlängenabstandsregeln haben Merkel und Kurz sich von ihrem sechsjährigen Baldrianrausch endlich ernüchtert, ihre rosarote Brille der Gutmenschlichkeit abgelegt, der politischen Korrektheit nun offensichtlich abgeschworen und gemeinsam ihr „Mea culpa“ gesungen.

Besser spät als nie, würde ich sagen, wiewohl diese späte Einsicht einen hohen Blutzoll erforderte. Ja, wir haben bitter bezahlt, dass jene, die uns anführen, immer die Letzten sind, die von der Realität eingeholt werden. Jetzt fehlt nur noch das Bedauern gegenüber den Millionen von Menschen in Deutschland und Österreich, die von Merkel und Kurz samt ihren Erfüllungsgehilfen als Rassisten und Nazis diffamiert worden sind, gesellschaftlich und beruflich geächtet wurden, weil sie sich erlaubt haben, an dieser Politik der staatlich angeordneten Anarchie Kritik zu üben. Auch dafür wäre es nicht zu spät.

28. JULI 2021

Das Magdalenenhochwasser 1342, die zweite Marcellusflut 1362, bis in die jüngeren Tage die Sturmflut 1962 in Hamburg. Und selbst im Alten Testament musste Noah eine Arche bauen, um sich vor der Flut biblischen Ausmaßes zu retten. Seit Menschengedenken werden wir von Naturkatastrophen begleitet, in unserer Existenz durch solche bedroht. Die historischen Hochwassermarkierungen, aber auch die etablierte Baukultur in vielen europäischen Städten sind steinerner Beweis dafür, dass Wetterkapriolen uns seit Jahrhunderten, ja seit Jahrtausenden das Leben schwer machen.

Deutschland 2021, eine gewaltige Flutkatastrophe kostet viele Menschen das Leben, nach wie vor werden Angehörige vermisst, Tausende wurden obdachlos. Diesmal ist alles anders, die Bundestagswahl in Deutschland verbietet *a priori* jegliche Vernunft und Logik, jede intellektuelle Redlichkeit. Die jüngste Katastrophe wird daher von Medien und jesuitisch eifernden Klimasektierern umgehend in das Kapitel „Klimawandel und seine Folgen“ eingeordnet. Um am Rücken der Betroffenen, die übrigens durch die Regierung vor der absehbaren Katastrophe nicht einmal gewarnt wurden, einmal mehr unter Zuhilfenahme der Angst ums Überleben die Agenda der Klimakommunisten zu vollziehen. Die Antwort der um die Schwedengretl gescharten Ökosekte ist einfach: Neue Steuern als pekuniäres Opfer zur Besänftigung der Wettergöttin, also Gretl selbst. Ganz in der Manier des Alten Testamentes erfordert gewogenes Wetter ein Opferlamm. Und dieses sieht nach Lesart der Ökoterroristen und ihres politischen Armes, der GrünInnen, recht einfach aus: Steuererhöhungen, Treibstoffpreiserhöhungen, Fleischkonsum verbieten, Flugreisen reglementieren, Atmen einstellen. Als ob man das Wetter mit einem Obolus besänftigen könnte, als ob man Frau Holle und den Wettergott Gretl mit Schmiergeld bestechen könnte.

Wie der fehlende Mosaikstein fügen sich die jüngsten Vorstöße hervorragend ins Bild: Die EU will das Bargeld – vorerst ab 10.000 Euro – verbieten und damit die finanzielle Freiheit der Menschen schleichend einschränken. Die letzten 17 Monate der Hysterie rund um das Wuhan-Monster Corona haben uns gezeigt, was verfassungsrechtlich garantierte Grundrechte in Zeiten abstrakter Angst wert sind: nichts! Und nun folgt der nächste Anschlag auf die individuelle Freiheit der Bürger, mit dem man ihnen das Leben vom Verkehr bis zur Ernährung vorschreiben will, das Einkommen zum Auskommen aus der Tasche zieht. All das sind die Vorboten einer neuen Ära: jener der Unfreiheit!

3. AUGUST 2021

Deutschlands LIAZ, der lustigste Innenminister aller Zeiten, der sich in der Berliner Geriatrie für geschasste bayerische Weißwurstfürsten befindliche Seppl vom Dienst, fordert also eine vorzeitige Haftentlassung für kriminelle Asylwerber, um sie somit sanft zur „freiwilligen Ausreise“ aus Deutschland zu bewegen.

Herr Seehofer, sind Sie noch im Starkbierrausch, haben Sie die unzähligen Abende mit den Hopfenköniginnen den letzten Funken Verstand aus dem weißhaargekrönten Brauhausplutzer gekostet? Abgesehen davon, dass diese Forderung einer Kapitulation, dem Kniefall eines Regierungsmitglieds vor dem eigenen Rechtsstaat gleichkommt, dürften sich die feuchten Wünsche des emeritierten Dirndl-Machos eher im Kapitel „fromme Briefe ans Christkind“ wiederfinden, zumal die hinter Schloss und Riegel befindlichen Glückskinder Merkels, für deren *All-*

inclusive-Urlaub im Häfen der Steuerzahler Hunderte Millionen Euro brennen, ohnedies schon überall dafür bekannt waren, sich an keine Regeln, an kein Gesetz, an kein Recht zu halten, und selbstverständlich auch keiner „freiwilligen“ Ausreise nachkommen werden, wenn sie nach einem Mord, einem Raub oder einer Gruppenvergewaltigung vorzeitig wieder auf freien Fuß gesetzt werden.

Und selbst wenn das Wunder geschieht, dass Angelas Wirschaffen-das-Gäste über eine Grenze „freiwillig“ ausreisen, reisen sie 50 Kilometer weiter wieder illegal ein, schreien „Asyl“, und der Wahnsinn der deutschen Asylpolitik findet eine Fortsetzung. Angesichts des Grenzregimes Deutschlands, das den eigenen Bürger täglich mit der Corona-Willkür quält, aber für potenzielle Asyltouristen den Grenzbalken offen wie ein Scheunentor hält, wenig verwunderlich. Und so reihen sich die Ideen des Herrn Seehofer in das Kuriositätenkabinett Berlins ein, das im September nur eine Antwort verdient: die Abwahl wegen gelebter Unfähigkeit!

4. AUGUST 2021

Unter der Ägide des eigenen grünen Koalitionspartners zerlegt die Justiz den Kanzler, den Finanzminister und die halbe türkise Mannschaft in alle Einzelteile. Die ÖVP quittiert diese Majestätsbeleidigung mit niveaulosen Attacken auf die grüne Justizministerin. Die GrünInnen blockieren den Bau zweier wichtiger Verkehrsstraßen in Österreich, die ÖVP legt dafür die klimakommunistischen Begehrlichkeiten der GrünInnen auf Eis. Sebastian Kurz kündigt – übrigens nicht zum ersten Mal – in Interviews die Abschiebung krimineller Asylwerber an, die GrünInnen – von ihrem ideologischen Naturell her eher die Schutzmantelmadonnen der Asyltouristen – wollen dies postwendend verhindern. Der Kanzler fürchtet mit den Vorstellungen des eigenen Koalitionspartners einen Rückfall in die „Steinzeit“, die GrünInnen beschimpfen den Kanzler, er betreibe tatsächlich Politik der Steinzeit.

Und an die Steinzeit, also die Endzeit der verhassten großen Koalition, fühlen sich nicht wenige Bürger angesichts des Zustandes dieser Max-und-Moritz-Regierungskoalition erinnert.

Nichts geht mehr, es herrschen Streit und Stillstand. Und selbst Wiens erfahrene Politbeobachter meinen nicht zu Unrecht, dass die einstige Zusammenarbeit zwischen Werner Faymann und Michael Spindelegger verglichen mit der Koalition von Kurz und Kogler ein Ausbund an Harmonie und Professionalität war. Das „Beste aus zwei Welten" versprachen uns die beiden Letztgenannten, und bis auf den Gleichschritt im Corona-Wahn wurde es „more of the same".

Regieren um des Regierens willen als einzige Vision ist halt zu wenig, wenn der kleinste gemeinsame Nenner beider Koalitionäre nur der Anspruch auf Ministerposten und Macht ist und sowohl ÖVP als auch die GrünInnen eher durch das letzte Aufgebot personell am Ministerratstisch vertreten werden. Noch bilden sie eine Zweckgemeinschaft zweier Ertrinkender, aber wehe, wehe, wehe, wenn ich auf das Ende sehe! Und dieses ist zweifelsohne nah.

5. AUGUST 2021

Frau Merkel,
jeden Tag finden in Deutschland zwei Gruppenvergewaltigungen statt, werden junge Mädchen ihren versammelten Peinigern unter den Augen Ihres Rechtsstaates ausgeliefert. 704 Mal wurde Frauen das Recht auf Freiheit in Sicherheit, auf körperliche Unversehrtheit, auf sexuelle Integrität oder das Recht auf Leben geraubt. Nein, diese Zahlen entspringen nicht den Köpfen der von Ihnen und den Medien diffamierten Verschwörungstheoretiker, der als Nazis und Rassisten verunglimpften und in ihrer Meinung neutralisierten Kritiker Ihrer Politik, sondern den Papieren des deutschen Bundeskriminalamtes.

Das ist die Schandbilanz Ihres Wirkens, Frau Merkel: 704 Gruppenvergewaltigungen im Jahr 2020, 710 im Jahr 2019. Und jeder zweite Tatverdächtige hat keine deutsche Staatsangehörigkeit. Angesichts der Tatsache, dass nicht jeder zweite Bürger Deutschlands trotz Ihrer Politik schon eine deutsche Staatsbürgerschaft hat, stellen diese Verdachtsanteile Ihrer Glückskinder dann doch ein – wie sagt man so schön? – überproportionales Ungleichgewicht dar, das selbst Sie nicht negieren und verschweigen können. Häufig stammen die Tatverdächtigen aus Afghanistan, Syrien und dem Irak, also jenen Ländern, in denen von den Schleppern, deren politische Schutzmantelmadonna Sie sind, ihre Willkommenstöne unters Volk gebracht wurden.

Frau Merkel, Willkommenskultur heißt eben nicht, dass man sich unsere Frauen und Mädchen nehmen lässt, ja sie sogar feilbietet wie die Tomaten im Supermarktregal. Integration heißt nicht, dass man unschuldigen Frauen zwangsweise die Beine spreizt. Toleranz heißt nicht, dass man unsere Bürger wie die Schafe den Wölfen am Silbertablett ausliefert. Eine gutmenschliche Menschenrechtspolitik kann nicht bedeutet, dass das Menschenrecht auf Sicherheit nur für Syrer, Iraker und Afghanen und eben nicht mehr für die Deutschen gilt. Humanismus bedeutet nicht, dass man die Augen vor der blutigen Realität verschließt und keinerlei Verantwortung für die Fahrlässigkeit oder, in Ihrem Fall: für den Vorsatz übernimmt. Sie gehen im September, die Folgen Ihres Wirkens hingegen bleiben. Und wie so oft gilt auch im Fall Ihres unrühmlichen Abganges: Es kommt nichts Besseres nach.

6. AUGUST 2021

Ich zahle jedes Jahr ein kleines Vermögen an Einkommensteuer und Sozialversicherungsabgabe für ein sinn- und nutzloses System. Wenn man einen Blick in die Abgründe der Schnapsnasen des Föderalismus wagt, muss man erstaunt erkennen, dass dies ungefähr jenem Wert entspricht, den in Österreich Landeshauptleute in einem Jahr schon persönlich verfressen und versaufen können. Weil wir gerade beim Thema sind: Einen neuerlichen Anlauf für politische Erpressung nahm der verhaltensauffällige Rotnasenbär türkiser Prägung, Steiermarks Schmalspur-Kuckerutzdiktator Schützenhöfer, dieser Tage. Man müsse die Gratistests abschaffen, in Zukunft sollten die Bürger, die an ihrem ursprünglichen sozialen und gesellschaftlichen Leben teilnehmen wollen, eine Rezeptgebühr für Tests zahlen, vermeldete das schilchergeschwängerte Oberhaupt aller aus dem Leim geratenen Kürbisblutzer Österreichs.

86 Euro würde damit jeder Bürger im Monat löhnen, die sozial Schwachen wären ausgenommen, während die Freun-

de und Parteigänger der Machthaber ihre Millionengeschäfte mit Masken und Tests machten. So zumindest der Plan. Die nächste Stufe in der kollektiven Erpressung eines ganzen Volkes wird gezündet. Die Gratistests in Österreich sollen fallen, die politischen Erpresser fordern für den von ihnen selbst kreierten Inzidenzwahn in Zukunft den Obolus des Bürgers und nötigen ganz bequem alle Menschen in die Zwangsimpfung. In jene Impfung, mit der man sich infizieren, erkranken, das Virus weitergeben, ja sogar sterben kann. Alles aus Solidarität.

Gut, wenn wir beim Thema gesundes Leben und Solidarität sind, darf ich die bescheidene Frage stellen: Warum zahle ich eigentlich Steuern und Sozialversicherungsabgaben, damit gänzlich aus allen Fugen geratene Politapparatschiks auf allen Ebenen sich ihre Leberzirrhose anzüchten, ihren Cholesterinwert auf 3000 hochschrauben, die von mir finanzierten Buffets leer räumen, der hochrote Schädel wie ein Atomsprengkopf geladen ist, die Rotnasen der einzelnen Funktionäre wegen Promillefäulnis abfallen, sie breiter als hoch und mittlerweile an Fettdemenz leidend uns Steuerzahlern den letzten Cent aus der Tasche stehlen? Warum nur? Warum bezahle ich mit meinen Steuern und Abgaben Politfunktionäre, die wie fleischgewordene Maden im Speck ihres Regierungssitzes autoritäre Ideen gegen die eigene Bevölkerung entwickeln, die Verfassung und die Grundrechte missachten, jegliches Augenmaß negieren? Warum zahle ich für adipöse Wegelagerer, die längst die Zeichen der Zeit nicht mehr erkennen, die Menschen überheblich „zu ihrem Glück“ zwingen wollen und doch vom Leben der Bürger keinerlei Ahnung mehr haben? Aus Solidarität?

Meine Solidarität gilt der Freiheit und der intellektuellen Redlichkeit. Werten, von denen sich die Politiker längst verabschiedet haben. Prost!

9. AUGUST 2021

Herr Wrabetz!
Ihre bevorstehende Abwahl sei ein Zeichen der „Orbanisierung Österreichs“, wehren Sie sich samt Ihren GenossInnen mit letzten Kräften gegen die einzig logische Konsequenz ob ihrer desaströsen Bilanz. Herr Wrabetz, wenn Ihre jetzige Abwahl die

Orbanisierung ist, war ihre damalige Wahl wohl die Stalinisierung des ORF. Gerade Sie, der überhaupt erst durch schmutzige Hinterzimmerdeals mit den parteipolitischen Hampelmännern ins Amt gespült wurde, der die ORF-Posten auf einer dreckigen Serviette verschacherte, möchten nun den Unabhängigen, den Unbestechlichen an der Spitze von Österreichs Zentralanstalt rot-grüner Propaganda mimen. Ausgerechnet Sie, vor dem keine Körperöffnung der mächtigen Politiker die letzten 15 Jahre über sicher war, der sich angedient hat, der es tatsächlich geschafft hat, aus dem Öffentlich-Rechtlichen ein tendenziöses Staatsfernsehen à la DDR zu formen.

Eher wird Beate Uhse heiliggesprochen, als dass Ihnen nur ein Mensch glaubt, Sie seien unabhängig gewesen. Unter Ihrer Amtsführung wurde der ORF die letzten 15 Jahre über das Gut Aiderbichl für die linken Vögel der Journalismus-FHs, die ganz ungeniert die Objektivität gebrochen, ein Meinungs- und kein Informationsmedium etabliert haben. Wild gewordene Marionetten der Parteizentralen, die nicht informiert, sondern indoktriniert haben, keinen Widerspruch duldeten, die verordnete Einheitsmeinung mit brachialer Gewalt durchsetzten. Der Großteil der von Ihnen handverlesenen Redakteure des ORF wäre wohl besser in die „Arbeiter-Zeitung" oder in die Redaktion des „Falter" verbracht worden.

Herr Wrabetz, Ihre Hinterlassenschaft, die von Ihnen von der Kette gelassenen und in Ihren Kreisen angebeteten Wolfs, die Dittelbachers, die Bornemanns sind keine Journalisten, sondern Aktivisten, deren Arbeitsgrundlage nicht die journalistische Sorgfalt, sondern ausschließlich deren Minderheitsmeinung war. Selbst überhöhte Charaktere, arrogante Schnösel ohne Substanz. Minderheitenfernsehen nannte sich daher der Dreck, der aus den Kanälen des ORF quoll. Eine kleine Minderheit von Meinungsmachern, die die Mehrheit der Gebühren zahlenden Menschen belehren will. Jahrelang haben Sie es nicht nur zugelassen, sondern es auch gefördert, dass sämtliche Redaktionen parteipolitisch von gescheiterten Roten und GrünInnen infiltriert wurden, diesen Schläfern, die nun eine „feindliche Machtübernahme" orten, obwohl Sie am Küniglberg längst ein autoritäres Angstregime aufgebaut haben. Herr

Wrabetz, es ist ein Wermutstropfen, dass nur Sie gehen und ihre gesamte Bagage nicht gleich mitnehmen. Und Sie sind die berühmte Ausnahme für den Spruch: „Es kommt nichts Besseres nach".

11. AUGUST 2021

Wer sich bei uns wie ein Taliban benimmt, ist bei den Taliban wohl besser aufgehoben! Anders gesagt: Wer bei uns in Europa das Recht auf Freiheit in Sicherheit sucht, dieses Recht aber den hier lebenden Menschen raubt, Gewalt sät, sich den hier geltenden Gesetzen und Regeln nicht beugen will, ist dorthin abzuschieben, woher er gekommen ist. Und dies gilt auch für Afghanistan. Dieser logische Grundsatz war bis vor wenigen Wochen unter dem Eindruck des Mordes an der 13-jährigen Leonie quer über alle Parteien hinweg mehrheitsfähig, kein Aktivist oder amtsbekannter Gutmensch traute sich nur im Ansatz, dieser Forderung zu widersprechen. Aber es ist wieder Zeit ins Land gezogen, das Schicksal der kleinen Leonie – stellvertretend für die vielen Opfer – gerät in Vergessenheit, und damit wendet sich wieder das Blatt, bilden sich die altbekannten Fronten.

Man könne nicht nach Afghanistan abschieben, das sei ein Kriegsgebiet, das Land befinde sich im Abwehrkampf gegen die Terroristen. Jetzt könnte man meinen, die 4800 afghanischen Asylwerber, die im Jahr 2020 in Österreich straffällig wurden, würden sich ohnedies in einem Land wohler fühlen, wo Straftaten auf der Tagesordnung stehen. Oder man könnte einwenden, dass es nicht die Aufgabe des Westens sein kann, den gewalttätigen Islamismus zurückzudrängen, sondern es Ziel der vornehmlich jungen, kräftigen, gesunden männlichen Afghanen sein könnte, ihr Land gegen die Taliban selbst zu verteidigen. Oder man könnte sich einfach auf die EU-Gesetzgebung Dublin I und Dublin II zurückziehen, die besagt, dass Österreich – umzingelt von sicheren Drittländern – eben kein Asylland mehr ist, die hier Asyl schreienden Sozialtouristen keinen rechtmäßigen Aufenthaltstitel haben und daher dorthin zu verbringen sind, wo sie eben hergekommen sind. Es bleibt daher zu hoffen, dass Bundeskanzler Sebastian Kurz seiner verkündeten harten Linie auch Taten folgen lässt und seine Worte nicht dem parteipolitischen Abwehrkampf gegenüber der FPÖ geschuldet sind.

15. AUGUST 2021

Man will uns unsere Freiheit rauben, skandierten die als Covidioten diffamierten Kritiker der Regierungsmaßnahmen. Und nun, 18 Monate nach dem Beginn des um sich greifenden weltweiten Hirnfraßes, dieser neurologischen Pandemie, vulgo Corona, werden aus den irrealen Thesen von einst die Realität der Gegenwart und Zukunft. Unsere Freiheit wird uns weiter genommen, die Grundrechte werden missachtet. Die einst für alle geltende Freiheit wird nur gegen eine zwangsweise verordnete Impfung teilweise zurückgegeben. Die Impfung ist für A und F, beanstandeten die als Corona-Leugner verunglimpften Bürger, und nun, neun Monate nach der Zulassung, wird auch diese Behauptung durch Studien aus Island, Israel und den USA insofern bestätigt, dass sich die „Vollimmunisierten" zu 60 % infizieren, das Virus weitergeben, erkranken, ja sogar teils daran sterben können. Dank der politischen Rattenfänger sind aus Vollimmunisierten die willfährigen Volldeppen geworden. Und dennoch halten die Regierungen am indirekten Impfzwang fest, pferchen das Volk unter finanzieller Nötigung in die Impfstraßen. Nicht die geblatene Fledelmaus aus dem süßsauren Kochtopf vom Wildtiermarkt in Wuhan war der Patient 0, dieses Virus kommt vielmehr aus dem nahe gelegenen Labor, schallte uns die als Verschwörungstheorie einzuordnende widersinnige Behauptung einiger Aluhutträger entgegen. Und siehe da, 18 Monate und unzählige in ihrer Meinung neutralisierte Experten später bestätigt die WHO diese „Theorie" kleinlaut. Aus Ungeglaubtem, aus teils Widersinnigem, ja schier Unmöglichem werden Fakten, die als Querdenker, Covidioten oder Coronaleugner pauschal gebrandmarkten Bürger sollen am Ende doch recht behalten haben? Jene, die man zuerst einkesselte und dann ausgrenzte, jene, die quer über alle Parteigrenzen hinweg auf die Straßen gegangen sind. Bertolt Brecht sagte einst: Wer die Wahrheit nicht weiß, der ist bloß ein Dummkopf. Aber wer sie weiß und sie eine Lüge nennt, der ist ein Verbrecher!

16. AUGUST 2021

Der Applaus war groß, der Jubel ist so plötzlich verstummt. Trump, der vom europäischen Establishment verhasste Weltcowboy, musste gehen, Joe Biden wurde jenseits des Atlantik mit Vorschusslorbeeren bedacht, er ersoff darin nahezu. Der edle Joe, der Noble und Anständige, endlich sind die Chaostage des verrückten Selbstdarstellers Trump vorbei. So oder so ähnlich lautete doch das frenetische Geschrei von Merkel, Macron und Co., die ihre sehnlichsten Wünsche nach einem Politwechsel im fernen Amerika kaum verbergen konnten oder wollten. Und nun sind sie plötzlich verstummt, kleinlaut, verstecken sich feig, die europäische Biden-Anhänger. Ja, die von Biden begünstigten Bilder aus Afghanistan sprechen eine deutliche Sprache: Binnen weniger Tage nahmen ein paar Tausend barfüßige Islamisten das halbe Land ein, verbreiten Krieg, Tod und Terror, führen die Scharia wieder ein, köpfen Menschen. Und all das, weil Joe Biden sich statt einer ordinären Geriatrie als würdigen Alterssitz das Oval Office für seinen außenpolitischen Wahnsinn ausgesucht hat. Wie viele deutsche Soldaten schickte Merkel am Hindukusch in den Tod, wie viele Milliarden Euro versenkten europäische Staaten, weil sie sich in Geiselhaft der NATO begeben haben?

59 deutsche Soldaten mussten sinnlos ihr Leben lassen, 12,7 Milliarden Euro blutete allein der deutsche Steuerzahler für das Abenteuer Merkels. Und nun hat der Bündnispartner USA alle im Regen stehen lassen, ist abgezogen. Mit ihren Ölmilliarden sponserten die USA über die Golfstaaten die Terroristen. Und das vom Westen mit Demokratie und Frieden zwangsbeglückte afghanische Volk bejubelt die neuen mittelalterlichen Gotteswächter, seine Peiniger. Die Konsequenz der von den USA gesteuerten europäischen Außenpolitik liegt klar auf der Hand: Die Wiederholung der „Wir-schaffen-das"-Krise 2015 wird sich sechs Jahre später, also in wenigen Wochen, an unseren Grenzen abspielen. Und wieder werden junge, gesunde, vornehmlich männliche Afghanen ihre Mütter, Frauen und

Kinder verlassen, den Weg in unsere Sozialsysteme suchen, die durch die geistige Hilflosigkeit unserer Regierungen geöffneten Grenzen vorfinden und für unseren täglichen Einzelfall sorgen. Denn man bekommt die Menschen aus Afghanistan raus, aber nicht Afghanistan aus den Menschen. Und wie sich Afghanistan durch das Werk von Afghanen entwickelt, wird uns dieser Tage auf allen Titelseiten gezeigt.

22. AUGUST 2021

Herr Kurz,
sie wollen also keine Afghanen mehr in Österreich aufnehmen, lautet die vollmundige Ankündigung, gleichsam die heiligen Worte des türkisen Messias zum Sonntag. Diese Selbsterkenntnis – denn der Regierungschef sind überraschenderweise Sie – kommt reichlich spät, denn von den mittlerweile 44.000 größtenteils illegal ins Land eingereisten Afghanen haben Sie als Kanzler einen guten Anteil höchstselbst zu verantworten. Und in unser aller Interesse hoffen wir doch, dass der nunmehrig verkündete „totale Einreisestopp" für die Glückskinder vom Hindukusch nicht einen ähnlich erfolglosen Ausgang nimmt wie ihr vor Jahren zumindest beim gutgläubigen Wahlvolk erfolgreich angekommener Anspruch, die Balkanroute persönlich, ja mit eigenen Händen geschlossen zu haben.

Ein Satz mit X: Das war wohl nix, denn die Balkanroute ist offen wie das mittlerweile berühmte Hosentürl ihres gescheiterten Nebenerwerbsfotografen und Verstaatlichtenprotegés, wenn wir allein an die 400 Illegalen denken, die pro Woche in Österreich ohne Papiere, ohne Einreisezeugnisse, ohne Genesenenbescheid, ohne Impfpass, ohne Testergebnis, ohne Altersfeststellung wenige Meter hinter der österreichischen Grenze laut „Asyl" schreien und von den Beamten Ihres Innenministers Schmähhammer in die Sozialsysteme unserer Länder huldigst begleitet werden, wie die vier Mörder von Leonie. Und ich will ja gar nicht von Ihren inszenierten Abschiebeexzessen sprechen, also jenem Vorhaben, das zwar jedes Mal groß angekündigt wird, die vollgetankte Hercules-Maschine jedoch konsequent am Boden bleibt. Von den 4800 kriminellen afghanischen Asylwerbern aus dem Jahr 2020 mussten gerade einmal 200 das Land verlassen, um beim nächsten Grenzübergang wieder hereinzukommen.

Ja, Herr Kurz, an Ihren Taten wollen wir Sie messen und nicht an den Worten. Denn längst ist bekannt, dass Ihnen angesichts der Wahlen in Oberösterreich und Graz im September der allerwerteste Ohrwaschelhintern auf Grundeis geht, sie langsam, aber sicher von den Treuesten der Türkisen durchschaut werden und die Umfragen nur mehr mit Müh und Not käuflich am oberen Niveau gehalten werden können.

Also gehen wir im Wissen um Ihre bisherige Ankündigungspolitik davon aus, dass spätestens mit Anfang Oktober Ihre nunmehrigen Forderungen Schall und Rauch sein und Sie gemeinsam mit Ihrem Koalitionspartner schon wieder Mittel und Wege finden werden, nach den Wochen des wahlkampfbedingten „harten Mannes" wieder das gutmenschliche Antlitz des unendlich Toleranten zu zeigen. Denn Sie sind ein Ankündigungskaiser und leider ein Umsetzungszwerg.

26. AUGUST 2021

„Österreich muss noch viel mehr Afghanen aufnehmen", tönt das zerfurchte Nikotinorakel aus der Hofburg und ergeht sich einmal mehr in den eines ehemaligen Parteichefs der Ökoterroristen würdigen Moralinjurien, anstatt sich in Wort und Tat eines objektiven, vernünftigen Staatsoberhauptes würdig zu erweisen.

Zu wenig aufgenommen, Herr Van der Bellen? Ein Vergleich schadet nie: 44.000 Afghanen, übrigens hauptsächlich junge Männer, die ihre Mütter, Frauen und Kinder zurückgelassen haben, hat Österreich in einer Anwandlung von gutmenschlicher, selbst aufgebender Toleranz bis dato aufgenommen, wurden uns dank Merkel und Faymann im Zuge der von Ihnen persönlich willkommen geheißenen Asyl-Armada 2015 regelrecht aufgezwungen. Die USA, also die außenpolitischen Brandbeschleuniger in Afghanistan, haben gerade einmal 1592 Afghanen freiwillig Schutz geboten. 44.000 haben den Weg zu uns ins kleine, aber dafür sozialstarke und leistungsbereite Österreich gefunden, obwohl auf dem langen Weg vom Hindukusch nach Wien mehr als zehn sichere Drittländer Schutz und

Hilfe angeboten hätten. Nur 9351 haben Unterschlupf in Großbritannien gefunden, jenem NATO-Land, das in Kabul vor den terroristischen Taliban kapitulierte und die Region gemeinsam mit Deutschland ins Chaos stürzte.

Und wir, Österreich, unser Bundesheer darf nun unter Einsatz des Lebens unserer Soldaten die Ausreise einiger mit rot-weiß-roten Fluchtdokumenten ausgestatteter Afghanen organisieren, die den langersehnten „Heimaturlaub" ausgerechnet im Land ihrer Peiniger verbrachten. Ich möchte Sie in Ihrem präsidialen Murmeltierschlaf nicht stören, Herr Van der Bellen. Aber: Dämmert's? Heimaturlaub im Land der einstigen Flucht? Das ist Asylbetrug und verdient nur den Heimflug. Kürzlich sagten Sie mit großer Geste: Es würden sich sehr viele AfghanInnen – ja, das Gendern ist Ihnen auch hier prioritär – anständig benehmen und manche eben nicht.

Manche, Herr Van der Bellen? Allein im Jahr 2020 wurden 10 % von den gesamten im Land Befindlichen straffällig. 10 %. Im Jahr 2021 sieht es nicht anders aus, darunter sind auch jene vier mutmaßlichen Täter, die Leonie betäubten, mehrfach vergewaltigten, töteten und wie einen Müllsack ablegten. Auch dieses Schicksal, direkt vor den Toren ihrer Hofburg geschehen, veranlasste Sie bestenfalls zum höflichen, ja opportunistischen Schweigen. Aber nun sind Sie mutig. Wir müssen mehr Afghanen aufnehmen.

Wie viele dürfen es sein? Alle 40 Millionen, nur 20 Millionen? Oder nur nochmals 44.000, damit wir nach Pakistan und Iran das Land mit der größten afghanischen Diaspora neben Deutschland bleiben? Oder nur die 90 % der Bevölkerung, die den Terroristen – für Sie TerroristInnen – zujubelten? Wieder nur junge Männer, die am Flughafen stehen, oder dürfen's – damit es ein wenig besser aussieht – auch Frauen sein? Ich würde vorschlagen, Sie legen in Ihrer Tintenburg am Ballhausplatz ein paar Listen auf. Dort soll sich jeder eintragen, der persönlich und auf seine privaten Kosten gern noch ein paar afghanische Glücksjungen aufnehmen möchte.

„Zum 15.9.2021 wird eine Stelle für die Antidiskriminierungsberatung (adb) des studentischen Sozialberatungssystems des ReferentInnenRats der Humboldt Universität Berlin ausgeschrieben. […] Wir bitten weiße Menschen, von einer Bewerbung für diese Beratungsstelle abzusehen." Neben der wirklich erschütternden Tatsache, dass es sich beim universitären Verfasser dieser verunglückten Stellenausschreibung um einen weiteren nullzelligen Vergewaltiger – kurz Sprachstraftäter – der deutschen Sprache handelt, der angesichts dieses Elaborates aus der Geschlossenen wohl besser an der psychiatrischen Abteilung der nahe gelegenen Charité als an der Humboldt-Universität aufgehoben wäre, zeigt sich nun nachweisbar, welche Volldeppen sich auf unseren Lehreinrichtungen herumtreiben, und vor allem, wie sich der antidiskriminierte Hund in seinen eigenen rassistischen Schwanz beißt. Rassismus ist offenbar wieder modern, wenn er sich gegen Weiße oder möglicherweise sogar deutsche Staatsbürger richtet. Um ebensolche von vornherein auszuschließen, schlage ich der Humboldt-Universität eine exaktere Formulierung ihrer künftigen Ausschreibung vor:

„Suchen homosexuellen, wahlweise bisexuellen, aber keinesfalls heterosexuellen, periodisch oder aperiodisch menstruierenden, ein- oder dreibeinigen, aber nicht blonden und blauäugigen, aber doch adipösen Transgender mit Höreinschränkung, ohne ersichtliche Geschlechtsmerkmale, aus Kabul – wahlweise auch aus Berlin-Kreuzberg – mit maximalpigmentierter Hautfarbe, muslimisch-druidischen Glaubens, grünem Parteibuch der AKP, gefälschten nigerianischen Aufenthaltspapieren und asiatischem Einschlag, der sich in letzter Generation auf eine tschetschenische, transsexuelle, eigentlich lesbisch lebende, Burka tragende Gebärmutter mit männlichen Geschlechtsmerkmalen und einen behinderten indigenen südamerikanischen Samenspender – vornehmlich aus Peru – berufen kann, dessen/deren arabische GroßelterInnen nachweislich die beiden unehelichen Stiefsöhne – eigentlich Töchter – der nymphomanischen Enkelin Erdoğans und eines einäugigen, in einer inzestuösen Hufeisenbeziehung aber dennoch im Labor gezeugten Morgensternschlägers des Sultans von Kairo waren, der wiederum aus Nordkorea kommend am Hindukusch durch Messervorführungen mit gezogenen Granaten zum Gaudium der dort nach Deutschland flüchtenden jungen, starken Taliban beitrug."

Oder sie nehmen einfach Annalena Baerbock, denn die Gute hat ab 26. September genügend Tagesfreizeit. Bekanntermaßen lässt sich ihr Lebenslauf den Anforderungen problemlos anpassen.

1. SEPTEMBER 2021

In der Not frisst der Teufel Fliegen! Wahrlich, die Not ist groß, zumal die beiden Regierungsparteien ÖVP und GrünInnen seit Monaten in keiner einzigen Umfrage mehr eine rechnerische Mehrheit bei Neuwahlen hätten. Also klammern sich Kurz und Kogler qua Aussichtslosigkeit wie zwei Ertrinkende aneinander. Der derzeit vorherrschende Theaterdonner zwischen den ungleichen Koalitionären rund um das Thema Asyl und Afghanistan ist nicht nur der ständig zum Ausdruck gebrachten „Bestes-aus-zwei-Welten"-Inkompatibilität geschuldet, sondern auch der Tatsache, dass am 26. September sowohl in Oberösterreich als auch in Graz gewählt wird und sich die Parteistrategen mit der offen zur Schau gestellten Gegensätzlichkeit einen Rückenwind für ihre jeweiligen Parteien erwarten.

Mit der Verkündigung des Endergebnisses dieses einzig nennenswerten Wahlsonntags im Jahr 2021 werden sich Kurz und Kogler auch nach außen hin wieder harmonischer geben. Denn von Neuwahlen würde wohl keiner von beiden profitieren. Die GrünInnen haben sich in der Regierung bei allen wesentlichen Fragen inhaltlich entleibt, haben zugunsten des Machterhaltes ihren Markenkern bei den Themen Transparenz, Unbestechlichkeit, Asyl und Umwelt aufgegeben. Und die ÖVP hat nach den Skandalen rund um den gebeidelten Chatverkehr des Herrn Schmid, die Hausdurchsuchung bei Finanzminister Blümel und die drohenden Anklagen gegen Kurz und ein Dutzend weiterer hochrangiger ÖVP-Funktionäre kein Interesse, mit dieser Hypothek, sprich dem justiziellen Damoklesschwert, in eine Neuwahl zu gehen. Abgesehen von den parteiinternen Jubelpersern deutet das Stimmungsbarometer für Kurz nach bald 18 Monaten Corona-Chaos eher in den Keller als in jene himmlischen Höhen, die ihm nur mehr die eigenen Funktionäre beim Parteitag, der eher an eine Zeugen-Jehovas-Inszenierung erinnerte, bescheinigen. Der Lack des unbesiegbar erscheinenden Jünglings ist ab. Also warum zum Teufel sollte die Regierung nicht halten?

3. SEPTEMBER 2021

War es im Spätsommer 2020 noch die Wiener Gemeinderats- und Landtagswahl, die die Bundesregierung bis exakt zum Wahltag am 11. Oktober davon abhielt, die damals längst geplanten strengen Lockdownmaßnahmen zu verkünden, werden es in diesem Jahr die Landtagswahl in Oberösterreich und die Gemeinderatswahlen in Graz am 26. September als terminliche Wegmarkierung sein, die uns wenigstens noch ein paar Wochen in der „neuen Normalität" und in der sommerlichen Freiheit leben lassen. Spätestens am Tag nach der Verkündung des Landtagswahlergebnisses in Oberösterreich und in Graz wird die Rücksicht der Bundesregierung auf ihre schwächelnden Regionalparteien beendet sein und werden Bundeskanzler Kurz und Gesundheitsminister Mückstein mit ernsten Mienen vor die Medien treten, um Folgendes zu verkünden: Der hohe Anteil an Nichtgeimpften im Land sei schuld daran, dass in Österreich wieder die Maskenpflicht eingeführt, eine 1-G-Regel verordnet, Veranstaltungen verboten, Schulen teilweise geschlossen und ein Lockdown ab Mitte Oktober vorbereitet würden.

Und wenn Sie angesichts der Terminauswahl noch immer staunen, darf ich auch diesmal in Erinnerung rufen, dass die Corona-Maßnahmen zumindest dieser Bundesregierung keinen gesundheitspolitischen, sondern eher parteipolitischen Grundsätzen folgen. Längst wird das Feld medial wie politisch dafür vorbereitet, den Nichtgeimpften die kollektive Schuld für den Niedergang des Landes in die Schuhe zu schieben. Keine Nachrichtensendung des Öffentlich-Rechtlichen mehr, die ohne die Differenzierung zwischen der Wocheninzidenz

Geimpfter und Ungeimpfter auskommt. Die Antwort auf die Frage, wie man eine Geimpfteninzidenz darstellen kann, obwohl Geimpfte längst aus der Testpflicht ausgenommen sind, bleiben die medialen wie politischen Giftmischer ebenso schuldig wie die Zahlen über die tatsächliche Wirkung dieser als Gamechanger verheißenen Impfung, die eben – wie wir nun sehen – nicht der Weisheit letzter Schluss ist.

Und nachdem die Bundesregierung trotz der Appelle unterschiedlicher Gruppierungen nun das 19. Monat die personelle wie infrastrukturelle Aufstockung des Gesundheitssystems verschlafen hat, kein einziges der geschlossenen Spitäler wieder öffnete, keine einzige Pflegekraft zu Intensivpflegern umschulte, keine ins Ausland abgewanderten Mediziner in die Heimat zurückkamen, wird sich das Debakel spätestens mit Ende September als virologisches Déjà-vu wiederholen. Aber, wie gesagt, erst ab 26. September, denn vorher müssen die Schafe noch wählen!

4. SEPTEMBER 2021

Stellen wir uns kurz vor: Wir schreiben das Jahr 2021. 76 Jahre nach dem Zusammenbruch des Nazi-Regimes, zig Millionen Toten, der Massenvernichtung von Juden, Homosexuellen, Roma und Sinti, politisch Andersdenkenden, der Tötung von Behinderten, einem zerstörten Europa, dem größten Weltkrieg seit Menschengedenken, kandidiert bei einer Kommunalwahl in der zweitgrößten Stadt eines Landes eine Nationalsozialistische Deutsche Arbeiterpartei 2.0 und beruft sich sowohl im Namen, in der Tradition als auch in der Ideologie auf das einstige Schreckensregime, verniedlicht dieses, relativiert und romantisiert den Terror und seine Henker, huldigt den einstigen Größen und träumt von den vergangenen heldenhaften Tagen des Nationalsozialismus. Ganz ungeniert verwendet diese Partei das Hakenkreuz als Parteilogo. Diese Partei bekommt 20 % Wählerzustimmung, weil sie, einem trojanischen Pferd gleich, zumindest nach außen hin Kreide frisst, ein wenig Geld spendet und sich sympathisch und nett gibt. Also ein spendabler, netter, sympathischer Nationalsozialismus. Was sind schon sieben Millionen Tote, wenn die Spitzenkandidaten herzig lächeln?

Wir schreiben das Jahr 2021; in der zweitgrößten Stadt Österreichs, Graz, kandidiert die Kommunistische Partei Österreichs, die sich in ihrem Namen, ihrer zum Ausdruck gebrachten Ideologie, ihrer Geschichte, in ihrem mit dem bluttränkten Stern, Hammer und Sichel ausgestatteten Parteiemblem klar und deutlich zum kommunistischen Schreckensregime bekennt, das 36 Millionen Tote allein in der Sowjetunion gekostet hat, Juden, Homosexuelle, behinderte Menschen vernichtete, Diktaturen errichtete, Menschen wahllos internierte, umbrachte und in den 1990er-Jahren für den größten Völkermord der jüngeren Geschichte, ganz nah an unserer Grenze, in Jugoslawien sorgte. Den ersten Alptraum, also die Kandidatur von bekennenden Nazis in Österreich, verhindert das Verbotsgesetz, der zweite wird von etablierten Altlinken, geschichtsvergessenen Tugendterroristen in den Medien bejubelt. Wir schreiben das Jahr 2021, und in der zweitgrößten Stadt Österreichs begegnen wir mit jedem fünften Menschen auf der Straße einem Wähler, dem das Lächeln und die Spende von Kreide fressenden Wölfen wichtiger sind als die Millionen Toten. Dummheit kann man eben nicht verbieten.

6. SEPTEMBER 2021

Lieber Til Schweiger! Die Impfung an Kindern sei entsetzlich, erdreisten Sie sich doch tatsächlich, Kritik am Sakrosankten zu üben, stellen das Unkritisierbare infrage, stellen sich unverhohlen gegen den ausufernden Wahnsinn einer staatlich angeordneten Angst und Hysterie. Ein Tabubruch, ausgerechnet Til Schweiger, der unumstrittene Liebling des kleinen elitären und autoritären Kreises an Meinungsmachern, der sich die Gunst des und seinen Platz im Establishment mit seinem Einsatz in der Migrationsfrage sicherte. Aber nur zeitlich begrenzt, denn wehe, wehe, wenn ich auf das Ende sehe und wenn dem scheinbar Angepassten mit den Jahren dann doch ein tatsächlich Aufgeklärter entschlüpft. Ausgerechnet Til Schweiger ist der nächste Anwärter auf einen sicheren Platz im bereits überfüllten und sehr engen Lager der Covidioten, der Querdenker und der Corona-Leugner. Also im Kreise all jener Menschen, die sich erlauben, ihr gottgegebenes Hirn einzusetzen, Fragen zu stellen, nicht still zu halten, Fakten zu vergleichen, das Widersinnige zu kritisieren, sich der Panik und der darauf erblühenden Autokratie entgegenzustellen, sich dem zerstörerischen Irrsinn zu entziehen. Sie, Til Schweiger, schwimmen nun nach Nena und vielen mehr gegen den Strom, gelten somit offiziell als Unberührbarer, als Outlaw. Und alle, die Sie noch kürzlich in den Himmel hoben, die Ihnen zu Gesicht standen, werden sich nun abwenden. Denn wer nicht für sie ist, den bekämpfen sie. Das ist jene „Freiheit", die die Nomenklatura der Meinungs- und Deutungshoheit meint. Einfalt statt Vielfalt, Zwang statt Freiheit, Fremdbestimmung statt Selbstverantwortung. Sie spalten, wo zuvor Einheit war, sie gedeihen nur im Gegeneinander. Til Schweiger, wieder einer, dem ich zurufe: Wer die Wahrheit sagt, braucht ein schnelles Pferd.

7. SEPTEMBER 2021

Jan Böhmermann – die Klöten klein, die Quoten lahm – hat sich wieder hervorgetan. Aus dem letzten öffentlich-rechtlichen Loch er kroch, in purem Hass auf alle er ersoff. Die einzige Wahrheit, die sei nur sein, grunzte er wie ein kleines autoritäres Faschoschwein. Der kleine, schwache, feige Böhmermann, der groß austeilen, aber eben nicht einstecken kann.

Des Öffentlich-Rechtlichen Quotenamöbe zeigte sich wieder von seiner besten Seite, nämlich selten einfältig, ja blöde. Die intellektuelle Steinflechte des deutschen Fernsehens, der Einzeller unter den parteipolitisch verseuchten Meinungsjournalisten saß wieder einmal zu Gericht, um zu urteilen, wer aus seiner Sicht würdig ist, eine Meinung öffentlich vertreten zu dürfen, und wer eben nicht. Eine sogenannte „Qualitätskontrolle" soll in Zukunft darüber entscheiden, wer reden darf und wer nach Ansicht des geistigen Nachfahren des SED-Politbüros das Maul zu halten hat, nicht gezeigt werden darf, unhörbar gemacht, neutralisiert werden soll. Meinungsfreiheit ist eben teilbar, die verfassungsmäßigen Grundrechte gelten nur für jene, die in das allzu kleine und berechenbare ideologische Weltbild eines selbst ernannten Satirikers passen, der angesichts seiner schmerzhaft flachen Kalauer und trauertriefenden Schenkelklopfer dann doch eher den Beruf des Feuerbestatters hätte wählen sollen.

Aber wir sollten dankbar sein für so seltene, von herzerfrischender Offenheit geprägte, rhetorisch zwar gestotterte, aber dann doch in freier Rede gehaltene und entlarvende TV-Momente, wo die Hauptproponenten der erhabenen Zensur-Nomenklatura in ihrer Erklärungsnot ihr egozentrisches Weltbild ungeniert offenbaren. Und auch wenn's, wie gesagt, nur gestottert war, der tiefe Einblick in die Abgründe jener, die nur vordergründig für Meinungsfreiheit und Toleranz eintreten, aber in der gelebten Realität das exakte Gegenteil bewirken wollen, lohnt sich allemal.

Aber nun zurück zu Böhmermann, dem Teleprompter-Akrobaten, dessen platte Witzchen schon mehrmals gekaut wurden, um nicht zu sagen: am Ende des Verdauungsvorganges stehen: Eine angedachte Qualitätskontrolle im Öffentlich-Rechtlichen hätte mit Sicherheit ein erstes Opfer: Böhmermann, mit dessen Humor man ja nicht einmal mehr den toten Hund hinter dem Ofen hervorlocken kann. Der Möchtegern-Humorist, der eben gar nichts kann: Jan Böhmermann. Das Hirn auf Erbsengröße klein, die Klöten lahm, der kleine dumme Grobian.

10. SEPTEMBER 2021

Die diese Woche vorgestellten sogenannten Maßnahmen zur Bekämpfung des seit 19 Monaten andauernden Polit-Ebolas waren nur der Auftakt, glauben Sie mir. Denn mit dem 27. September, einen Tag nach der Landtagswahl in Oberösterreich und der Gemeinderatswahl in Graz, wird der wahre Plan zum Vorschein kommen, werden die Lockdownregeln für einen großen Teil der Bevölkerung präsentiert, wird an der weiteren Spaltung der Gesellschaft gearbeitet, die direkte Impflicht auch offiziell implementiert, der Gratistest abgeschafft werden.

Wer glaubt, dass die Ausgrenzung von ungeimpft Genesenen und Nichtgeimpften nur in der ohnedies geschundenen Nachtgastronomie stattfinde, wer glaubt, dass es sich mit einer Verkürzung der Testgültigkeit und der Ausweitung der Maskenpflicht für Nichtgeimpfte getan habe, irrt gewaltig. Und es werden sich vor allem die Millionen Geimpften in diesem Land irren, die sich aufgrund der Worte des Pinocchio-Kanzlers Kurz – „Die Pandemie ist für Geimpfte vorbei" – in Sicherheit wähnten. Es wäre ja fast in der Maßnahmenkakofonie der Bundesregierung untergegangen, denn eher beiläufig erwähnte Bundeskanzler Kurz, dass „erst der dritte Stich eine langfristige Wirkung" zum Schutz vor dem Polit-Ebola bringe.

Liebe Geimpfte Österreichs, liebe Corona-Junkies, ihr werdet also wieder zum Stich gebeten, notfalls unter Zwang! Aber es darf halt niemanden wundern, wenn die Halbwertszeit der politischen Ankündigungen nicht einmal die Lebensdauer einer Eintagsfliege beträgt. Denn was soll man einem Menschen noch glauben, der eine Maskenpflicht im Jänner 2020 verneinte, um sie kurz danach einzuführen und nun wieder zu reaktivieren? Warum soll man den Worten eines Menschen Glauben schenken, der die Pandemie im Frühjahr für beendet erklärte und nun wieder das Angst- und Panikregime hochfährt? Welchen Wert haben Worte eines Kanzlers, der in den Interviews eine Impfpflicht ablehnt, um sie dann mit der 1-G-Regel praktisch einzuführen, ja sogar mittlerweile den dritten Stich verpflichten zu wollen?

Darin liegt das Hauptproblem Österreichs: in der mangelnden Glaubwürdigkeit der politischen Führung. Und egal, auf welcher Seite man in der schwelenden Corona-Debatte steht, dieser Vertrauensverlust der politischen Eliten ist der kleinste gemeinsame Nenner, auf den sich Gegner und Befürworter der Corona-Maßnahmen locker einigen können.

16. SEPTEMBER 2021

Wer fürchtet sich vorm roten Mann Olaf Scholz? „Niemand!", ruft das Volk und quittiert mit einer Stimme für den SPD-Kanzlerkandidaten das dann doch – höflich formuliert – schleißige personelle Angebot der CDU/CSU mit Armin Laschet und Co., den Konkursverwaltern Merkels. Aber wie schrecklich müssen die letzten Jahre unter „Angela, ick hör dir trapsen" tatsächlich gewesen sein, dass man aus Protest gleich die Ostblockerben, die politischen Nachfolger der SED-Todesschergen in eine Regierung wählt? Wie verzweifelt muss man sich fühlen, sich ausgerechnet eine Annalena Baerbock, die keinen geraden Satz unfallfrei zum Besten gibt, an einen Ministertisch zu wählen? Wie entsetzlich war die jüngere deutsche Vergangenheit, dass man die Zukunft ausgerechnet mit Saskia Esken, Sawsan Chebli oder Kevin Kühnert, den Gespenstern aus der sozialistischen Geisterbahn, bestreiten will?

Nur weil man im Gasthaus schlecht gegessen hat, säuft man doch nicht gleich aus der Toilette. Nur weil Merkel über die letzten Jahre für die Spaltung der deutschen Gesellschaft sorgte, einen Niedergang einleitete, heißt das doch nicht, dass man einen solchen Prozess mit Rot-Rot-Grün noch beschleunigen muss. Denn was bedeutet eine Stimme für die SPD, für die Linken und die GrünInnen? Sie bedeutet eine internationale Isolierung Deutschlands, die europäische Vormachtstellung können sich die Deutschen auf Jahre in die Haare schmieren. Sie bedeutet eine Schwächung des Wirtschaftsstandortes und damit einhergehend eine bedrohliche Rekordarbeitslosigkeit. Und sie bedeutet daher Steuererhöhungen, Verbote, Bevormundung und eben erst recht eine Fortsetzung der Politik des „Wir schaffen das“ von Merkel.

Die Erben der Politik der Alten sitzen links, denn die Gute hat auf Bürgerlichkeit und liberal-konservative Werte gepfiffen. Daher bedenkt immer: Hinter dem lächelnden Gesicht des Herrn Scholz, des freundlichen Frühstücksdirektors der Roten, verbergen sich linke Kryptokommunisten, Stalinisten, orientierungslose Pleitiers und alternative Raufbolde, PlagiateurInnen, Steuererhöher, brutale Multikulturalisten, sprich: die abgehalfterte Faschingsgilde des Margot-Honecker-Gedenkkränzchens. Und wohin dies führt, wissen wir alle: in die Katastrophe.

17. SEPTEMBER 2021

Es dürfte sich um die wichtigsten, die entscheidendsten Wahlen Österreichs, die Mütter aller politischen Schlachten unserer Nation handeln. Denn nicht weniger als eine nationale Pandemiebekämpfung und damit das Schicksal eines ganzen Landes muss sich ausgerechnet an den oberösterreichischen Landtagswahlen und den Gemeinderatswahlen in Graz am

26. September 2021 orientieren. Es ist durchaus verständlich, dass die Oberösterreicher und die Grazer ihre jeweilige Heimat für den Nabel der Welt halten. Aber, mit Verlaub: Entweder ist das Wuhan-Virus tödlicher als Ebola, wie uns Medien und Politiker seit exakt 19 Monaten vermitteln wollen, dann wäre aber keine einzige Sekunde zu verlieren. Oder die hysterische Grippe und die darauf aufbauenden Maßnahmen unterliegen ohnedies nur parteipolitischen Entscheidungen, dann braucht man auch nach dem magischen Wahlsonntag Ende September keinerlei Maßnahmen mehr zu ergreifen.

Aber tatsächlich, noch nie nahm die Bundespolitik ausgerechnet auf eine Landtags- und eine Gemeinderatswahl so entscheidenden Einfluss wie diesmal im Land ob der Enns und der Stadt an der Mur. Denn es haben mittlerweile die Bürger in den hintersten Winkeln unserer Republik längst begriffen, dass der 26. September der letzte Tag in Freiheit sein wird, bevor das Maßnahmenregime von den türkis-grünen Kerkermeistern in Wien wieder hochgefahren wird. Und dementsprechend könnten die Wahlen auch weniger zu einer Landeshauptmann- oder Bürgermeisterentscheidung hochstilisiert werden, sondern wohl eher ein Wink der Wahlberechtigen an die Wiener Regierung werden. Welch Überraschung! Ausgerechnet zwei Regionalwahlen könnten ein Stimmungsbarometer für Sebastian Kurz und Werner Kogler werden, ob Österreichs Bürger nach 19 Monaten Pfusch, Chaos und Repressalien noch immer bereit sind, den in der Wiederholungsschleife verkündeten Durchhalteparolen zu folgen.

Das mag für Landeshauptmann Stelzer und Bürgermeister Nagl ärgerlich sein, denn beide sind in Wahrheit immer Schwarze geblieben, der ideologischen Beliebigkeit in Türkis nie gefolgt, und haben die letzten Jahre auch gute Arbeit geleistet. Dass sich beide ausgerechnet bei Kurz und Kogler dafür bedanken müssen, dass die FPÖ unter Kickl gerade mit den 39 % Kritikern der Corona-Maßnahmen sowohl in Linz als auch in Graz ein Alleinstellungsmerkmal geschaffen hat, mutet wie ein Treppenwitz der innerparteilichen ÖVP-Geschichte an. Kurz lockt mit dem Slogan: „Impft euch frei!“ Kickls Blaue quittieren mit: „Wählt euch frei!“ Schauen wir, wer gewinnt.

Einst verdächtigte man ja Russland der gezielten Wahlmanipulation im sogenannten Westen. Überall hätten Putin und seine hinterhältigen Agenten die Finger im Spiel. In Deutschland hingegen braucht es Russland nicht, denn dort erledigt ausgerechnet die eigene öffentlich-rechtliche Propagandaorgel die Drecksarbeit, ergeht sich in gezieltem Meinungsterrorismus, bricht jegliche Objektivität, tarnt linke Aktivisten als einfache Bürger, negiert Fakten, verdreht die Wahrheit zur Unkenntlichkeit, ja missbraucht selbst Kinder für die schändliche Agenda, schickt Provokateure vor und versucht mit allzu offen zur Schau gestellter tendenziöser Berichterstattung, direkten Einfluss auf demokratische Wahlen zu nehmen.

In Russland finden sich die Giftmischer der öffentlichen Meinung unter dem Dach des FSB, des gefürchteten Auslandsgeheimdienstes, in Deutschland sammeln sich die Manipulierer und Informationspanscher im gebührenfinanzierten Gut Aiderbichl für lang gediente Politkommissare namens ARD, ZDF und WDR. Jeder Depp, der in der freien Wildbahn der Privatwirtschaft nicht unterkommt, aber zumindest ideologisch ins Konzept passt und gut lügen kann, bekommt einen warmen Platz hinter den Kameras und Mikrofonen, darf seine eigene, halbseidene Meinung zum Besten geben, zur alleinigen Wahrheit erklären. Da bekommt der Begriff Staatsfernsehen eine ganz alte Bedeutung. Gut, die Deutschen haben ja spätestens seit Klumpfuß Joseph und den neuzeitlichen Ablegern im DFF der SED der DDR eine exzellente Expertise vorzuweisen, wie man gezielt Massen steuert und manipuliert. Wie man das Volk für blöd verkauft und dafür von ebendiesem noch Geld kassiert.

Da wird aus der brustschwachen Fälscheranni Annalena Baerbock, die Kenntnis weder über ihren Lebenslauf noch über die deutsche Sprache vorzuweisen hat, eine Kanzlerkandidatin, wird die Dilettantin als Herausforderin verkauft, ja in ein Triell geschickt, obwohl ihre Umfragen nicht einmal dazu ausreichen, in der Realschule Hintersindelfingen Schulsprecherin zu werden. Da wird Olaf Scholz in die Höhe geschrieben und kein Wort über die abstrusen Ideen seiner Strippenzieher, der linkslinken Schickeria Esken, Kühnert, Chebli, Borjan und GenossInnen verloren. Da wird die AfD als Parlamentspartei gänzlich ausgeblendet. Die FDP nicht einmal erwähnt. Denn was nicht sein darf, findet auch im Öffentlich-Rechtlichen und seinen Machenschaften nicht statt. Wie sagte der spanische Jesuit Álvarez? „Nachrichten geschehen nicht, sie werden gemacht. Gäbe es keine Journalisten, so gäbe es auch keine Nachrichten, sondern nur Fakten."

22. SEPTEMBER 2021

Nur noch wenige Tage, und Angela Merkels Kanzlerschaft ist zu Ende. Und doch ist ausgerechnet ihre Politik der wahre Grundstein für die neue deutsche Bundesregierung unter der prognostizierten Führung des Sozialdemokraten Olaf Scholz. Denn es war Angela Merkel, die ihre Unionspartei Stück für Stück über die Mitte hinaus nach links rückte, einst hochgehaltene konservativ-bürgerliche Werte ihrer Partei in der täglichen Regierungsarbeit tilgte, die CDU/CSU von der SPD nicht mehr unterscheidbar machte. Und daher ist es auch kein Wunder, dass einstige Unionswähler keine Hemmungen mehr haben, gleich die SPD zu wählen. Ihr allzu langes Festklammern am Kanzleramt, ihr Festhalten an der Macht und ihre ständige Einflussnahme auf die eigene Nachfolge – von Annegret Kramp-Karrenbauer bis Armin Laschet – hinterlassen eine desorientierte, in einzelne Gruppen aufgespaltene Partei. Im rechten Lager schaffte die ewige Kanzlerin mit dieser schleichenden Neupositionierung und der 2015 eingeleiteten „Wir-schaffen-das"-Politik ein Vakuum, in dem sich die AfD rasch etablierte und seitdem enttäuschte Konservative absaugt. Das fleischgewordene Leid der Union, das personifizierte Ergebnis dieser fatalen Entwicklung heißt nun Armin Laschet. Ein farbloser, ja ungeschickter Systemsprössling, von dem man den Eindruck hat, er fülle nur seine ihm von Merkel geschenkte Funktion aus, um Friedrich Merz zu verhindern. Merkel steht zwar auf keiner Kandidatenliste, dennoch drohen aufgrund ihres inhaltlichen wie personellen Versagens am kommenden Sonntag erstens ein noch farbloserer sozialdemokratischer Kanzler und zweitens eine rot-rot-grüne Koalition aus der

SPD, den Linken und den GrünInnen. Keine hoffnungsvollen Aussichten für die Deutschen, denn ausgerechnet dieses Szenario wäre ja die Fortsetzung des bisherigen Abstiegskampfes.

29. SEPTEMBER 2021

Wenn vor einem Jahr jemand behauptet hätte, dass bald nur mehr geimpfte Personen zu ihrem Arbeitsplatz dürfen und Ungeimpfte kein Gehalt mehr bekommen werden, hätte man diesen Menschen ob seiner abstrusen Ansichten ins Reich der Verschwörungstheoretiker verwiesen. Weit haben wir es gebracht, die jenseitigsten Befürchtungen werden nun Realität! Und niemanden kümmert es.

Ungeimpfte Menschen, also Mitbürger, die sich der allgegenwärtigen Impfpropaganda entziehen und dem Corona-Virus angesichts seiner verschwindend geringen Letalität eben nicht jenen das gesamte Leben beherrschenden Stellenwert einräumen, sich nicht nach zwei Impfungen noch die dritte und vierte, die fünfte und sechste Spritze in periodischen Abständen verabreichen lassen, also lebenslange Impfjunkies werden, sollen in Zukunft *de facto* ihren Arbeitsplatz verlieren. So planen es Bundeskanzler Kurz und die beiden Fachminister Mückstein und Kocher. Und ja, es macht tatsächlich sprachlos, zumal man damit nicht nur in das gesellschaftliche, sondern auch tief in das Arbeitsleben der Menschen eingreift, ihnen auf Basis ihres Immunstatus den Arbeitsplatz und damit das Einkommen zum Auskommen nimmt.

Dieses asoziale Erpressungsmodell entlehnt die Bundesregierung ausgerechnet aus Italien. Einem Land, in dem wir gern urlauben, aber doch angesichts seines politischen Chaos weder arbeiten noch leben oder krank werden wollen. Die Mehrheit der Bevölkerung sieht dem bunten Treiben zu, die Gewerkschaften und die Arbeiterkammern spielen mit. Denn der Zweck heiligt die Mittel, und die wenigsten bemerken, dass damit ein verheerendes Präjudiz geschaffen wird, das in Zukunft jeden von uns treffen kann. Die Regierung setzt damit ihre Politik der Impferpressung fort. Sie scheut sich wie der Teufel vor dem Weihwasser vor einer gesetzlichen Impfpflicht, denn da müsste der Staat ja für Impfschäden in Millionenhöhe haften. Also setzt man weiter auf indirekten Zwang, nimmt den widerspenstigen Nichtgeimpften sämtliche Lebensbereiche.

30. SEPTEMBER 2021

Wundert sich ernsthaft ein Mensch über die Bundestagswahl in Deutschland, das desaströse Ergebnis zweier einstiger Volksparteien, geschrumpft zu austauschbaren Klein- und Mittelparteien, die nun eher um den Bürgermeistersessel von Minimundus als um den stolzen und ehrenwerten Kanzlerstuhl zu Berlin raufen könnten? Die SPD, die mit Ach und Krach und Weh und Leid gerade einmal die Unionsparteien knapp überrundete, aber nicht, weil die Deutschen die späte Liebe zum Sozialismus und dessen blutleeren Vertretern entdeckt hätten, sondern weil Angela Merkel und ihr treuer und zugleich glückloser Erfüllungsgehilfe, Fettnapfkaiser Armin Laschet, die Unionsparteien der totalen Beliebigkeit geopfert haben, ja beide mit einem wahrhaftigen Wählervertreibungsprogramm die Bürger verschreckten.

Überhaupt waren diese Bundestagswahl und das Desaster für die bürgerliche Mitte einer Frau geschuldet, die nun viel bejubelt, heroisiert, ja aufs Schild der Geschichte zu Adenauer und Co. gehoben wird und in der Realität das Land und ihre eigene Partei verjuxt hat, zielsicher seit 2008 den falschen Weg einschlug. Sei es bei der als Euro-Rettung titulierten Finanzspritze für Banken und Fonds, sei es 2015 mit der nachhaltig tödlichen Politik des „Wir schaffen das" oder dem autoritären Corona-Chaos.

Angela Merkel, eine Fernsehkanzlerin, die die Gunst der Medien nie verlor, aber jene der Menschen Stück für Stück verspielte. Und Deutschland zu einer Entwicklungsdemokratie verkommen ließ, wo die zur Mutti der Nation stilisierte Kanzlerin, die blutige Raute, das Denken und Handeln den Mitmenschen gänzlich vorgab, Widerspruch nicht duldete, ja Kritik negierte und schlussendlich mit der eigenen Moralkeule neutralisierte.

Kein Wunder, wenn man einen SED-Kommunisten in Thüringen zum Ministerpräsidenten inthronisiert, dass die Wähler gleich zur SPD gehen. Kein Wunder, wenn man die eigenen

Positionen zugunsten eines Linksrucks aufgibt, dass auch der Wähler nicht den halb lustigen Schmiedl, sondern gleich den Schmied – also nun Olaf Scholz – wählt. Kein Wunder, wenn man jahrelang keinen kritischen Nachfolger aufkommen lässt, dass die Wähler selbst im farblosen SPD-Kandidaten, also dem Einäugigen unter den restlichen Blinden, den optimalen Kandidaten sehen. Kein Wunder, wenn man aufgrund der Führungslosigkeit der Sesselkleberin die Partei den Diadochenkämpfen eitler Pfaue wie Söder und Spahn opferte. Nun gleicht die Union dem Scherbenhaufen, die SPD kann nur mit instabilen Dreierkoalitionen ein Land regieren, das einst innerhalb Europas den Ton angab. Für die Alte fällt der letzte Vorhang, für Deutschland wird er in diesem Zustand nicht mehr aufgehen. Merkels wahres Erbe, eine fatale Zukunft.

6. OKTOBER 2021

Basti Fantasti! Basti Desasti! Basti bald im Knasti? Die Genealogie des türkisen Ohrwaschelkaktus erinnert dann doch immer mehr an den Clan von Al Capone. Auch er scheiterte nicht an den Kapitalverbrechen seiner Zunft, sondern an den kleinen, lässlichen Sünden des Lebens. An nebulosen Chats, an verschriftlichten Handy-Nachrichten mit seiner persönlichen Madame Pompadour, auch Thomas Schmid genannt. Recht eng zieht sich die justizielle Schlinge um des jungen Kanzlers knabenhaften Hals. Der Scharfrichter ist ihm dicht auf den Fersen, Kottan ermittelt eben gewissenhaft. Und wieder haben die delikaten Nachrichten des noch delikateren Thomas Schmid – nein, diesmal sind es nicht die Beidln – den Schluchtenscheißer-Messias in arge Bedrängnis gebracht, verdunkelt sich die türkise Sonne, bevor sie möglicherweise vom Firmament stürzt.

Inseratenkorruption nennt sich das Corruptus Delicti, von dessen Strafbarkeit ich als langer Beobachter der Szenerie regelrecht überrascht bin. War doch spätestens seit Werner Faymann und seinem liebevoll als Onkel Hans titulierten „Krone"-Herausgeber Hans Dichand bekannt, dass sich Österreichs Altparteien die Berichterstattung mit unserem Steuergeld genauso herrichten, wie sich Österreichs Medienhäuser eben die Kanzler her- und am Ende hinrichten. Bestechung, Bestechlichkeit, Untreue lauten die in der Geschichte der Republik Österreich wohl einzigartigen Vorwürfe gegen einen Kanzler und sein engstes, ja nach wie vor im Amt befindliches Umfeld.

Nach der falschen Zeugenaussauge – auch für die gilt selbstverständlich, wie für jeden Hendldieb, die Unschuldsvermutung – nun die nächsten Paragrafen, die dem Kanzler das Leben schwer machen. Und bevor er noch sein fünfjähriges Jubiläum gefeiert hat, hat er das gesamte Strafgesetzbuch am Buckel, der arme gefallene Held, der es mit uns doch immer nur gut meinte. Aber am Ende ist vielleicht gut gemeint das Gegenteil von gut gemacht. Und wie meinte doch Onkel Al Capone einst? „Ein guter Anwalt mit einem Aktenkoffer kann mehr stehlen als zehn Männer mit Maschinengewehren." In diesem Sinne: Nehmen Sie sich einfach einen Anwalt, der was kann halt, und seien Sie schwuppti auf und davon.

11. OKTOBER 2021

Die Zeit von Sebastian Kurz ist vorbei, zumindest in der Volkspartei.
Das Türkise längst versenkt, der Rest von Basti aufs Parlament beschränkt.
Ausgerechnet mit Ungust Wöginger nun ein neues Pärchen, denn dem Beidl-Schmid krümmt die Justiz die Härchen.
Die mächtigen Landeshauptleute brachen ihm das Genick, trotz großen rhetorischen Geschicks.
Er bettelte und flehte, es geschah ihm nun, was er bei Ibiza selbst säte.
Der Heinz-Christian betrunken vor den dreckigen Nägeln der Oligarchennichte, der Basti in Wien es mit dem Schmid gleich ordentlich richtete.
Der HC im Wodka-Red-Bull ertrank, ein türkiser Tritt in den Hintern war der Dank.
Der Basti derweil die Umfragen frisierte, für Moral und Anstand er sich in Wahrheit doch nie interessierte.
Und der Mitterlehner, der sei ein Arsch – das war für Schützi dann doch zu harsch.

Der Staatsanwalt ist ihm dicht auf den Fersen, da gibt's vor der Justiz noch gemeine Kontroversen.
Als Basti Fantasti er gestartet, bei Corona das Land zum Desasti ausgeartet.
Nun vielleicht er bald im Knasti sitzt, der traurige Basti leider vor dem Richter dann abgeblitzt.
Das Jammern, das hilft nun nicht mehr, keine Chance auf Wiederkehr.
O weh, o Graus, das Spiel des kleinen Basti ist nun aus.
Der Schalli sitzt nun im Kanzleramt, den hebt er auch nicht aus, verdammt.
Und so endet die Geschichte an dieser Stelle und Österreich wartet auf die nächsten korrupten Einzelfälle.

12. OKTOBER 2021

Herr Rossi, der das Glück suchte und im Unglück endete, ist nun endgültig Geschichte. Empfangen durch Angela Merkel und Wolfgang Schäuble, aus der Not geboren nach Annegret Kramp-Karrenbauer, gemeuchelt von Söder, verraten von Spahn, lächelnd versunken im Hochwasser, im Stich gelassen von den einstigen Wählern.

Armin Laschet hat den gusseisernen Bestand seiner politischen Karriere erreicht, ausgezogen in den Wahlkampf als Ferdinand der Gütige, heimgekehrt als Gütinand, der Fertige. Deutschland wird Zeuge des jähen Endes des erfolglosesten designierten Kanzlers außer Dienst. Die CDU hat binnen weniger Jahre ihren nächsten Chef verschlissen, was nicht zuletzt an seiner einzigen Bestimmung als weiteres Kanonenfutter gegen Friedrich Merz lag. Der einzig zugedachte Lebenszweck Laschets, einen unbequemen Herausforderer zu verhindern, ist halt ein bisschen wenig, zu wenig. Und der Wähler hat es entsprechend quittiert.

Das Adenauerhaus ist abgebrannt, und dennoch versucht Laschet, offensichtlich von jeglichem politischen Realitätssinn frei, sich mit dem Bettelstab unter der Tür hindurch ins ferne Kanzleramt zu retten. Die Größe dafür hätte er, der opportunistische Berufsfunktionär, da ist er tatsächlich im Längenmaß prädestiniert. Als Chamäleon der deutschen Innenpolitik würde er sich selbst den GrünInnen andienen, die letzten falschen Wahlkampfversprechen über Bord werfen, nur um am Ruder oder, in seinem Fall: im wohldotierten Sattel zu bleiben.

Herr Laschet! Wie lange wollen Sie sich mit Bluffs und Schmähs noch über Wasser halten? Herr Laschet, Ihre Zeit ist längst gekommen, das Ende ist nah! Sie haben Haus und Hof verloren, die CDU in Tateinheit mit Übermutter Merkel zur kleinen Mittelpartei gemacht, aufs falsche Pferd gesetzt. Nun gehen Sie mit Gott, aber gehen Sie doch endlich!

13. OKTOBER 2021

Die ÖVP gegen die Justiz, die Justiz gegen die ÖVP. Die Österreicher wurden über Monate hinweg stumme Zeugen dieses Katz-und-Maus-Spiels, bis alles im nunmehr allseits bekannten türkisen Fiasko endete. Ist die Justiz eigentlich unabhängig, wie nun alle vom Bundespräsidenten abwärts beteuern?

Natürlich nicht! Diese tragende Säule des Staates wurde, wie alle anderen Bereiche des Systems, von den Parteien über Jahrzehnte politisch infiltriert, teils parteinahe Juristen als Staatsanwälte in Stellung gebracht. Legendär der vor einigen Jahren an das Licht der Welt gekommene Aktenvermerk des SPÖ-Justizsprechers Jarolim, der mit Freunden aus dem Bund Sozialistischer Akademiker am Reißbrett konkrete Aufmarschpläne entworfen hat, wie man Parteigänger auf lukrative und einflussreiche Posten im Justizapparat setzen könnte. Und nicht zu vergessen die Tatsache, dass der erste Leiter der Wirtschafts- und Korruptionsstaatsanwaltschaft ausgerechnet ein grüner Nationalratsabgeordneter war, den man ungeniert in diese Führungsposition gehievt hatte. Auf die Wiener Anwaltskanzleien mit parteipolitischer Schlagseite, die ihre treuen Konzipienten auf Ämter in der Justizverwaltung schickten, kann schon allein aus Platzmangel nicht ausführlich eingegangen werden.

Neben der SPÖ und den GrünInnen, die sich vornehmlich in der Wiener Staatsanwaltschaft und der WKStA breitgemacht haben, wurde das Gleichgewichts des Schreckens durch die ÖVP mit Posten in der Oberstaatsanwaltschaft und dem mächtigen Sektionschef Pilnacek im Justizministerium selbst ausgeglichen. Erst als Sebastian Kurz den Chef der türkis-schwarzen Kanalräumerbrigade fallen ließ, sprich: dem Druck durch den Koalitionspartner und den Medien auslieferte, bekam dieses fein austarierte System eine fatale Schlagseite – und zwar zulasten der ÖVP. Ohne die strafrechtlich relevanten, aber eben nicht bewiesenen Vorwürfe gegen Kurz und sein engstes Umfeld schmälern zu wollen, aber die hyperaktive Akribie, mit der die WKStA gegen die ÖVP ermittelte, erinnerte dann doch eher an jesuitisches Eifertum als an den Grundsatz, mit Maß und Besonnenheit und unter Abwägung aller ent- und belastenden Fakten vorzugehen.

Das auf beiden Seiten unlauter gespielte Match ÖVP versus WKStA ist entschieden, der Leidtragende ist ein Staat, der ins Chaos, in die Instabilität taumelt. Die Konsequenz aus diesen Vorgängen kann daher nur lauten: Befreit die Justiz von der elenden Parteipolitik, schützt die wahre Unabhängigkeit dieser tragenden Säule des Staates.

15. OKTOBER 2021

Willy Brandt sagte einst: „Mein Rücktritt geschah aus Respekt vor den ungeschriebenen Regeln der Demokratie!" Und diese Regeln sind nach wie vor Anstand, Moral, Integrität, Ehrlichkeit und Erhabenheit. Werte, die Sebastian Kurz, unabhängig von den strafrechtlichen Ermittlungen gegen seine Person und sein engstes Umfeld, bei Gott nicht mehr erfüllt. Neben den Vorwürfen der Bestechung, der Untreue und der falschen Zeugenaussage brachen ihm vor allem die unappetitlichen Chats das politische Genick. Sie gewährten der ent- und getäuschten Bevölkerung einen schonungslosen Blick in den nun implodierten Maschinenraum der türkisen PR-Blase, sie zeigten dem Land die menschlichen Abgründe jener, die uns lenken, ja Vorbilder sein sollen.

Aus den Handys von Kurz, Schmid und Co. – den Protagonisten des „neuen Weges" – quoll der alte Schmutz eines allzu dreckigen Geschäftes. Sebastian Kurz wurde als das entzaubert, was er in Wahrheit immer war, aber gekonnt versteckte: ein pubertierender und stimmbrüchiger Intrigant mit hübschem Gesicht und jugendlichem Elan, der bereit ist, absolut jedes

Mittel zu ergreifen, um an Macht und Einfluss für sich und seine Entourage zu gelangen. Dieses Bild verfestigt sich von Tag zu Tag mehr und veranlasste schlussendlich auch die mächtigen Landeshauptleute, vom einstigen Messias abzurücken, ihn dem Schicksal eines gefallenen Helden, eines Paria der Politik zu überlassen. Sebastian Kurz geht nun den langen Weg seines einstigen Mitbewerbers HC Strache, den ausgerechnet Kurz exakt so fallen ließ, in die Gosse stieß. Daher wird es für ihn auch keine Rückkehr mehr geben, das türkise Projekt „Ballhausplatz" ist gescheitert und die alte schwarze Tante ÖVP ist wieder da.

Alexander Schallenberg, neuer behelfsmäßiger Kanzler, hin- und hergerissen zwischen der Loyalität zu Kurz einerseits und seinem dann doch integren Naturell andererseits, wird die kurzfristig innerhalb der Koalition bereits ausverhandelten Punkte des Regierungsprogrammes abarbeiten und Stabilität signalisieren. Faktum ist aber, dass nach dem türkisen Wählerbetrug nur Neuwahlen wahre Stabilität bringen werden. Denn Kurz und die ÖVP werden neben dem Urteil durch den Rechtsstaat dem Gericht des Wählers zugeführt werden müssen. Neben den strafrechtlichen Konsequenzen werden am Ende die Bürgerinnen und Bürger die politischen Lehren daraus ziehen, wenn schon die Figuren dieses Skandals nur halbherzig dazu in der Lage sind.

16. OKTOBER 2021

Man muss sich nicht wundern, dass andere Sitten und Bräuche an die Stelle unserer Kultur treten, wenn man die eigene Identität zugunsten einer falsch verstandenen Toleranz und einer politisch zwanghaft verordneten „Vielfältigkeit", einer die Herkunft und Zukunft entstellenden Multikulturalität, speziell Multireligiosität, opfert. Man muss sich nicht wundern, dass in Köln und bald in ganz Deutschland, der Heimat des um sich greifenden Wahnsinns, gemäß dieser törichten Absicht verblendeter Eliten, an der Spitze die Raute des Grauens, der Muezzin die absolutistische, ja invasiv-aggressive, ja zutiefst intolerante Formel „Es gibt keine Gottheit außer Allah" über die Köpfe der Bürger ruft, wenn man ganz gezielt den gesellschaftspolitischen Werteverlust fördert, ja herbeiführt. Man muss sich nicht wundern, wenn einer Religion, deren orthodoxe Ausprägung gegen unsere Menschenrechte steht, deren aggressive Auslegung durch vornehmlich „psychisch Kranke“ regelmäßig für Blutbäder sorgt, der rote Teppich und damit auch diese Religion sich ausbreitet.

Und es beginnt mit Moscheen, Kuppeln und Minaretten, die übrigens der Terrorfinanzier Erdoğan als „Kasernen, als Helme und Bajonette“ der islamischen Missionierung sieht, die unser Alltagsbild Stück für Stück verändern, vereinnahmen. Es beginnt mit ganzen Stadtteilen, die einer Missionierung erfolgreich zugeführt, ja von der Politik regelrecht als neukulturelle „Glasscherbenvierteln“ abgeschrieben werden. Es beginnt mit Konflikten zwischen den einzelnen hereingespülten, geduldeten Kulturen und Ethnien, die ihre sozialisierte Gewalt aus jenen Regionen importieren, die für alles andere als Frieden, Menschenrechte oder Demokratie bekannt sind, sondern über Jahrzehnte hinweg im Krieg verharren. Und es endet mit der Implementierung ihrer Traditionen, Regeln und Gesetzmäßigkeiten, an deren finalem Punkt auch beispielsweise die Anerkennung einer Scharia steht. Warum nur rufen, wenn nicht auch danach leben und urteilen?

Und so stelle ich mir dieser Stunden vor, wie es denn so wäre, wenn man beispielsweise in Kabul eine Kirche baute, einen Pfarrer Liebe und Hoffnung predigen ließe, sich für Demokratie und Menschenrechte einsetzte. Exakt, der Terror der Intoleranten wäre die Antwort. Nur wir in Europa halten, ganz unserer toleranten Tradition gerecht werdend, für den Faustschlag der Intoleranten zuerst die linke und dann die rechte Backe hin. Auf dem besten Wege, uns abzuschaffen. Denn eine Gemeinschaft, die ihre Identität nicht verteidigt und bewahrt, ist dem Untergang geweiht.

17. OKTOBER 2021

Herr Kurz,
ganz Österreich fragt sich dieser Tage intensiv, was Sie, das Wunderkind der Nation, der messianisch verehrte Ohrwaschel-Erlöser, nun treiben, nachdem man Sie und Ihre Baby-

Prätorianer wie die geschändeten Jungfrauen – wie passend – vom Hof des Kanzleramtes gejagt hat. Im zarten Alter von 20 wurden Sie dem Kindbett und den Legobausteinen entrissen, Sie entdeckten das in Sado-Schwarz gehaltene Geilomobil für sich und bestiegen es hernach, von Ihrem Mentor Michael „Spindi" Spindelegger nebst Danilo Kunhar alias Gernot Blümel und Thomas „Beidl" Schmid wurden Sie in die Untiefen der Politik eingeführt, nun sollen Sie wieder basteln, hört man. Also das nachholen, was Ihnen im tiefen Waldviertel schmählichst versagt blieb.

„Bastis Bastelstunde", so lautet also Ihr gegenwärtiger Zeitvertreib, gemeinsam mit Ihren Kindsoldaten Eli Köstinger und Karl Schmähhammer. Und Sie basteln – wenig überraschend – an einer Liste Kurz, denn der gesamte Globus, also 8,6 Milliarden Weltenbürger, außer Ihre Fleisch- und Frischmänner sowie die Haberer der „Kronen Zeitung", hätten sich gegen Sie, den Märtyrer der ehrenwerten christlichsozialen Sache, verschworen. Die Ost- und Westküste, die Brüder von der Mafia, die Freimaurer, die Templer, die Echsenmenschen, die denen verwandten „alten Deppen" unter den Landeshauptleuten, die Staatsanwälte und Polizisten, die Umfragepanscher, die Journaille und selbst das treueste Wahlvolk, die verwelkten und ausgetrockneten Schwiegermütter, haben Sie im Stich gelassen. Keiner versteht Sie mehr! Ganz so wie im Sandkasten, wo man Ihnen damals die Playmobil-Piraten gestohlen hat.

Nun hocken Sie, der kleine türkise Zauberlehrling, dem das Wasser bereits bis zum Plutzer steht, in Ihrem türkisen Bunker und sinnen auf Rache. Rache für die Schmach des Unterganges, Rache für die Veröffentlichung der künstlerischen Resultate Ihrer Wurstfingerfertigkeit und Ihres Handys. Rache für die falsche Zeugenaussage, Rache für Untreue und Bestechung. Ja, Sie sinnen auf Rache für Ihr gesamtes patschertes Leben.

Mein Vorschlag: Üben Sie doch Rache gemeinsam mit Zwilling Strache. Gründen Sie mit dem nächsten designierten Häfinger HC „es gilt die Unschuldsvermutung" Strache die Liste Unschuldig. Als weitere Kandidaten böten sich Ihre Geschwister im Geiste Strasser, Grasser und Co. an. Und auch einen Wahltermin würde es bereits geben: die Zellensprecherwahlen

2022 der Justizvollzugsanstalt Simmering. Bei so viel Türkis hinter den schwedischen Gardinen wäre Ihnen die Absolute sicher. Nur Vorsicht vor den türkisen Seifen in den Duschen. Nicht, dass Ihnen Thomas Schmid was abfotografiert.

20. OKTOBER 2021

Alexander Schallenberg, Träger eines großen Namens und Spross einer alten Familie, integer, elegant, sprachlich versiert, inhaltlich firm, diplomatisch. So wurde der neue Kanzler in den ersten Stunden nach seiner Präsentation von allen Seiten treffend charakterisiert. Die Hoffnung auf ein Ende des Systems Kurz, dieser hochstaplerischen PR-Blase spätpubertierender Parvenüs, war groß. Und ebenso groß war die Enttäuschung, dass sich ausgerechnet ein Mann mit dem Format eines Alexander Schallenberg in den ersten Tagen seiner Kanzlerschaft tatsächlich dafür hergab, eine aus der Defensive agierende Sprechpuppe des ohnedies moralisch wie rechtlich gescheiterten Amtsvorgängers zu sein.

Usus ist es, dass ein neuer Regierungschef die ersten Auftritte, sowohl die Antrittspressekonferenz als auch die Regierungserklärung vor dem Parlament, dazu nutzt, seine Agenda zu skizzieren, die Stoßrichtung der Regierung darzustellen. Und es wäre eine wahre Wohltat für die Menschen unseres Landes gewesen, nach der Serie türkiser Peinlichkeit und den beschämenden Skandalen endlich wieder Worte der Redlichkeit von der Spitze des Staates zu hören. Diese Chance hat er vertan, statt eines seriösen Auftretens wurde den staunenden Bürgern eine Art Kurz 2.0 präsentiert. Also eine Person, die vorsätzlich und im Wissen um die Fehler das Amt für niedere parteipolitische Zwecke und Propaganda missbraucht.

Schallenberg hat sich nicht wie ein dem Staat dienender Kanzler, sondern wie ein der „neuen Volkspartei" dienender Generalsekretär präsentiert. Es ehrt Schallenberg, dass er sich nach wie vor loyal seinem Erfinder gegenüber zeigt. Aber Loyalität kann und darf nicht bedeuten, dass man aus bloßer Dankbarkeit die eigenen, hochgehaltenen Werte negiert, ja sträflich mit Füßen tritt. Gerade ein Schallenberg – in der Verantwortung für das Land, aber auch für seinen Namen – muss wissen, dass man über Unanständige kein Wort mehr verlieren darf. Denn zeige mir deine Freunde, und ich sage dir, wer du bist.

23. OKTOBER 2021

Herr Schallenberg, Herr Mückstein,
nun haben Sie sich demaskiert, alle bisherigen feierlichen Schwüre über Bord geworfen. Das heilige Versprechen, keine Impfpflicht in Österreich einzuführen, hat sich in Schall und Rauch aufgelöst. Und Sie beide haben einmal mehr mit den geistlosen Schnapsnasen in den Ländern, auch innerhalb der Politzirkel wahrheitsgetreu als „alte Deppen" benannt, den Beweis angetreten, dass das Politikerehrenwort die Halbwertszeit einer räudigen Eintagsfliege hat. Ausgangssperren für Ungeimpfte, Lockdowns für Gesunde, eine Art Schutzhaft für ein gutes Drittel der Bürger, eine 3-G-Regel am Arbeitsplatz, eine 1-G-Regel für das gesamte öffentliche Leben. Also ist der getestete Ungeimpfte gut genug, um zu arbeiten, aber in seiner Freizeit als Ungeimpfter auf die Stufe einer infektiösen Ratte gestellt, die man nicht mehr auf das gefährdete Volk der „Vollimmunisierten" loslassen darf.

Das Volk gespalten in einen „vollimmunisierten" Teil, dem man gnadenhalber die Freiheit noch einräumt, und in einen Teil, der ungestraft für vogelfrei erklärt, seiner bürgerlichen Rechte beraubt wird. Nur der Immunstatus unterscheidet uns vom Ungeziefer. Als wären ungeimpfte Gesunde eine Seuche, die man aus dem öffentlichen Leben verbannen muss. Trotz der Tatsache, dass der Geimpfte laut Experten und Politikern ohnedies „vollimmunisiert", ja unbesiegbar sein soll, sich vor dem Ungeimpften nicht zu fürchten bräuchte.

Entweder stimmt die These von der Impfung als absolutem Allheilmittel, dann sind weitere Restriktionen gegen Ungeimpfte sinnlos. Oder die Impfung hält nicht, was die Politiker und ihre virologischen Knechte versprochen haben, dann befinden sich aber in kürzester Zeit wieder alle – ja, auch die zweifach Geimpften – mit den Ungeimpften in demselben untergehenden Boot der steigenden Impfdurchbrüche. Und all das, weil die Damen und Herren Kurz, Kogler, Angstschober, Mückstein, Nehammer, Schramböck, Kocher, Schallenberg,

Köstinger, Raab und der Rest des politischen Hohlgebindes an der Regierungsspitze die Tatsache vertuschen, über 19 Monate hinweg kein einziges zusätzliches Spitalsbett, kein einziges zusätzliches Intensivbett geschaffen zu haben. Nun gibt es wieder Lockdowns für ein Drittel der Bevölkerung, aber für die in Bälde leidende Wirtschaft kein Drittel Verdienstentgang, denn laut dem chaotisch auszahlenden Finanzminister ist die „Pandemie ja zu Ende".

§ 105 Strafgesetzbuch: Wer einen anderen mit Gewalt oder durch gefährliche Drohung zu einer Handlung, Duldung oder Unterlassung nötigt, ist mit Freiheitsstrafe bis zu einem Jahr oder mit Geldstrafe bis zu 720 Tagessätzen zu bestrafen. Wer also gesunde Menschen unter Androhung eines mit Gewalt durchgesetzten Freiheitsentzuges zu einem Eingriff in die körperliche Unversehrtheit nötigt, ist ein ordinärer Erpresser. Und Erpresser gehören hinter Schloss und Riegel, aber in keine Regierung.

26. OKTOBER 2021

Heute ist unser Nationalfeiertag. Wir feiern die Selbstbestimmung und Freiheit unserer Nation, dokumentiert durch die immerwährende Neutralität. Sicht- und spürbar wird dieser Tag voller Theatralik durch das vollzählige Antreten der gewaschenen und gekampelten Staats- und Regierungsspitze vor der Fahne unseres Landes und ihre würdevoll vorgetragenen, schwülstigen Appelle an die Einheit der Nation. Und es wäre nicht die Operettenrepublik Österreich, wenn sich nicht ausgerechnet jene, die an den restlichen 364 Tagen mit dem Presslufthammer die Grundfesten des Landes zerstören, nun mit ernsten Mienen und gemimtem Patriotismus über diesen Tag hinweglügen würden.

26. Oktober 2021: Die in der Verfassung garantierte Freiheit und Selbstbestimmung aller Bürger wird mit Füßen getreten. An die Stelle des großen bürgerlichen Wertes der Eigenverantwortung als Wesen der liberalen Demokratie treten die abstrakte Angst und die dadurch ermöglichte Politik der autoritären Fremdbestimmung, der erzwungenen Bevormundung. Statt der Einheit des Landes kommt einmal mehr die von der Politik

betriebene tiefe Spaltung der Nation, die zerstörerische Polarisierung der Bürger zum Vorschein. Der Stolz auf das Land und der Respekt vor den Institutionen wird heute einmal mehr in großen Reden strapaziert, ausgerechnet von den Proponenten jener Bewegung, die pauschal unter Korruptionsverdacht steht, deren Loyalität eher einem vermutlich Kriminellen gilt als dem gesamten Land, die keinerlei Respekt vor dem Recht unseres Landes, vor den rechtschaffenen Bürgern unserer Nation haben, für die Moral und Anstand Fremdworte sind.

Heute ist unser Nationalfeiertag, und viele Bürger spüren am eigenen Leib die Inflation, die Erhöhung der Treibstoff- und Heizölpreise, die explodierenden Energiepreise, die erhöhten Lebensmittel- und Mietpreise. Dies sind die Folgen der verheerenden Corona-Maßnahmen, die unser wirtschaftliches Gleichgewicht aus den Angeln gehoben haben. Die Politik reagiert darauf nicht, der Bürger ist seinem sinkenden Einkommen und den steigenden Ausgaben – also sich selbst – überlassen. Die Kluft zwischen Arm und Reich wird in unserem Land immer größer. Statt zu entlasten, wird mit einer Steuerreform und CO_2-Abgaben weiter belastet.

Heute ist Nationalfeiertag, und die Politik ergeht sich in sinnentleerten und immer wiederkehrenden Phrasen. Die Antworten auf die großen Fragen einer durchwegs sorgenvollen Zukunft bleiben aus. Möge daher die Rechtschaffenheit wieder obsiegen, möge sich die Vernunft wieder durchsetzen. Mögen wir an der Spitze des Staates Persönlichkeiten haben, die dem Land und nicht nur sich selbst dienen.

28. OKTOBER 2021

Ausgerechnet Mücke Mückstein, Medizinmann vom Stamm der GrünIndianer, Globuliverschneider des rauchenden Aschenbechers in der Hofburg, ordinärer Tschickstummelwerfer, blinder Wünschelrutengänger und Handaufleger der Regierung, kurpfuschender Psychotherapeut des Herrn Bohrn Mena, ins Amt gespült durch die psychische wie physische Totalerschöpfung seines ebenso gescheiterten Vorgängers Angstschober, nominiert vom Witzekanzler Werner „Hicks" Kogler im Stadium eines Deliriums, fordert tatsächlich in vollkommener Unkenntnis seiner auf allen Ebenen gescheiterten Existenz ausgerechnet Weltranglisten-Tennisspieler Dominic Thiem auf, sich umgehend impfen zu lassen.

Lieber Dominic Thiem, was stört es die Eiche, wenn sich die grunzende grüne Wildsau an ihr reibt? Was stört es den Mond, wenn ihn die gefleckte Promenadenmischung anheult, könnten Sie und werden Sie sich auch denken. Richtig so, denn wer ist ein Herr Mückstein, der sowohl im zivilen wie im privaten, aber auch im politischen Leben fulminant gescheitert ist, ja das Schicksal einer lästigen Mücke zu erdulden hat und sich nun herausnimmt, via Medien Ferndiagnosen für medizinische Indikationen auszustellen? Er ist weder Ihr Arzt, hoffentlich, noch Ihr Vormund, und übrigens ganz sicher keine anerkannte Instanz, die mittels Medien Menschen dazu zwingen könnte oder dürfte, das Recht auf körperliche Unversehrtheit aufzugeben.

Und dennoch, an Ihrem Beispiel und jenem von Joshua Kimmich sieht man, dass der politische wie mediale Chaotenhaufen von Coronataliban und Lockdownfetischisten in seiner kollektiven Not und geistigen Armut nun jede Woche einen neuen vermeintlichen Abweichler von der Agenda herauspickt, um ihn am Scheiterhaufen der Impfinquisition brennen zu lassen. Bemerkenswert ist, dass Joshua Kimmich mit dem Geburtsjahrgang 1995 und Sie, mein lieber Dominic Thiem, im zarten Alter von 28, beide ohne nennenswerte oder bekannte Vorerkrankungen, bis dato nicht zur klassischen Risikogruppe gehören, der es beim ersten Husten die Beine wegfegt. Also sind die Appelle an Sie und Kimmich rein politischer Natur, um im Wege der Massenpsychologie die leicht steuerbaren Massen in die Impfstraßen zu treiben. Nun sollen Sie Buße tun für Ihre erfolgreiche Selbstständigkeit und Eigenverantwortung. Nun müssen Sie Vorbild werden für die Corona-Junkies von der Straße.

Aber Herr Thiem, Herr Kimmich! Ein Stich reicht nicht, es müssen mittlerweile mindestens drei, vielleicht demnächst vier oder fünf sein, um als vollwertiger Mensch, als Bestandteil der Gesellschaft anerkannt zu werden. Und wenn Sie weiterhin auf Ihre Freiheit und das Recht auf Vernunft beharren, wird man

Sie als Covidioten und als Querdenker diffamieren. Denn wer nicht für sie ist, wird bekämpft. Das ist die Freiheit, die sie meinen!

1. NOVEMBER 2021

Wir schreiben den 1. November 2020, kein Mensch ist geimpft. Vom Allheilmittel weit und breit noch nichts zu sehen. Die gefürchteten Inzidenzen steigen, der Teufel der überfüllten Intensivstationen wird an die Wand gemalt. Exakt 4956 vom Wuhaner Polit-Ebola infizierte Menschen vermeldet das zentrale Oberkommando des Virenkrieges. Das idiotische Quartett tritt auf, neue Maßnahmen werden verkündet, die Allgemeinheit in den winterlichen Kerker des Lockdowns geschickt. Exakt 291 Menschen befinden sich auf der Intensivstation.

Wir schreiben den 1. November 2021, exakt 63,0 % der Alpenpopulation sind „vollimmunisiert", geimpft. Das Allheilmittel, der Gamechanger, wird seit exakt zehn Monaten unter dem Eindruck von Angst und Panik zwangsweise unters Volk gebracht. Dennoch, die gefürchteten Inzidenzen steigen, der Teufel der überfüllten Intensivstationen wird an die Wand gemalt. Exakt 5684 vom Wuhaner Polit-Ebola infizierte Menschen, also knapp 700 mehr als noch vor exakt einem Jahr, vermeldet das zentrale Oberkommando des Virenkrieges. Vom idiotischen Quartett blieb nichts übrig, nun treten Mücke Mückstein und Schalli Schallenberg auf, Dick und Doof der Innenpolitik, neue Maßnahmen werden verkündet, 37 % der Allgemeinheit sollen in den winterlichen Lockdown geschickt werden. 273 Menschen, also ähnlich viele wie vor einem Jahr, befinden sich auf der Intensivstation, obwohl zwei Drittel der Menschen „vollimmunisiert" sind, obwohl sich insgesamt 5,6 Millionen Menschen aus Angst und Panik oder aus der viel beschworenen Solidarität in die Spritze geworfen haben.

Ich bin geimpft, doppelt immunisiert. Und nun die entscheidende Bilanz: Habe ich einen Menschen vor der Intensivstation bewahrt? Nein, wir haben ebenso viele Intensivfälle wie voriges Jahr! Habe ich einen Menschen vor der Spitalsbehandlung bewahrt? Nein, wir haben ebenso viele in Spitalsbehandlung wie voriges Jahr! Habe ich mich selbst vor der Infektion bewahrt?

Nein, dazu habe ich ein 30%iges Risiko! Habe ich Menschen in meinem Umfeld vor der Infektion bewahrt? Nein, die Inzidenzen sind dieses Jahr sogar höher! Habe ich unser Land vor einem Lockdown bewahrt? Nein, denn dieser steht vor der Tür! Habe ich unsere Bürger vor der Spaltung bewahrt? Nein, die Politik treibt weiter einen Keil in die Gesellschaft! Habe ich einen Beitrag zum Ende der Maskenpflicht geleistet? Nein, wir tragen den Maulfetzen weiterhin! Habe ich Angst und Panik minimiert? Nein, die werden weiterhin von Politik und Medien geschürt! Warum habe ich der Politik geglaubt? Das frage ich mich auch, dieser Fehler wird mir nie mehr passieren. Garantiert!

3. NOVEMBER 2021

400 Privatjets auf der Landebahn in Glasgow, Tausende Fahrzeuge, um die klimabewegten Delegationen stilecht durch die Stadt zu den Tagungszentren zu kutschieren, exquisite Buffets mit den herbeigeschafften Köstlichkeiten aus aller Herren Länder. Ja, so lässt sich vorzüglich die Welt vor dem Klimawandel retten. Im Zentrum des wenig umwelt- und klimafreundlichen Geschehens die Staats- und Regierungschefs, die sich ihr grünes Jutesackmäntelchen zum alljährlichen Hochamt der „Bio-macht-schön"-Sekte umgehängt haben, und *last, but not least* Greta, die schwedische Klimagottheit mit nachweislich besonderen Bedürfnissen.

Sie reiste aus Stockholm an, und nachdem das gute Oberhaupt der infantilen Nachwuchsheuchler sportlich keine nennenswerte Begabung aufweist, sie daher trotz Froschgesicht nicht durch die Nordsee nach Schottland geschwommen ist, Elektroboote die Distanz nicht bewältigen, dürfte sie dann doch den alten Dieselkahn bestiegen haben, um gen Westen zu reisen. Und ähnlich im Stile ihrer grünen Freunde aus Deutschland, die sich mit dem 7er-BMW wenige Hundert Meter vor den Pressetermin kutschieren lassen, um den letzten Rest des Weges umweltbewusst mit dem E-Mobil zu fahren, durfte Gretl die letzten Kilometer mit dem Zug nach Glasgow einreiten, unter dem Jubel ihrer pubertierenden GenossInnen, die auf Regimentskosten ihrer Eltern wenigstens mit der Billiglinie Ryanair den ehrlicheren Luftweg wählten.

So treffen sie sich, die großen wie die kleinen Heuchler, zu ihrem gemeinsamen Ziel, der Menschheit die Existenz abzusprechen, die Freiheit einzuschränken, neue Steuern zu erfinden, Atomkraftwerke zu bauen. Der Weltuntergang wird skizziert, nach dem Virenarmageddon wird aus dem Gruselkabinett wieder das Klimawandelgespenst gezerrt und der Elektromobilität nach dem Munde gesprochen. Da werden große Reden gehalten, da wird heiße Luft in die Atmosphäre ausgestoßen, da werden Umwelt, Klima und Wetter beschworen. Und während in Glasgow der sinnloseste CO_2-Ausstoß begrenzt auf eine schottische Hauptstadt verzeichnet wird, stößt der Vulkan auf La Palma binnen sechs Wochen mehr CO_2 und Schadstoffe in die Atmosphäre als so manches umweltsündige Land im Jahr.

Apropos Kontinent: Während der Kontinent also das Klima retten will, sprich: die Bürger dazu verpflichtet werden, der Klimagottheit mittels neuer Steuern und CO_2-Zertifikate güldene Opfer zu bringen, schert das China einen Dreck. Aber was stört es Europa, wenn man Klassenerster beim eigenen wirtschaftlichen, sozialen wie gesellschaftlichen Ende werden kann?

4. NOVEMBER 2021

Eine Schwalbe macht noch keinen Sommer, und das legistische Ende der „epidemischen Notlage", also des virologischen Ermächtigungsgesetzes Merkels, beendet noch lange nicht den Irrsinn, der tagtäglich auf die Deutschen herniederprasselt. Die künftige deutsche Bundesregierung aus SPD, GrünInnen und FDP hat sich richtigerweise in einem ersten Schritt darauf geeinigt, die durch die künftige Altkanzlerin initiierten schweren Grundrechtseingriffe zurückzunehmen. Denn was Angela Merkel mit Spahn, Söder und Co. hier geschaffen haben, war nichts anderes als eine Art „Kriegsrecht" unter dem Eindruck der Angst vor Corona. Und man kann es gar nicht oft genug wiederholen: Eine Infektion und eine darauf einsetzende Krankheit, die eine statistisch minimale Sterblichkeit verursacht, gibt es politisch, medizinisch und moralisch einfach nicht her, das Grundgesetz und damit die bürgerlichen Rechte in solch unverschämter Weise auszuhebeln.

Doch wie gesagt, auch mit dem Ende der gesetzlichen Möglichkeiten wird die Lockdown-, Zwangs- und Bevormundungspolitik in Deutschland eine Fortsetzung finden. Denn Scholz, Habeck und Lindner geben im Gegenzug wiederum den Ländern die Möglichkeit, die Virenautokratie fortzuführen. Und richtig! Spätestens in wenigen Wochen wird der bayerische Weißwurstautokrat Söder, der die coronabedingte Weltkriegsrhetorik offenbar zur alleinigen Lebensaufgabe erkoren hat, im Kreis der Ministerpräsidenten unter dem Eindruck des Scheiterns der als Allheilmittel gepriesenen Impfung seine Politik der Einschränkungen vorantreiben.

Trotz einer Impfquote von 66,5 % verzeichnet Deutschland mittlerweile ebenso viele Coronafälle wie im November 2020, als es noch keine erlösende „Vollimmunisierung" gab. Und daher wird auch, Infektionsschutzgesetz hin oder her, für einen Großteil der Deutschen der nahende Winter wieder monatelange Dunkelhaft bedeuten. Denn auch wenn man sich von Merkels Gesetzen offiziell verabschiedet, von deren Grundintention löst man sich nicht!

9. NOVEMBER 2021

„Ja, wir haben das geschafft", zieht die Raute des Grauens über ihre 16-jährige Kanzlerschaft ungeniert, un-unrechtsbewusst, selbstherrlich, unreflektiert und unkritisch Bilanz. Unkritisch, weil Mia aus Kandel das vielleicht anders sehen würde, wenn sie die Wohltat der Merkel'schen Politik überlebt hätte. Unreflektiert, weil Susanna F. vielleicht eine andere Bilanz ziehen würde, wenn sie nicht durch das Wirken eines der Glückskinder Merkels ihr Leben verloren hätte. Selbstherrlich, weil vielleicht Maria, Roland, Joachim, Hans, Peter, Lisa, Melanie, stellvertretend für die vielen anderen Opfer erschütternder Einzelfälle „psychisch Kranker", vielleicht eine andere Analyse für Angelas mit Brachialgewalt verfolgte „Wir-schaffen-das"-Agenda gefunden hätten, wenn sie heute noch unter uns weilen würden. Un-unrechtsbewusst, weil die Terroropfer des Breitscheidplatzes in Berlin vielleicht eine andere Außen- und

Sicherheitspolitik vertreten würden, wenn man sie nicht aus religiösen Gründen mit einem Lkw umgebracht, politisch mit dem Schönen eigener Bilanzen als Kollateralschäden abqualifiziert hätte. Ungeniert, weil die Angehörigen der Opfer dieser Politik bis heute von Merkel kein Wort des Bedauerns, kein Wort der Anteilnahme und Solidarität, keine Entschuldigung für das politische Versagen gehört haben.

Frau Merkel, es haben nicht alle geschafft. Tausende Lichter auf Friedhöfen, Gedenksteine mitten in florierenden Zentren markieren die Fehlstellen jener, die man zurückließ, für eine politische Ideologie des grenzenlosen Multikulturalismus regelrecht eintauschte. Der Standort bestimmt eben den Standpunkt, und vom schimmelnden Amtssessel in Berlin mit Ausblick auf den Rentenanspruch von 15.000 Euro monatlich aus, behängt mit Orden wie ein Christbaum, lässt es sich eben anders blicken als von der ewigen und bald vergessenen Ruh drei Meter unter der Erde.

Vom Establishment wird sie natürlich gelobt, von den Medien bejubelt, ja ikonisiert. Nur die Deutschen wollen bei der frühen Verklärung nicht so recht mitmachen. Denn das Land ist seit Jahren gespalten, radikalisiert, die politischen Standpunkte polarisiert und das Erbe hart und täglich durch „Einzelfälle" ins Bewusstsein geholt. Hat sich Deutschland unter Merkel verändert? Ja, aber nicht zum Besseren. Hat man es geschafft? Ja, aber nur sich selbst ab!

12. NOVEMBER 2021

„Es hat sich herausgestellt, dass 40 % der nunmehr Infizierten sogenannte ‚Vollimmunisierte' sind. Die unzähligen Experten sprachen immer nur von 10 %", sprach seinerseits Salzburgs Landeshauptmann Haslauer in der ihm angeborenen Sachlichkeit einen Satz ganz locker aus, für den man vor wenigen Wochen noch als Covidiot durchs Dorf geprügelt worden wäre. Übrigens, die Prügler wären hauptsächlich Regierungsvertreter und deren hörige Vollzugsorgane in Medien und Gesellschaft gewesen.

Mittlerweile sind wir also bei einer Infektionsrate von unfassbaren 40 % bei Geimpften, bald jeder zweite doppelt Geimpfte infiziert sich wieder, gibt das Virus auch weiter. Diesbezüglich wäre auch die Garantieerklärung des renommierten Impfherstellers Uğur Şahin, Vorstandsvorsitzender von BioNTech, in Erinnerung zu rufen, der am 21. Februar dieses Jahres in der deutschen „Bild“ tatsächlich meinte, dass „Geimpfte sich nicht mehr infizieren können“. So viel zu den hochheiligen Eiden, die Experten, Politiker und Medien gegenüber der Bevölkerung geleistet haben, um Vertrauen für ihre Maßnahmen zu gewinnen. Das segensreiche Zitat: „Für die Geimpften ist die Pandemie vorbei“, von Altkanzler Sebastian Kurz sollte man schon allein der Ordnung halber und für die Geschichtsbücher auch anführen. Und wieder einmal wurde der Bürger ent- und getäuscht.

Die einzelnen Zitate aller mit der Pandemie befassten Personen haben bestenfalls eine Halbwertszeit von einer Woche, das ist damit bewiesen. Nun ist auch die Politik mit ihrem Latein am Ende, hat stur nur auf den „Gamechanger“ als alleiniges Allheilmittel gesetzt, hat die Rufe nach einem Hochfahren des Gesundheitssystems arrogant vom Tisch gefegt, die Diskussion über rettende Medikamente bei schweren COVID-Verläufen schlichtweg negiert. Nur die Impfung sei die Rettung, das war das einzige Thema, mit dem sich die Bundesregierung beschäftigt hat, und selbst hier ist sie mit der lumpigen Impfrate von gerade einmal 63 % eindrucksvoll gescheitert.

Und daher führen uns Schallenberg und Mückstein, ob nun fahrlässig oder vorsätzlich, direkt in den nächsten Lockdown. Die Geimpften glauben derweil noch, es beträfe sie ohnedies nicht. Doch der Aufprall am Boden der Realität wird hart. Denn auch wenn die Politik hier auf die Strategie der Spaltung und des daraus resultierenden Drucks gesetzt hat – Geimpfte wie Nichtgeimpfte befinden sich im selben Boot. Und das liegt bald wieder an der Leine eines Lockdowns für alle.

17. NOVEMBER 2021

Die Regierung hat ihr Ziel erreicht, glaubt sie zumindest. Mit dem Lockdown für Ungeimpfte versucht sie auch nun amtlich, die Schuld an diesem Pandemiedesaster jenen Millionen von Österreichern zu geben, die sich – aus welchen Gründen auch immer – dem „Gamechanger“ als alleinigem Allheilmittel nicht unterzogen haben. Garniert ist dieser verfassungswidrige und *de facto* unexekutierbare Lockdown mit wütenden Schuldzuweisungen aus dem Eck der ÖVP und der GrünInnen. Eine ÖVP-Landesrätin bezeichnet Ungeimpfte straffrei als „Todesengel“, der Kanzler will als hemdsärmeliger Fiaker die „Zügel“ des Pferdegeschirrs der Bürger anziehen, die Landwirtschaftsministerin beendet die „Solidarität mit Ungeimpften“. Als ob sie die jemals gezeigt hätte.

Liebe Geimpfte! Wir werden nun alle wieder Maske tragen. Wir werden nun alle wieder, demnächst auch die Geimpften, in einen Lockdown geschickt. Glaubt mir. Wir werden nun alle wieder die Horrorzahlen und Bilder aus den Spitälern mundfertig im Abendprogramm serviert bekommen. Und wir werden alle um unsere Jobs, um den Wirtschaftsstandort, um den Tourismus, unsere Freiheit und die Gesellschaft bangen. Aber es wäre nicht nur kurzsichtig, sondern auch falsch, die Schuld für diese Situation den Ungeimpften in die Schuhe zu schieben.

Angesichts der Tatsache, dass 40 % der Geimpften, also die unbesiegbaren „Vollimmunisierten“, sich mit dem Wuhan-Virus infizieren, das Virus weitergeben, sich zu einem großen Teil in Spitalsbehandlung begeben müssen, ist es wohl – wie der deutsche Chef-Rasputin Dr. Drosten richtigerweise sagt – keine Pandemie der Ungeimpften. Es ist die Bilanz einer 20-monatigen Regierungspolitik, die das Gesundheitssystem nicht adaptiert hat, stur Heil an der Impfung als alleinigem Mittel festgehalten hat, nur auf widersinnige und sinnlose Lockdowns gesetzt hat und nun von der traurigen Realität eingeholt wird. Es ist das Versagen einer reinen PR-Regierung, die weder fachlich, noch rhetorisch, noch moralisch in der Lage ist, das Land in einer schwierigen Situation mit weiser Hand zu führen.

18. NOVEMBER 2021

Trari, trara, der Lockdown ist wieder da! Die Regierung ist mit ihrem Latein am Ende, deswegen legen’s uns die Handschellen wieder um die Hände.

Liebe 5,7 Millionen Österreicherinnen und Österreicher! Sie fragen sich zur Stunde, warum Sie Ihren Arm freiwillig ausgestreckt haben, um sich Gesundheit und Freiheit mit einem, zwei, drei oder vielleicht auch mehr Stichen zu erkaufen, warum Ihr Oberarm durchschossen wurde und Sie nun diese Freiheit wie vor einem Jahr aufgeben müssen, als Geimpfte in den kollektiven Winterkerker ihrer häuslichen Zellen marschieren?

Liebe zwei Millionen Österreicher! Sie fragen sich zur Stunde, warum Sie Ihren Arm in Zukunft ausstrecken sollen, wenn sich ohnedies nichts ändert, die Maßnahmen der Vergangenheit wiederkehren und Sie der Regierung mit ihren zerstörerischen, verfassungswidrigen, spaltenden, zukunftsvergessenen, hysterischen Lockdowns als Ungeimpfte wie als Geimpfte ebenso ausgeliefert sind?

Liebe eine Million Österreicher! Sie fragen sich zur Stunde, warum Sie Ihrer Freiheit wiederum beraubt werden, obwohl Sie tapfer die Infektion durchgestanden haben und vor Antikörpern nur so strotzen? Ich gebe Ihnen die Antwort!

Liebe 8,6 Millionen Österreicherinnen und Österreicher! Sie werden von einer Regierung der Hornochsen, der Geisteskranken, der Einzeller, der Idioten, der Dilettanten, der Chaoten, der Hirnlosen und Versager geführt. Sie wurden von einer Regierung der Unfähigen und Untätigen ganze 20 Monate lang belogen und betrogen, in Sicherheit gewogen. Eine Regierung hat Sie hinters Licht geführt, Sie zu Maßnahmen gezwungen, die nichts gebracht haben. Diese Regierung hat 20 Monate auf den Gamechanger gesetzt und derweil das Gesundheitssystem trotz aller Warnungen und Appelle vernachlässigt.

Und nun rächt sich der Betrug an einem ganzen Volk, an den Medizinern, den Pflegekräften, an den Unternehmern und Arbeitnehmern, an den Familien, Schülern und Kindern. Denn wie Sie nun sehen, wir sitzen alle im selben Boot, die verführten Geimpften wie die geschmähten Ungeimpften, die Genesenen wie die Gesunden und die bedauernswerten Kranken.

Also: Lasst euch nicht spalten! Der große deutsche Philosoph Johann Friedrich Herbart sagte einst: „Jede Spaltung in den Meinungen schwächt eine Kraft, die bisher als eine einzige gewirkt hat.“ Und diese Kraft sind wir, das Volk!

Nicht überraschend und auch nicht zum ersten Mal gleicht die Regierung einmal mehr einem gackernden Hühnerstall, wo jeder siebente Zwerg hinter dem siebenten Ministeriumsberg in dieser Kakofonie des Wahnsinns leidenschaftlich ins Mikrofon beißt und das tägliche Quäntchen Wahnsinn zum Besten gibt.

Eine Regierung, die Sonntag mittags den verfassungswidrigen und unexekutierbaren Lockdown für Ungeimpfte verkündet, für Verunsicherung und Chaos in der Bevölkerung sorgt, und die, vertreten durch den Gesundheitsminister höchstselbst, am Abend desselben Tages plötzlich Ausgangssperren für Geimpfte per Mittwoch verordnen will, deren Kanzler am Montag darauf in der Früh dem Gesundheitsminister widerspricht, der Gesundheitsminister seinerseits ein Gipfelgespräch für Mittwoch ankündigt, von dem aber alle anderen Regierungsmitglieder nichts zu wissen scheinen oder wissen wollen, und deren staunender Bürger ohnedies weiß, dass alle Geimpften wie Ungeimpften gleichermaßen in den nächsten Lockdown geschickt werden, offenbart die vollkommenste Stufe des Chaos.

Dazu gesellen sich Bundesländer mit ihren fachlich ausschließlich auf Weinfeste und Ordensverleihungen spezialisierten Landeshauptleuten, die aus Österreich in ihrer Not ein virologisches Schachbrett gestalten, wo in jeder Region andere Regeln gelten und am Ende der einfache Bürger der um sich greifenden Ratlosigkeit geopfert wird.

All das ist der Tatsache geschuldet, dass das politische Personal der Republik am Ende der Fahnenstange angekommen, am Ende seines Lateins ist. Denn die Impfung hat sich nicht als Garantieerklärung für die Beendigung der Pandemie herausgestellt, die unter Androhung von Zwangsmaßnahmen geführte Impfkampagne war nicht vertrauensbildend und daher erfolglos, das Gesundheitssystem wurde eben nicht hochgefahren, die Risikogruppen wurden eben nicht explizit geschützt. Das rächt sich jetzt und zeigt ein in der Zweiten Republik bis dato nie aufgetretenes Staatsversagen, wo bis auf wenige Ausnahmen alle Höchstorgane, ob Mitglieder der Bundesregierung oder der Landesregierungen, ihre psychische wie physische Amtsunfähigkeit zum Besten geben.

Wir werden den Winter überstehen, wir werden auch die Handlungsunfähigkeit des schleißigen Politpersonals überdauern, aber im Frühjahr muss es im Interesse des gesamten Staatswohles Konsequenzen geben. Neuwahlen auf Bundesebene, aber auch Neuwahlen in allen Bundesländern sind ein Gebot der Stunde, denn diese Politiker hat sich der Bürger nicht verdient.

21. NOVEMBER 2021

Kanzler Spaltenberg entschuldigt sich, der überforderte Mückstein ebenso, die Landeshauptleute, also die pragmatisierten Schnapsnasen des toxischen Föderalismus, tun es ihnen gleich. Die „I'm-so-sorry"-Republik kommt wieder wie einst beim Dauerversager Angstschober zum Vorschein, die Politiker bemühen mit einem Meer von Krokodilstränen im Gesicht die geduldigen Gefühle der Menschen. Man entschuldigt sich, nimmt aber keine Verantwortung wahr, man zieht keine Lehren aus dem Staatsversagen, keine Konsequenzen aus dem eigenen liederlichen, widerwärtigen, chaotischen, ja schändlichen Verhalten. Österland ist abgebrannt, und die wahre Schuld dafür reicht man weiter wie eine heiße Kartoffel.

Die kollektiven Beileidsbekundungen der obersten Staatsorgane erinnern dann doch an einen betrunkenen Autofahrer, der ein Kind zu Tode bringt, um sich nachher damit zu entschuldigen, dass das Autohaus, das ihm den Pkw verkaufte, die Schuld dafür trage. Weil Verantwortung und Haftung für das Getane nicht einmal gedanklich übernommen werden, weil Einsicht und Buße bestenfalls am Sonntag für eine Stunde im Tempel Gültigkeit haben, weil Moral und Anstand weniger wiegen als die vollen Taschen, die man aus der politischen Funktion unabhängig vom dauernden Scheitern erhält. Denn nur wahre Einsicht und Schuld führen zur Umkehr.

20 Monate lang wurden die Menschen von einer chaotischen Regierung erpresst, genötigt und von einem Lockdown in den nächsten gejagt, ohne dass das Problem an der Wurzel gepackt worden wäre. 20 Monate lang überließ man die Gesundheits-,

Wirtschafts-, Sozial- und Gesellschaftspolitik einem türkisen Babyelefanten, der mit seinen Dumboseglern das Porzellan im Laden Österreich zerschlug. 20 Monate lang setzte man auf Bevormundung, Zwang und Druck, statt den Weg der Freiheit und Eigenverantwortung zu gehen, wie beispielsweise Schweden. Und statt sich zu diesen Fehlern zu bekennen, endlich einen erfolgreichen Weg zu gehen, setzt man nun weiter auf Zwang. Wie der Räuber, der sich nach dem Überfall entschuldigt und weiter raubt. Wie der einsichtige Mörder, der halt einfach weiter mordet.

Die Impfpflicht ist die logische Fortsetzung des bisherigen Staatsversagens. Denn es handelt sich um keine Pandemie der Ungeimpften, sondern das Versagen des Gamechangers ausgerechnet bei den Geimpften. Unsere auf Schönheit bedachte Verfassung sieht in einem solchen schwerwiegenden Fall von Grundrechtseingriffen die Verhältnismäßigkeit und Begründbarkeit vor. Verhältnismäßig ist es eben nicht, Menschen in eine Schutzimpfung gegen eine Erkrankung zu zwingen, die eine vergleichsweise geringe Sterblichkeit aufweist. Und begründbar ist eine Impfpflicht nicht, wenn Geimpfte wie Ungeimpfte sich mittlerweile gleichermaßen infizieren und das Virus weitergeben können. Hoffen wir, dass unsere Verfassung und damit unsere Grundrechte nicht in Schönheit sterben.

22. NOVEMBER 2021

„Niemand hat die Absicht, eine Impfpflicht einzuführen“, flöteten Deutschlands Politiker aller Couleurs in der guten, alten, verlogenen Manier ihres eigentlichen politischen Vorbildes Walter Ulbricht. „Niemand hat die Absicht, einen Lockdown zu verordnen“, läuft es seit 20 Monaten in Dauerschleife, und dennoch steht beides vor der Tür. Egal, ob ungeimpft oder geimpft, ob gesund oder krank, ob jung oder alt, der Lockdown kommt für alle, kommt wie das Amen im Gebet, denn der Gamechanger hielt nicht, was Merkel, Söder, Drosten und Co. sich und vor allem den verängstigen Menschen versprachen, auch wenn sie seinen durchschlagenden Erfolg gleichsam garantierten.

„Der Gamechanger bewahrt euch zu 99 % vor einer Infektion", machten Politiker und sogenannte politisch infizierte Experten, aber vor allem die kassierenden Hersteller den Menschen die erlösende Ampulle schmackhaft. „Er bewahrt euch vor Krankheit, dem Spitalsbett und dem jähen Sprung über den Jordan." Bemerkenswert, dass laut Robert-Koch-Institut ausgerechnet 61,6 % der symptomatisch Infizierten über 60 Jahren, also Angehörige der zu schützenden Risikogruppe, trotz Allheilmittel husten. Bemerkenswert, dass 44,8 % der hospitalisierten Fälle eigentlich all das freiwillig über sich ergehen ließen, was Merkel, Söder, Drosten und Spahn von ihnen verlangten, und dennoch im Krankenhaus an diesem Virus laborieren. Und noch bemerkenswerter, dass 42 % der über 60-jährig Verstorbenen nach all den Prognosen der Pharmaindustrie eigentlich niemals hätten sterben dürfen und dennoch nun von ihren Mitmenschen betrauert werden. Denn sie hatten ja die Segnungen des pharmazeutischen Friedensstifters, genannt vollimmunisierende Spritze, hinter sich gebracht, galten als unsterblich. Und selbst der oberste Quacksalber der Nation Drosten gibt kleinlaut zu, dass es sich eben um keine Pandemie der Ungeimpften handelt.

Der Lockdown kommt daher, Deutschland ist mit dieser Politik ein Saisonalbetrieb geworden. Der hoffnungsfrohe Frühling wird von einem einigermaßen befreiten Sommer abgelöst, bis wir im Herbst alle erzittern und im Winter das Motto lautet: „Küss die Hand, Herr Kerkermeister, der Lockdown ist wieder da." Weil das Spitalssystem an die Wand fährt, weil die Regierung trotz der Pandemie die letzten 20 Monate über weiter reihenweise Kliniken geschlossen hat. Und als Substrat dieses Versagens brechen nun alle ihre Schwüre, und die Impfpflicht steht *ante portas*. Denn wenn schon die ersten beiden Stiche nichts nützen, setzt man halt diesmal zwangsweise auf den dritten, den vierten und irgendwann auf die Standleitung. Man kann eben einen schweren Fehler auch fortsetzen.

23. NOVEMBER 2021

20.000 Messerangriffe mit mehr als 100 Toten verzeichnet die Statistik allein im Jahr 2020 in der europäischen Zentralanstalt des Einzelfalles, dem größten Irrenhaus des Kontinentes. Deutschland ist wieder einmal an der Weltspitze, diesmal aber nicht wirtschaftlich oder – gottlob – angriffstechnisch, sondern als Vorreiter nah- und fernöstlicher Messerkunst mit blutigem Ausgang als berechenbarem Kollateralschaden Merkel'scher „Wir-schaffen-das"-Politik.

Deutschland 2021, das frei zugängliche Disneyland für die Gefährder aus aller Herren Länder, und das noch ohne Eintritt oder Kontrolle. Die Alte wird längst in Pension sein, rentengeschwängert sich von neun steuergeldfinanzierten Mitarbeitern in der achsenverstärkten Sänfte herumtragen lassen, da werden Deutschlands Bürger weiter von der Angst vor einem Klappmesser oder eine Machete beherrscht sein.

100 Tote, immerhin. 40 % der Täter nicht deutschen Herkunftsbezuges, wie man so schön sagt. Gibt's Konsequenzen? Nein! Gibt's Lockdowns, also eine Art Sicherungshaft für Gefährder? Nein! Die werden bestenfalls ins Homeoffice geschickt und vollbringen ihre Tat halt an der eigenen Familie. Und man sieht: Der Staat macht eben einen Unterschied, von wo die tödliche Gefahr ausgeht und wer die Opfer sind. Opfer von Messerangriffen sind meist selbst schuld, denn sie waren zum falschen Zeitpunkt am falschen Ort, und die Täter sind ja arme, mit psychischen Problemen beladene Neubürger, denen man Verständnis entgegenbringen muss. Ungeimpfte hingegen sind unsolidarische Gefährder, virologische Attentäter und Egoisten, die man, wenn sie nicht willig sind, mit Gewalt und Strafen ihrer Arbeit beraubt, ihre Grundversorgung einstellt und sie in die Zwangsisolation schickt.

So präsentiert sich das Buntland der Welt, ein Staat mit Regierungen, die widersprüchlicher nicht agieren könnten, die auf beiden Augen blind sind. Und es wird sich nicht ändern, denn genau diese Politik setzt sich mit Scholz, dem Merkel im Anzug, und seinen Knechten von den GrünInnen und den liberalen Mehrheitsbeschaffern fort. Denn wie sagte der deutsche Literaturkritiker Carl Ludwig Börne? „Es gibt Leute, die geizen mit ihrem Verstand wie andere mit ihrem Geld."

Deutschlands Ampel steht, Merkels Nachfolge ist zumindest im Land gesichert, wenn auch ihre CDU/CSU dauerhaft marginalisiert wurde. Drei Parteien, bestehend aus opportunistischen Buckelzwergen und Dauerschwätzern, widersprüchlicher könnten sie nicht sein, haben sich zu einer windschiefen, ramponierten Ampel zusammengefunden. Also zu einer solchen, an der sich schon jedes Auto leidenschaftlich mit der Stoßstange, rein bildlich natürlich, gewälzt hat.

An der Spitze die SPD, die in ihren Grundsätzen ausgewaschene und nicht wiedererkennbare Gruppierung einer Frau Esken und nun mit KanzlerIn Olaf Scholz, der nicht aus eigener Stärke, sondern aus der eindrucksvollen Schwäche der anderen an erster Stelle steht. Am zweiten Platz des Loser-Podestes die Bio-macht-schön-Sekte der GrünInnen mit ihrer erfolglosesten Stotterin an der Spitze Deutschlands, Annalena Baerbock alias Fälscher-Anni alias Plagiats-Urschl, die sich entgegen den bisherigen Moralvorstellungen nicht unter Schimpf und Schande vom Berliner Parkett zurückgezogen hat, sondern ihre rhetorischen wie intellektuellen Leckerbissen in einem Ministerium auf Steuerzahlerkosten zum Besten geben kann. Und wie immer dabei: der Schnittlauch in der Suppe der deutschen Innenpolitik, die FDP, deren einzige Existenzberechtigung die Funktion des billigen Mehrheitsbeschaffers ist. Wähler verraten, aber Hauptsache in der Regierung, lautet doch das Motto dieser gelben Gauklertruppe seit Genscher.

Apropos gaukeln: Das Regierungsprogramm lässt auch darauf schließen, dass diese Regierungsverhandlungen nicht von der Absicht geprägt waren, Deutschland in eine bessere Zukunft zu bringen, den Merkel'schen Wahn zu überwinden, sondern das amtlich größte Irrenhaus Deutschland auf Dauer zu implementieren. Asylwerber, die bisher im Rausch des „Wir schaffen das" nach Deutschland gekommen sind, ohne Papiere und Identität, denn Erstere haben sie absichtlich vernichtet, werden von der neuen Ampel höflich dazu eingeladen, ihre Identität eidesstattlich zu erklären. Und damit findet man sich ab. Also werden in Zukunft sehr viele unbegleitete und minderjährige Donald Ducks mit langen Bärten im Sozialsystem

Deutschlands ihren Platz finden. Auch so kann man gelebte Anarchie und Gesetzlosigkeit planieren.

Und als weiteren Kotau vor den Buntländern aller Herren Länder gibt es in Zukunft die Verantwortungsgemeinschaft als gesetzliche Plattform für die Vielehe. Warum nicht gleich die Scharia einführen, fragen sich viele Deutsche zur Stunde. Das wäre wenigstens ehrlicher. Aber diese Deutschen werden ohnedies weniger, denn die Kondome gibt's in Zukunft gratis, also auf Kosten des Steuerzahlers. Und Cannabis wird endlich legal, als schützendes Suchtmittel, um den politischen Alltag zu ertragen. Dieses Programm lässt sich in einem Satz analysieren: Deutschland schafft sich weiter ab!

26. NOVEMBER 2021

Hoch und heilig, feierlich schworen die neuen drei Könige aus Berlin, Scholz, Habeck und Lindner, im Wahlkampf und in den Regierungsverhandlungen dem deutschen Volke, das Land niemals mehr in einen zerstörerischen Lockdown zu jagen. Denn der Lockdown bringe nichts, vernichte die Wirtschaft, raube die Zukunftschancen, spalte die Gesellschaft, sei sinn- und nutzlos, so die drei Ampel-Helden unisono. Und nun, noch nicht einmal im Amt, noch nicht einmal vereidigt, werden die Versprechen über Bord des neuen Regierungsschiffes geworfen. Denn es war ja ausgerechnet Amtsvorgänger Konrad Adenauer, der den Satz prägte: „Was kümmert mich mein Geschwätz von gestern?", und den systematischen Wählerbetrug so adelte, ja tatsächlich legitimierte. Wahrlich, wahrlich, bevor noch das Christkind und für die restlichen Buntländer das Winterfest kommt, wird auch Deutschland in die winterliche Schutzhaft marschieren. Denn der Gamechanger des Herrn Drosten war ein Flop, halt eine weitere Widersprüchlichkeit der Quacksalber. Und nachdem Deutschland auch bisher den Irrweg des erlösenden Lockdowns, des Druckes, des Zwanges und der Autokratie ging, wird es im Gegensatz zu Schweden seine Bürger einmal mehr in die virologische Geiselhaft nehmen.

Apropos Schweden: Während auch die neue deutsche Hampelmännchenregierung vom Inzidenzwahn befallen ist, leidenschaftlich in den Chor der Impfpflichtbefürworter einstimmt, hat es Schweden geschafft, den Irrsinn hinter sich gelassen, die Pandemie dauerhaft für beendet erklärt. Ohne Kriegsrhetorik, ohne Lockdown, ohne Zwang und Bevormundung, ohne Söder, sondern nur mit vier Zauberwörtern: Freiheit, Vertrauen, Selbstbestimmung und Eigenverantwortung.

Vier kleine Wörter, die Deutschlands alte und auch die neue Regierung scheuen wie der Teufel das Weihwasser. Denn wo kämen wir hin, wenn die Bürger frei über das Risiko des Lebens entscheiden könnten? Wo landen wir, wenn die Menschen in Eigenverantwortung und Selbstbestimmung das Beste für sich herausholen? Ja, in der Demokratie. Und diese gibt es, zumindest, wenn Virenzeit ist, nicht mehr. Da herrscht die Gouvernantendemokratur, die Bevormundung der Bürger, die durch die Mahnungen und Warnungen, durch die Maßnahmen zu kleinen, willenlosen, ja willfährigen Kindern degradiert werden. Eine Gesellschaft, in der die Freiheit zum Schimpfwort geworden ist, hat ihre demokratische Existenz beerdigt.

27. NOVEMBER 2021

Die eifrigen Brandstifter beklagen den katastrophalen Flächenbrand, die Spalter die tiefe Spaltung der Gesellschaft. Österreich ist zerrissen, fein säuberlich sind die Fronten zwischen Geimpften und Nichtgeimpften gezogen. Was zu dieser Polarisierung führte? Eine Lockdown- und Impfpolitik, die mit Zwang, Druck, Bevormundung und ungerechtfertigten Schuldzuweisungen die Kurve kratzen wollte und im Gegensatz zum geeinten Schweden, das auf Freiheit, Eigenverantwortung und Selbstbestimmung gesetzt hat, eindrucksvoll und nachhaltig gescheitert ist. Und die Tatsache, dass wir erstmals in der Geschichte an der Spitze des Landes eine Regierung haben, die nicht aus ihrer Funktion heraus staatstragend, vertrauensvoll und einend agiert, sondern noch Öl ins Feuer gießt und in ihrem Unwirken selbst Partei der Polarisierung geworden ist.

Eine Landesrätin der Regierungspartei ÖVP, die Ungeimpfte ungestraft als „Todesengel“ bezeichnet, ein Bundeskanzler, der vom „Ende der Solidarität mit Ungeimpften“ fabuliert, obwohl Geimpfte wie Ungeimpfte im gleichen Ausmaß infektiös sind, ein Innenminister, der zu Maßnahmenkritikern wie zu Terroristen und Schwerverbrechern spricht, und zu guter Letzt ein unfähiger Gesundheitsminister – all das ist das Rezept, wie man erfolgreich die Bevölkerung gegeneinander aufbringt. Und als Krönung der Verhetzung setzen ÖVP, Grüne und SPÖ mit der Impfpflicht noch eines drauf. Im Wissen, dass diese verfassungswidrig ist, es gelindere Mittel gibt und sie den 20 Monate lang beschrittenen erfolglosen Irrweg des sinnlosen Zwanges nur fortsetzt.

Nur in einem, da ist sich die gesamte Bevölkerung Österreichs, egal ob geimpft oder ungeimpft, alt oder jung, gesund oder krank, männlich oder weiblich, zur 100 % einig: Die Regierung gehört im Gesamten ausgewechselt, davongejagt. Und ja, vielleicht liegt darin die Lösung, wie man Österreich wieder eint, durch die Pandemie bringt, dem Land Zukunft gibt.

28. NOVEMBER 2021

Wenn sie kein Brot mehr haben, gebt ihnen doch einfach Cannabis. Wenn die Preise in die Höhe schnellen, erhöhen wir noch schnell die Steuern. Treibstoffpreise, Heizölpreise, Energiepreise, Lebensmittelpreise, Baupreise, Rohstoffpreise, Mietpreise. Das Leben wird immer schwieriger, die Preise für die Güter des täglichen Lebens haben ein unerträgliches Niveau erreicht, werden immer weniger leistbar. Eine Inflation wie seit Jahrzehnten unvorstellbar und seit den 1950er-Jahren nicht mehr gekannt fegt über das Land als direkter Ausfluss des verheerenden Corona-Missmanagements der Regierung, als Folge der monatelangen Zwangspause der Wirtschaft.

Es rächt sich nun in der Brieftasche jedes einzelnen Bürgers, übrigens egal, ob geimpft oder ungeimpft, dass eine Regierung – angestachelt durch die einander widersprechenden Kurpfuscher der Virologie – das vernünftige Augenmaß für das gesamte Wohl einer Gesellschaft gänzlich verloren hat, stur und stumpfsinnig auf Inzidenzwerte gestarrt hat, anstatt die Kollateralschäden ihrer eigenen Politik für das soziale, wirtschaftliche, ökonomische Fortkommen jedes einzelnen Bürgers ausgleichend zu bewerten und abzuwehren. Ganze Wirtschaftszweige wurden nach Belieben und weniger nach fachlichen

Kriterien mehrmals in den Shutdown versetzt, Arbeitsplätze nachhaltig vernichtet. Operation Lockdown gelungen, Patient Wirtschaft tot, lautet das Ergebnis ausgerechnet der Vertreter einer einstigen Wirtschaftspartei wie der CDU und CSU. Unfassbare 4,5 % Inflation allein in Deutschland nehmen den Menschen jeglichen finanziellen Bewegungsspielraum. Und sie spüren es täglich beim Blick in die eigene Geldtasche.

Derweil will die neue deutsche Ampelkoalition die Steuern erhöhen, neue Steuern einführen, die ohnedies ausgepressten Menschen in die finanziellen Schraubstöcke spannen und der rot-grünen Wegelagerei und dem Raubrittertum frönen. Im Gegenzug wird Cannabis legalisiert, denn im Drogenrausch soll sich der Alltag dieser Politik leichter ertragen lassen. Man steigt eben auf Härteres um, denn den guten alten Alkohol gibt es nicht mehr in ausreichend leistbarem Maße, sich die Welt noch schön zu saufen. 4,5 % Inflation allein in Deutschland, und die Politik, gefüttert durch ihre inflationsangepassten Apanagen, schweigt, kommt ihrer Schutzpflicht gegenüber dem eigenen Volk nicht mehr nach, negiert die Ängste und Sorgen jener, die um ihr finanzielles Überleben kämpfen, immer weniger Einkommen zum Auskommen haben. Denn von Luft, Liebe und Lockdowns lässt es sich eben schlecht leben. Dieser Grundsatz dürfte zu den Regierenden noch nicht durchgedrungen sein.

9. DEZEMBER 2021

Und am Ende stand der türkise Messias vor den Trümmern seiner Politik. Wie ein kleines Kind, dem das Spielzeug entglitten ist, das seine Sandburg selbst zerstört hat. Nur ist Österreich weder ein Kindergarten noch ein Sandkasten und die Regierung kein nebuloser Zeitvertreib pubertierender Karrieristen.

Kurz ist weg, Blümel ist Geschichte, die türkise Partie verbannt und der letzte Getreue Karl Nehammer der achte anspruchslose Verlegenheitskanzler innerhalb von fünf Jahren. Als politisches Kanonenfutter dienen farblose No-Names, die für wenige Monate einrücken und klingende Ressorts leiten dürfen, von denen sie keinen blassen Schimmer haben. Und all diese Instabilität, weil die einst staatstragende ÖVP das Land in

Geiselhaft hält, höchste Staats- und Regierungsämter für ihre parteipolitischen Überlegungen missbraucht, sich mit letzter Kraft an den Ministerratstisch klammert.

Das nahende und unvermeidliche Aus der Regierung ist vielmehr das Ende der ÖVP, die nach dem vierjährigen türkisen Höhenflug implodiert ist und selbst das Knittelfeld-Desaster der FPÖ aus dem Jahr 2002 komplett in den Schatten stellt. Bemerkenswert ist, dass es die Regierung ausgerechnet zu jenem Zeitpunkt in alle Einzelteile zerfleddert, an dem es die von ihr selbst hysterisierte Pandemie zu bewältigen gilt, das Land in einen ewigen Lockdown schlittert und es die Wirtschaft zum vierten Mal in 21 Monaten auf die Schnauze haut.

Der pandemische Wahnsinn wird im Frühjahr ein Ende finden, und dann ist es ein Gebot der Stunde, die Wähler Österreichs zur Wahlurne zu bitten, um einen moralischen wie politischen Neubeginn zu garantieren. Und zwar ohne eine verantwortungslose ÖVP, der das Land unwichtiger erscheint als das eigene Fortkommen. Die Zeit ist reif!

10. DEZEMBER 2021

Die Idiotie der Corona-Politik: Die Puffs und Swingerklubs sind offen, die Gastro bleibt zu. Wo einst der ehemalige Wiener Bürgermeister beim Heurigen bekanntermaßen dem weißen Spritzer in großen Mengen nicht abgeneigt war, bekommt des neuen Wiener Landesfürsten Ludwigs Wuhaner Spritzer-Politik eine ganz neue, delikate, ja angemessen halbseidene Bedeutung. Denn die Corona-Experten bliesen dem sozialistischen Ballon Rouge von Wien eine eindeutige Botschaft: Die horizontale Ansteckungsgefahr im Bordell zur roten Laterne sei laut Wirrologen viel geringer als der vertikale Genuss eines Achterls im Gasthaus zum dreckigen Löffel.

Also sperren die Puffs als körpernahe Dienstleister sofort auf und die Wirte verbleiben unter dem Riegel des pandemischen Keuschheitsgürtels. Problematisch wird es aber, wenn das Freudenhaus, wie übrigens alle, eine Gastro betreibt. Die Körpersäfte dürfen fließen, der Zapfhahn bleibt dürr. Denn aus dem Bier könnte uns das Fledelmaus-Virus lachen, aus dem Rest ja nur Syphilis. Und irgendwie muss man die hysterisierten Corona-Regenten unseres Landes verstehen: Denn immerhin handelt es sich bei Prostitution um das älteste Gewerbe der Welt, und die größten Huren sind eben die Politiker.

Aber während die steuergeldfinanzierten Polit-Kurtisanen von Wien ihr Geld nicht wert sind, sprich: für die Silberlinge nicht das bieten, was versprochen wurde, sind die originalen Bordsteinschwalben um einiges verlässlicher. Denn so ein orales Vergnügen mit FFP-2-Maske ersetzt jeden Sadomasoklub. Und man darf auch nicht vergessen, dass ausgerechnet die Berufsgruppe der fern ihrer Heimat tätigen Funktionäre und Mandatare Stammkundenrabatt in den verschiedensten Etablissements höchster Erregung genießt. Aber Vorsicht: Wer Puffpolitik betreibt, landet in der Hölle.

13. DEZEMBER 2021

Annalena Baerbock, neue deutsche Außenministerin, vormals stotternde Wanderpredigerin für Birkenstocksandalen, den Ökosozialismus, Veganismus, den alleinigen Gebrauch von E-Bikes und Eisenbahnen, notorische Legasthenikerin, ist in ihrem neuen Amt endlich angekommen. Gekonnt, dafür weniger elegant, bestieg sie den roten Teppich der für sie bereitgestellten Regierungsmaschine, ihren vollbetankten Kerosinbomber, und vertschüßte sich zuerst nach Paris, wo sie, der rhetorische Leckerbissen aus Berlin, die Simultandolmetscher und ihren nicht weniger verdutzten Gastgeber mit ihrem unverständlichen Geschwurbel ins Schwitzen brachte.

Wie es sich für eine aufrechte Funktionärin der Gretleristen in alter geheuchelter Tradition gehört, verzichtete sie bescheiden auf den Weiterflug mit der bereitgestellten Regierungsmaschine und bestieg fotogerecht unter Jubel der grünen Meute einen Zug, um sich umweltfreundlicher nach Brüssel kutschieren zu lassen. Die Regierungsmaschine flog nach Hause, mit halbem Tank, aber dafür leer im Passagierraum. Um weiter nach Warschau zu gelangen, ging's aber wieder mit dem Flugzeug, das zuerst nach Paris musste, zurück nach Deutschland, um die Gute dann von Brüssel nach Polen zu bringen.

Ja, eine solche grüne PR-Politik voller opportunistischer Demutsgesten vor den Klimasektierern kann ganz schön viel:

tatsächlich sinnloses CO_2 in die Atmosphäre ausstoßen. In Paris lacht man sich übrigens noch immer zu Tode über den blamablen Auftritt jener Person, die Kobolde mit Kobalt und Tonnen mit Gigatonnen verwechselte, keinen deutschen Satz gerade und unfallfrei herausbringt, und deren Englisch selbst das für Deutsche allseits bekannte Ratzinger-English („Dear brothers and sisters …“) noch um Klassen unterbietet. Und was Fälscher-Anni unter Französisch versteht, möchten wir hier nicht näher erläutern.

Eine Kette ist nur so stark wie ihr schwächstes Glied. Gemessen an Baerbock dürfte es sich daher bei der neuen deutschen Bundesregierung um ein halbseidenes Fußkettchen handeln.

15. DEZEMBER 2021

Als ob das Virus in Vorarlberg, Tirol, Burgenland, Kärnten und Oberösterreich eine andere Wirkung als in der Steiermark, Niederösterreich oder Salzburg entfalten würde. Als ob sich das Virus in Wien anders verhielte als in den restlichen acht Bundesländern. Als ob der alpenländische Zwergstaat Österreich so groß wie die USA wäre, wo in jedem Bundesstaat andere Gesetze vonnöten sind.

Unsere Corona-Politik hat sich nun endgültig der föderalistischen Verwirrung Weinfeste eröffnender Landeshauptleute unterworfen, das kleine Land gleicht mit seinen in neun Bundesländern unterschiedlichen Regelungen einem Fleckerlteppich. Die Schützenhöfers, Platters, Ludwigs und Co. haben dank der Schwäche der Bundesregierung das Heft des Handelns an sich gerissen, das Chaos ist perfekt. In den erstgenannten fünf Bundesländern macht die Gastronomie am Montag auf, in den anderen dreien wird sie erst am 17. Dezember ihre Pforten öffnen, und in Wien – irgendwann. Wenn überhaupt!

Wer einen Gastronomiebetrieb betritt, muss sich – geimpft oder genesen – dem 2-G-Regime unterwerfen, für den Mitarbeiter, der acht Stunden hinter der Bar in demselben Raum bedient, reicht ein normaler Coronatest als 3-G-Eintrittsschein zum Arbeitsplatz. Denn das kleine stachelige Virus unterscheidet nicht nur zwischen den Bundesländern, sondern auch zwischen Kunden und Mitarbeitern.

In einem aber sind sich die Landesfürsten einig, die Bordelle dürfen sofort öffnen, denn der Austausch von Körperflüssigkeit ist offensichtlich längst nicht so gefährlich wie der Genuss eines Biers am Tresen einer Gastwirtschaft. Das Freudenhaus darf übrigens nur zur sexuellen Befriedigung aufgesucht werden, denn die in die Puffs integrierten Bars bleiben in drei Bundesländern bis zum 17. Dezember und in Wien bis voraussichtlich 20. Dezember geschlossen.

Übrigens, dieses Regelwirrwarr gilt nur für 68 % der Bürger, für 32 % dauert der Lockdown an. Wie solche Gesetze exekutiert werden? Gar nicht! Wer einen solchen Pfusch verbrochen hat? Verrückte!

16. DEZEMBER 2021

Oh, du liebe Hobel-, Hobelbank. Gestern hamma gsoffen, heit samma krank. Lieber Roman „Reblaus" Rafreider, immer feucht sei Ihre Kehle, und gute Besserung! Denn der auf 1000 Atü aufgeblasene Plutzer dürfte ja nach dem Sieben-Promille-Festtagsrausch noch ordentlich brummen. Illuminiert wie ein Christbaum am 24., nudelfett wie Jean-Claude Juncker, moderierten Sie die „Zeit im Bild". Wer den Schaden hat, braucht für den Spott nicht zu sorgen, ergießt sich nun die Häme der nüchternen Spaßbremsen über Sie, lieber Augustin, wie herrlich gekühlter Gin.

Es wird Sie überraschen: Ich habe vollstes Verständnis für Sie. Wer täglich in der Gehirnwäscheanstalt ORF arbeitet, wer täglich über Figuren wie Schmähhammer, Werner Kogler und Mückstein berichten muss, kann sich solche Typen nur mehr schönsaufen. Solange die höchste Volksvertretung, das Parlament der Republik, einem Sitzkreis anonymer Alkoholiker gleicht, solange auf der Regierungsbank die größten Tschecheranten des Landes Platz nehmen, die sich in Wahrheit schon längst deppert gesoffen haben, solange der Alk manchen Landeshauptleuten waagrecht aus dem Augapfel spritzt, solange der ORF das ist, was er eben ist, ein linke Schlangengrube, kann man die Politik und den Öffentlich-Rechtlichen nur mehr eingespritzt im Spiegel ertragen.

Ich meine, das halbe Land sauft angesichts der derzeitigen Politik. Es gibt ja kaum mehr genug Alkohol, um sich die Realität schön zu saufen. Um was ich Sie beneide, ist aber die Tatsache, dass im ORF Party ohne Ende gefeiert wird, während die Gastro unseres Landes verriegelt ist. Zuerst die Lockdown-Orgie „Licht ins Dunkel", jetzt Sie. Mah, ich wäre gern dabei. Lieber Roman Rafreider, drum trink ma no a Flascherl Wein, holadrio. Es wird wohl net das letzte sein, holadrio. Prost!

19. DEZEMBER 2021

„Wie ich bereits mit Blick euf ein weiteres agressiven Verhaltens Russland. Dass es klare diplomatische und wirtschaftliche Konsequenten hätte", nuschelt Stotter-Anni Baerbock, der außenpolitische Kobalt Deutschlands, bei ihrer ersten „Ollision" im Rahmen der EU-Staats- und Regierungschefs und lässt die Mehrheit der Journalisten wie auch ihrer Ratskollegen ratlos zurück. Denn in welchem Idiom versucht sich der kommunikative Gnom mitzuteilen?

Nun wissen wir, dass die promovierte Mörderin der deutschen Sprache des Englischen nicht mächtig ist, denn aus diversen Kreisen wird vertraulich berichtet, die sprachliche Amokläuferin habe sich mit den Worten vorgestellt: „Hi crowd, I am the new foreign ministerIn of Germany. I am very happy to be in this Sitzkreis of the European very interesting people. Merry Christmas!" Und selbst dieser gespielte Witz klingt untertrieben.

Gut, Englisch können wir definitiv abhaken, denn was Anni nicht lernte, lernt Annalena nimmermehr. Völkerrecht habe sie studiert, behauptet sie zumindest. Offenbar dürfte sie sich hierbei, wenn überhaupt, nur auf die babylonische Sprachverwirrung semiprofessionell konzentriert haben. Auf Französisch soll sie zeit ihres Lebens auch nicht besonders beeindruckend gewesen sein. In Paris hat sie dem französischen Amtskollegen nur ein zartes „Bonjourrrrrrr", das rollende R in Andenken an Marlene Dietrich, entgegengeschnurrt.

Annalena Baerbock, die deutsche Geheimwaffe auf dem diplomatischen Parkett, die sich von Tag zu Tag immer mehr zum peinlichen Rohrkrepierer entwickelt und die Linguistik mit Linguini samt Bolognese-Sauce verwechselt. Deutsch kann sie nicht, Französisch kann sie nicht, Englisch kann sie nicht, reden kann sie nicht, denken kann sie nicht, berufliche Erfahrung hat sie nicht, Qualifikation hat sie nicht. Wenn selbst ein österreichischer Nachrichtenmoderator mit sieben Promille rhetorisch treffsicherer auftritt, als sich eine neue deutsche Außenministerin nüchtern artikulieren kann, sollte man besser früher als zu spät an einen Ministerwechsel denken. Oder Deutschland versteht keiner mehr, was auch nichts Neues wäre.

20. DEZEMBER 2021

Mein lieber Jörg!
Wie ich dich in Zeiten wie diesen vermisse. Deinen Hausverstand, deinen Mut, deine rhetorische wie intellektuelle Brillanz, deine Unabhängigkeit, deinen Witz, deine Kenntnis der Verfassung, aber vor allem deine Liebe zur Freiheit.

Corona ist das Schreckgespenst, das unsere Gesellschaft spaltet, die Menschheit verunsichert und die Dummheit der Regierenden schonungslos offenlegt. Ein wahrer Tsunami des Wortbruches ergießt sich über das willfährige Volk, das Wort von gestern gilt morgen nichts mehr. Die Regierung besteht aus politischen Laien, aus verkommenen Subjekten, die in ihre Ämter aus Verlegenheit gespült wurden, aber diese doch nicht aus eigener Kraft errungen haben. Erfolglose Gestalten, die sich mit letzter Kraft an die hohen Gehälter klammern, die sie in der freien Wirtschaft wohl in ihrem gesamten Leben niemals verdient hätten. Handlungsunfähige Stotterer, visionslose Technokraten, inhaltsleere Opportunisten, seelenlose Stümper.

Ach, wie ich dich in diesen Zeiten vermisse! Dein Verständnis für die berechtigen Sorgen einfacher Bürger. Wie ich dich vermisse, den Hecht im Karpfenteich, der diese Legion der Erfolglosen vor sich hergetrieben hätte. Und gleichzeitig Antworten auf diese brennenden Fragen der Zeit gegeben, ja im Vergleich beinahe aus dem Ärmel geschüttelt hätte.

Frohe Weihnachten, lieber Jörg. Und uns ein besseres 2022!

Dein Gerald

Wer Wind sät, wird Sturm ernten. Wer ein gutes Drittel der Bevölkerung Österreichs mit dem Rücken zur Wand drängt, muss mit Widerstand auch auf der Straße rechnen. Wer die ohnedies aufgeheizte Stimmung innerhalb der Bevölkerung noch mit verfassungswidrigen Maßnahmen, wie einem Ungeimpften-Lockdown oder einer europaweit einmaligen Impfpflicht, anheizt, darf sich nicht wundern, wenn sprichwörtlich die Bude brennt.

Ja, das Fass ist übergelaufen. Sowohl der Vertrauensindex des renommierten Institutes SORA als auch alle anderen Meinungsumfragen zeigen, dass eine absolute Mehrheit der Bevölkerung kein Vertrauen mehr in die Maßnahmen der Regierung setzt, ja die beiden Regierungsparteien nicht einmal mehr auf 35 % Zustimmung stoßen, was einer Minderheitenfeststellung gleichkommt. Mit Karli dem Dritten, dem nunmehrigen Kanzler der Republik im Dreikanzlerjahr, hätte die Bundesregierung die einmalige Chance, von ihrer bisherigen Strategie der Spaltung, ja der regelrechten Verhetzung unterschiedlicher Bevölkerungsgruppen abzuweichen. Nehammers diesbezüglich in Interviews wiedergegebene Worte nach einer Einigung wurden gehört, positiv aufgenommen.

Nur reichen Worte nicht mehr, die Menschen wollen konkrete Taten zur Überwindung der Spaltung sehen. Und um diesen unerträglichen Riss innerhalb der Gesellschaft zu überwinden, müsste die Regierung sofort in Vorlage treten und ihr widersinniges Impfpflichtgesetz umgehend zurückziehen. Erstens, weil es verfassungswidrig ist und es eben gelindere Mittel zur Bekämpfung der hysterisierten Pandemie gibt. Zweitens, weil es in die körperliche Unversehrtheit von Menschen eingreift und der Corona-Wahn einen solchen Schritt nicht rechtfertigt. Drittens, weil die bisher zur Anwendung gelangten Impfstoffe keine Gamechanger sind, wie wir zuletzt nun auch bei Omikron sehen. Stattdessen könnte die Regierung mit 21-monatiger Verspätung einen anderen Weg gehen: Selbstbestimmung und Eigenverantwortung. Denn Schweden zeigt, wie man eine Krise geeint übersteht!

23. DEZEMBER 2021

„Wir sind die Huren der Reichen", hat Thomas Schmid, engster Vertrauter von Sebastian Kurz, den eigentlichen Gründungsgedanken, also die ideelle Initialzündung der Österreichischen Volkspartei vermeintlich auf den Punkt gebracht. Doch handelt es sich bei den sich selbst so beschreibenden schwarzen Edelnutten tatsächlich um Huren?

Erstens: Huren bedienen alle Freier, die ÖVP bedient sich doch nur selbst. Zweitens: Huren zahlen Steuern, die ÖVP hingegen erlässt sie ihren Kunden. Drittens: Prostitution als ältestes Gewerbe der Welt hat immer noch Zukunft, die ÖVP hat diese hinter sich. Viertens: Huren machen für Geld eben nicht alles, die ÖVP bekanntlich schon. Fünftens: Prostituierte haben ein Berufsethos, die ÖVP bestenfalls den Bauernbund. Sechstens: Unterm Strich bekommt man fürs Geld eine Leistung, bei der ÖVP ausschließlich leere Versprechungen. Siebtens: Huren haben Zuhälter, die ÖVP willfährige Spender. Achtens: Huren sind aufreizend, bei der ÖVP ist das mehr als fraglich. Neuntens: Bei Huren kommt man zum Schuss, bei der ÖVP gibt man sich denselben. Zehntens: Bei Huren gibt's ein Happy End, bei der ÖVP nur ein End ohne Happy, dafür im Häfn.

Aber eines ist sicher: Der nächste ÖVP-Wahlkampf wird als Tour de Hur in die Geschichte eingehen.

24. DEZEMBER 2021

365 Tage Pleiten, Pech und Pannen, mehrere harte wie weiche Lockdowns, eine bisherige Schadensumme von mehr als 60 Milliarden Euro, eine fortgesetzte Entrechtung der Bevölkerung, unzählige einander widersprechende Arbeitsgruppen, ratlose Experten, Kollateralschäden für alle Bevölkerungsgruppen, ein wahrer Tsunami des Wortbruches, eine kaputte Gastronomie, eine im Mark erschütterte Tourismuswirtschaft, in Depressionen verfallende Jugendliche, die Implementierung der „neuen Normalität" und eine in Geimpfte und Ungeimpfte zutiefst gespaltene Bevölkerung sind die Bilanz des *Annus horribilis* österreichischen Corona-Managements.

Auch 2021 verstreicht ungenutzt und ohne, dass jemals die Chance ergriffen worden wäre, eine vernünftige und logische

Sicht auf die Wirkung des Wuhan-Virus und dessen mittlerweile unzählige Mutantenableger zu bekommen. Das Gesundheitssystem wurde wieder nicht hochgefahren, kein einziges Spitalbett ist zusätzlich geschaffen worden, und der Personalnotstand im Ärzte- wie Pflegebereich wird 2022 noch akuter werden. Allein im steirischen Gesundheitssystem fehlen im kommenden Jahr 800 Pflegekräfte, nur 150 sind in Ausbildung, und überhaupt nur 30 optieren tatsächlich ins System. Auch in diesem Jahr verließen unzählige an unseren österreichischen Universitäten ausgebildete Jungärzte das Land und suchten ihr Glück in der Schweiz, in Deutschland und anderen, gehaltstechnisch attraktiveren Ländern.

Jedes Kleinkind im Land weiß, dass im Jänner der nächste Lockdown auf uns wartet, der wiederum der Schuhlöffel für den nächsten Shutdown sein wird. Trotz aller Schwüre, nicht mehr auf Inzidenzen zu achten, wird die Omikron-Infektionswelle hysterisiert, der Welt einmal mehr der Stecker gezogen werden. Was sich wie die Wiederholung eines Horrorfilmes anhört, ist die Fortsetzung des bisherigen Weges, der uns nur noch weiter ins Desaster führt, anstatt uns endlich aus dem Wahnsinn zu retten. Die Regierung beharrt auf ihren Fehlern, hat keinerlei Einsicht und fährt das Land an die Wand.

Ich habe nur einen Wunsch für das Jahr 2022: Hoffen wir gemeinsam, dass sich die Vernunft wieder durchsetzt, die Einheit des Landes die unerträgliche Spaltung überwindet, wir unsere Freunde, Verwandten, Nachbarn nicht in Ungeimpfte und Geimpfte trennen, sondern alle Mitbürger als das sehen, was sie sind: Menschen, die mittlerweile alle gleichermaßen unter einer verheerenden Politik leiden.

27. DEZEMBER 2021

Omikron, das Ende des Wahnsinns naht. Denn diese Mutation des Wuhan-Virus zwingt Regierungen weltweit, ihre bisherigen autokratischen, teils widersinnigen Maßnahmen nicht nur zu überdenken, sondern damit ein für alle Mal zu brechen. Und sie straft all das bisher Verfügte Lügen, lässt diese Spirale aus Angst und Panik und das darauf bauende Corona-Management in sich zusammenbrechen.

Nach allem, was wir bisher wissen, dürfte diese Mutation hochansteckend sein, sprich: weltweit wie der Fuchs durch den Hühnerstall wandern, aber eben keine schwereren Erkrankungen auslösen. Das wie eine heilige Kuh zur Hysterisierung der Bevölkerung herumgetragene Inzidenzmonster wandert zurück in ein virologisches Kämmerlein, wird definitiv *ad acta* gelegt. Grenzschließungen und schikanöse Reisebeschränkungen finden ein Ende, zumal die infektiöse Variante durch einen Zollwachebeamten nicht aufzuhalten ist. Zudem könnte die Immunität nach überstandener Infektion mit Omikron eine weitaus stärkere sein, als es der bisher gepriesene „Gamechanger" versprach.

Wenn einzelne Länder mittlerweile darüber nachdenken, aus Angst vor einem Kollaps der wirtschaftlichen Infrastruktur auch Infizierte weiterhin an ihre Arbeitsplätze zu entsenden, sind auch die seit bald zwei Jahren widersinnigen Quarantänemaßnahmen und die damit verbundene Stigmatisierung Erkrankter Schnee von gestern. Und auch die Impfpflichtpläne der Regierung sind nicht mehr länger aufrechtzuerhalten. Denn wie es aussieht, wirken die bis dato feilgebotenen Impfstoffe kaum gegen diese sogenannte Omikron-Mutation, zum alleinigen Leidwesen der milliardenschweren Pharmaindustrie.

Diese Variante könnte der Ausweg aus dem Dilemma werden, vor allem dann, wenn sich Corona zu einer saisonal immer wiederkehrenden, daher normalen Erkrankung entwickelt. Die Kehrseite der Medaille ist, dass – wie prophezeit – ein Virus tausendfach mutiert, uns diese Mutationen weiterhin beschäftigen und eben die offensichtlich gewordenen Schwächen des Gesundheitssystems rasch behandelt werden müssen. Ein Hochfahren des Systems, ein Ausbau der Bettenkontingente, eine bessere Bezahlung des gesamten medizinischen Personals vom Pflegepersonal bis zu den Ärzten, all das erspart uns Omikron nicht. Omikron ist das Finale zweier schicksalsreicher Jahre, aber nicht das Ende der lauten, berechtigten Kritik an einer Politik, die auf allen Ebenen versagt hat.

Ein verrücktes Jahr findet nun sein Ende. Begonnen mit Lockdowns, endend in Lockdowns, Sperrstunden und im Chaos, im Finale, der ja regelrecht gewollten Spaltung der Bevölkerung. War Anfang 2021 unser Mitbürger noch ein Freund, ein Verwandter, ein Nachbar, ein Geschäftspartner, ein Arbeitskollege, ein Bekannter, ja ein Mensch, der unter der geschürten Angst und Panik litt, ist er nun entweder geimpft oder ungeimpft, virologisch entmenschlicht und mit neuer immunologischer Identität ausgestattet.

Der Spalt geht mitten durch das Land, durch Familien und Freundschaften, das Trennende, gestiftet durch eine Politik, die Hass und Niedertracht sät statt zu einen, steht im Vordergrund. Mitmenschen werden in gute und solidarische, willfährige und brave „Vollimmunisierte" oder in wandelnde, todbringende Virenschleudern, sprich: Ungeimpfte geteilt. Die Ersteren haben nur augenscheinlich und auf kurze Zeit einen Teil ihrer Freiheit gnädig zurückbekommen, die Zweiteren werden weiter entrechtet, ihrer gesellschaftlichen Teilhabe beraubt, sind die Outlaws einer Politik, die gesellschaftlich, wirtschaftlich und gesundheitspolitisch gescheitert ist. Am Ende dieser neuen Gouvernantendemokratur, wo die Regierung den Menschen das Risiko und damit die Freiheit des Lebens nimmt, sie „zum Guten zwingen" will, steht wieder ein Zwang, eine Pflicht. Und dies trotz des Wissens, dass der „Gamechanger" eben nicht hielt, was die Politik und die Experten versprachen.

Aus dem ersten wurde der zweite, aus dem zweiten der dritte und nun der vierte Stich, die Fortsetzung einer unendlichen Geschichte des teilweisen Versagens. Und die Angst wird weiter bedient: Der Südafrika-Virus Teil 1 am Beginn des Jahres, abgelöst durch das Briten-Virus, die Indien-Mutante, Delta bis Omikron. All das soll die Menschen klein und gefügig halten, sie nicht zum Ein- und Widerspruch verleiten. Und während der Wahnsinn weiter tobt, ist die Regierung in ihrem Sumpf aus Korruption, Lüge und moralischem Verfall versunken. Dreimal wurde der Kanzler gewechselt, unzählige Skandale hielten das Land in Atem.

Ein *Annus horribilis* auf allen Ebenen, das ist die Bilanz des Jahres 2021. Und nun hoffen wir auf die Wiederkehr von Vernunft, von Freiheit. Hoffen wir gemeinsam, dass das Einende über das Trennende siegt. In diesem Sinne wünsche ich von ganzem Herzen ein besseres Jahr 2022!

4. JANUAR 2022

57 % der Deutschen geben nichts mehr auf die Werte des Robert-Koch-Institutes. Welch Überraschung. Nur jeder Dritte glaubt noch, dass sie stimmen. Was erzählen uns diese Zahlen? Die Mehrheit der Deutschen vertraut der Corona-Politik der Regierung und ihren statistischen Kurpfuschern nicht mehr, glaubt nicht mehr an die Widersprüche, an die chaotischen Maßnahmen, trägt die unter Angst regelrecht erzwungenen Einschränkungen nicht mehr mit, hält nichts von einer Impfpflichtdebatte, gibt nichts mehr auf die weltkriegsähnlichen Durchhalteparolen aus dem virologischen Kabinett zu Berlin.

Man schlägt den Sack und meint die Esel, man misstraut dem RKI und rechnet doch mit den Merkels, den Spahns, den Drostens, den Söders, den Scholz' und den Lauterbachs ab. 57 % der Deutschen sind nun Querdenker, Rechtsextreme, Corona-Leugner, Reichsbürger, Neonazis und Covidioten? Ja, eine qualifizierte Mehrheit der Bürgerinnen und Bürger, deren Wählerstimmen man doch gern hätte, lässt sich nicht mehr in die dunklen Schubladen der bequemen Politneutralisierung einordnen.

57 % sind zu viele, als dass man sie mit der Nazikeule niederknüppeln könnte. Mit 57 % legt sich niemand mehr an, der noch bei Verstand ist. Und 57 % der gesamten Bevölkerung Deutschlands haben offensichtlich mehr Verstand und Durchblick als die Minderheit von Politikern und Meinungsmachern. Der tobende Drache aus Wuhan hat seine Gefährlichkeit verloren, das Messer des immunologischen Sensenmannes wird stumpf, an die autokratisch agierende George-Bush-für-Arme-Gesundheitspolitik in schwarz-rot-gold glaubt kein Mensch mehr. Der Krug ging so oft zum Brunnen, bis er nun brach.

Was ist die Lösung für das Dilemma des Niederganges politischer Autoritäten, des Vertrauensverlustes der Medien? Die

Lösung sind Freiheit, Selbstbestimmung und Eigenverantwortung. Drei zentrale Werte, die die letzten 22 Monate lang mit Füßen getreten wurden. Denn unser Leben ist in guten Händen, bald wieder in unseren eigenen.

7. JANUAR 2022

Liebe Freunde!
Das Amt des Bundespräsidenten ist die höchste und direkt durch das Volk gewählte Verantwortungsfunktion des Staates. Viel zu lange wurde dieses Amt als Gut Aiderbichl der Parteien missbraucht, wohin man politische Frühpensionisten am Ende ihrer Karriere verschoben hat.

Das Bundespräsidentenamt darf keine verlängerte Werkbank eines Pflegeheimes und der Parteizentralen mehr sein. Diese Funktion ist verstaubt, nicht zuletzt auch durch den derzeitigen, höchst parteiisch agierenden Amtsinhaber ja fast sinnlos geworden. Van der Bellen ist der Häuptling Gespaltene Zunge, der zu oft bewiesen hat, mit zweierlei Maß zu messen, auf einem Auge schlichtweg blind zu sein. Statt zu einen, hat er der Regierung die Stange gehalten, sämtliche durch den VfGH festgestellten Verfassungsbrüche pardoniert. Statt hinter seinem Volk zu stehen, stand er an der Seite der Chaoten, der Korruptionisten und der Mächtigen. Statt für Recht und Ordnung und für Stabilität zu sorgen, hat er in der Hofburg die Wünsche aus dem Kanzleramt brav apportiert, hat zugesehen, als die Regierung durch zig Minister- und Kanzlerwechsel zu einem Laufhaus, ja Österreich durch die laufenden Korruptionsskandale zum Gespött der Welt wurde. Das Hemd des linken Grünen war ihm halt immer näher als der rot-weiß-rote Rock. Dieses Amt muss neu definiert werden, und zwar als oberster, unabhängiger, objektivster und gerechtester Vertreter des Volkes.

Viele Bürgerinnen und Bürger haben mich in den letzten Monaten mit dem Wunsch kontaktiert, ich solle doch wieder politisch aktiv werden. Eine parteipolitische Funktion kommt für mich nicht mehr infrage, das habe ich klargestellt. Mein Wort hält! Aber ich verhehle nicht, dass ich aufgrund der vielen Vorschläge unterschiedlichster Menschen unseres Landes gründlich darüber nachdenke, um das unabhängige, parteifreie Amt des Bundespräsidenten der Republik Österreich tatsächlich zu kandidieren.

Dies gehört wahrlich zu den wichtigsten Entscheidungen meines Lebens, hat Auswirkungen auf meinen Mann, meine Familie, mein persönliches Umfeld – und in erster Linie hat es Auswirkungen auf meine Heimat. Gründlich überlegen heißt, sich die Zeit zu nehmen, eine Entscheidung zu treffen, um dahinterzustehen. Dies werde ich tun und im Sommer meine Entscheidung bekannt geben. Für mein Land, für die Österreicherinnen und Österreicher, für die Vernunft!

Euer Gerald Grosz

Aus unserem Programm

ISBN 978-3-99081-022-4

Aus unserem Programm

ISBN 978-3-99081-029-3

Aus unserem Programm

ISBN 978-3-99081-072-9